普通高等院校“十四五”教育类专业系列教材

# 智能教育技术应用与实践

刘 帅◎主 编
刘 娟 付维娜◎副主编
贾积有 刘革平◎主 审

中国铁道出版社有限公司
CHINA RAILWAY PUBLISHING HOUSE CO., LTD.

## 内 容 简 介

本书针对高等院校教育类专业教学需要，以智能技术的教育应用为核心，从基础理论、应用方法和教学实践三个层面阐述了智能化技术如何促进教育效能。本书有助于读者更好地掌握智能教育技术的基本理论和实践应用能力。

本书内容分为理论、应用和实践三部分，共十章。第1~3章为理论部分，提出了智能教育技术的概念与理论基础，论述了教育中常用的智能技术。第4~7章为应用部分，从智能辅助教育方面阐释智能技术如何应用于教育场景。第8~10章为实践部分，通过不同学科和教法案例，阐释智能技术的教育实践。

本书配有丰富的实训案例及数字化学习资源，配套的师范类本科通识课程“现代教育技术应用”可在学银在线平台访问。本书适合作为高等院校教育学类专业教材，也可作为中小学教师在职培训和继续教育的教材，或供数字化教育等领域的专业人员参考。

**图书在版编目（CIP）数据**

智能教育技术应用与实践 / 刘帅主编 . -- 北京 : 中国铁道出版社有限公司 , 2025. 5. -- ( 普通高等院校“十四五”教育类专业系列教材 ). -- ISBN 978-7-113-31825-3

Ⅰ. G40-057

中国国家版本馆 CIP 数据核字第 202516SP86 号

书　　名：智能教育技术应用与实践
作　　者：刘　帅

---

策　　划：曹莉群　贾　星　　　　编辑部电话：（010）63549501
责任编辑：贾　星　李学敏
封面设计：刘　颖
责任校对：刘　畅
责任印制：赵星辰

---

出版发行：中国铁道出版社有限公司（100054，北京市西城区右安门西街8号）
网　　址：https://www.tdpress.com/51eds
印　　刷：河北宝昌佳彩印刷有限公司
版　　次：2025年5月第1版　2025年5月第1次印刷
开　　本：787 mm × 1 092 mm　1/16　印张：15.75　字数：392千
书　　号：ISBN 978-7-113-31825-3
定　　价：50.00元

---

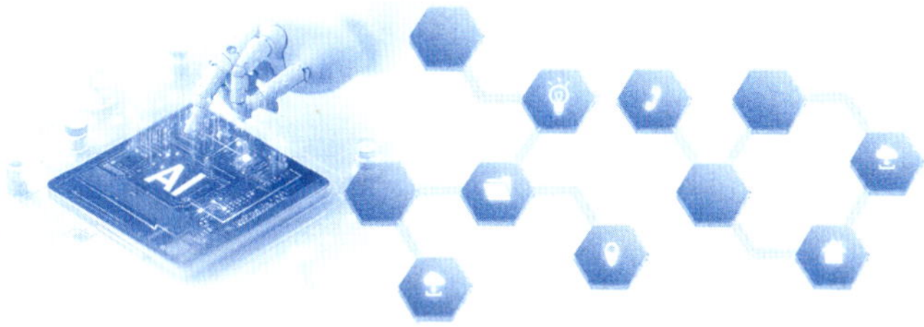


# 推荐语

随着以人工智能、大数据模型等为代表的新一代信息技术的迅速发展，智能化技术应用于教育中成为现实与未来的趋势。该书提出了智能教育技术的概念，结合理论和实践讲解了智能化技术的教育应用。该书结构合理、内容深入浅出，可以帮助读者深入了解和掌握人工智能在教育中的应用方法，对推动教育数字化发展有较好的帮助。

——贾积有（博士，北京大学教授、博士生导师）

教育技术学是揭示现代科技条件下教育规律，优化教育教学实践的学科。当前以大数据模型为代表的先进人工智能技术正逐步渗透并重塑教育领域。该书从智能教育理论技术、教育中的智能化应用及智能教育实践三个环节系统性地探讨了智能教育这一新兴领域，深入展示了智能技术在实际教学中的应用潜力。因此，该书非常适合教育类本科生和对人工智能技术教育应用感兴趣的教育工作者学习参考。

——刘革平（博士，西南大学教授、博士生导师）

# 前言

[illegible]

[illegible]

[illegible]

# 前言

以人工智能、大数据等为代表的新一代信息技术及其应用在飞速发展，已经开始对社会的各个领域进行渗透，其中自然也包括教育领域。

自2010年以来，陆续出台的《国家中长期教育改革和发展规划纲要（2010—2020年）》《国务院关于加强教师队伍建设的意见》《中共中央国务院关于全面深化新时代教师队伍建设改革的意见》《教育信息化2.0行动计划》《教育部办公厅关于开展人工智能助推教师队伍建设行动试点工作的通知》《深化新时代教育评价改革总体方案》《中国教育现代化2035》等文件，均要求深化教师教育改革，促进教师教育内涵发展，全面提高教师教育质量，提高教师队伍整体素质。党的二十大报告提到要“办好人民满意的教育”，习近平同志在中央政治局第五次集体学习时也强调“加快建设教育强国”，这些都对未来的教育场景和过程提出了新的要求。

本书为“普通高等院校‘十四五’教育类专业系列教材”之一，是全国高等院校计算机基础教育研究会“人工智能教育应用”项目（XGJJ-TD2022102）的建设成果，成书过程中得到了湖南省教育科学“十四五”规划重点课题（XJK23AXX001）、湖南省高校教学改革重点课题（HNJG-20230227）的资助。

本书内容分为理论、应用和实践三部分，共十章。

第1~3章为理论部分，提出了智能教育技术的概念与理论基础，论述了教育中常用的智能技术，主要包括智能教育技术概念内涵、发展趋势、理论基础、常用技术，以及新时代教师应具备的教育技术能力。通过对理论部分的学习，学生可以掌握智能教育技术的基本概念、基本理论、基本技术，学会以智能教育技术的理念处理教学实践问题。

第4~7章为应用部分，从智能辅助教育的几个方面论述智能技术如何应用于教育场景，主要包括智能化学习资源设计、智能教育环境支持、智能教学设计和智能课堂教学等。通过对应用部分的学习，学生可以了解并掌握智能化技术如何赋能教育教学活动，以及如何选择相应的工具和场景开展智能化教学活动。

第8~10章为实践部分，通过不同学科和教法案例，阐释智能技术的教育实践，主要包括以语文教学为例的智能化翻转课堂教学实践、以信息技术教学为例的智能化问题驱动研究型教学实践，以及以数学教学为例的智能化混合式教学实践。通过对实践部分的学习，学生可以提升实际教学场景中的智能化技术应用能力。

本书主要特色如下：

1. 本书是国内首批系统提出并介绍智能教育技术概念与理论的师范类通识课教材。

2. 理论基础与实践应用并重，以使用不同教学方法的不同学科课程为例进行智能教育技术实践。

3. 配套资源丰富。为方便师生进行线下教学和学习，本书提供了案例的实操素材，以及课程的教学大纲、PPT 教学课件、教学教案等资源，可在中国铁道出版社教育资源数字化平台（https://www.tdpress.com/51eds）下载。

本书与师范类高校本科通识课程"现代教育技术应用（智能教育技术应用）"配套使用。该课程部署在学银在线（https://www.xueyinonline.com/detail/244572205），教师可依托平台组织教学。

本书由刘帅任主编，刘娟、付维娜任副主编，北京大学教授贾积有、西南大学教授刘革平主审。具体编写分工为：刘帅编写第 1、2、4、6 章，并负责统稿；付维娜编写第 3、5、7 章；刘娟编写第 8、9、10 章；刘娟、刘帅负责完成数字教学资源开发。书中参考了大量学者的研究成果和互联网的教学资源，在此表示诚挚的谢意。

由于智能化技术的快速发展以及教育教学理论涉及的知识面非常宽泛且深入，加之写作水平和时间有限，书中难免有不妥之处，恳请广大同仁和读者不吝赐教。

编　者

2025 年 1 月

# 目 录

# 第1章 绪论

教育技术学是通过技术手段优化和提升教育过程、使其更具逻辑性和系统性的学科。教育技术学可以改善教育过程的组织和管理、优化教学模式、为教育者提供有效的教学工具和评估方法，是推进党的二十大报告中提到的“办好人民满意的教育”战略的重要抓手。随着科技创新，以人工智能为代表的新一代信息技术正在深刻地改变教育形式，优化和提升教育过程。它使得教育过程更加逻辑系统，教学模式更加个性灵活，教学工具更加丰富多样，评估手段更加客观便捷。

## 内容导图

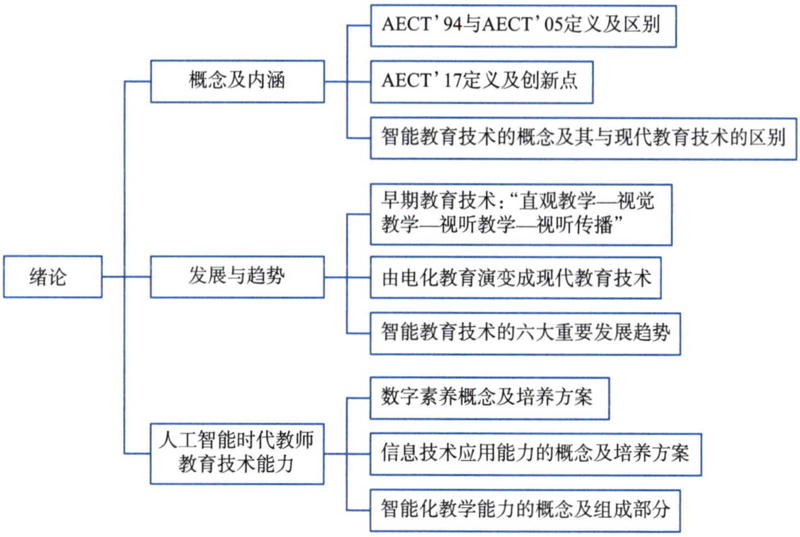


## 学习目标

1. 理解并掌握智能教育技术的基本概念和内涵。
2. 了解智能教育技术发展与趋势。
3. 掌握在人工智能时代教师应具备的教育技术能力。

## 1.1 智能教育技术概念及内涵

技术对教育的促进作用一直都是教育研究的重点。美国教育技术在视听教育和程序教学运动方面的突破为全球教育技术发展奠定了早期基础；电化教育的出现为教育现代化注入了新的活力，对教学方式产生了积极作用和广泛影响，标志着我国教育技术的发展开端；近年来，电化教育逐渐转变为教育信息化，以信息技术为标志的现代教育技术在教育机构和单位中得到了普遍关注；目前，随着智能化技术的逐渐普及，现代教育技术也开始向以智能技术融合为标志的智能教育技术过渡。这充分体现了哲学中的“唯一不变的就是变化”这一基本原理。

### 1.1.1 什么是教育技术

美国教育传播与技术协会（简称AECT）曾在1994年发布了较早的关于教育技术的定义：“教育技术是关于学习资源和学习过程的设计、开发、利用、管理和评价的理论和实践。”①2005年，AECT发布了新的教育技术定义，并由黎加厚教授进行了准确的中文阐述：“教育技术是通过创造、使用和管理合适的技术性的过程和资源，以促进学习和提高绩效的研究和符合伦理道德的实践。”②

对比AECT’05与AECT’94的定义可以看到在多个维度的不同之处：

①“Instructional Technology”被“Educational Technology”所取代，显得更加科学，充分展示了技术是为教育而服务的；

②研究领域从“理论与实践”转变为“研究与符合伦理道德的实践”，重视使用技术时的伦理道德；

③研究对象由原先的“学习过程”与“学习资源”转变为“促进学习和提升绩效，并得到合适的技术性支持的过程和资源”；

④将原先针对学习过程和学习资源的“设计、开发、利用、管理和评价”这五个研究范畴精简为“创造、使用和管理”这三个主要范畴。

2017年AECT发布了新的教育技术定义，英文表述为

Educational technology is the study and ethical application of theory, research, and best practices to advance knowledge as well as mediate and improve learning and performance through the strategic design, management and implementation of learning and instructional processes and resources.③

我们将其翻译为：“教育技术是通过全局设计、管理和实施教育过程和资源，以促进知识发展、调整改善学习效能的研究和符合伦理道德的实践。”

与AECT’94和AECT’05定义相比较，本版定义的不同之处在于：

---

①高利明. 教育技术学的AECT 1994定义及启示[J]. 电化教育研究，1995（1）：20-25.

②黎加厚. 2005 AECT教育技术定义：讨论与批判[J]. 现代远程教育研究，2005（1）：11-16.

③李海峰，王炜，吴曦. AECT 2017定义与评析：兼论AECT教育技术定义的历史演进[J]. 电化教育研究，2018，39（8）：21-26.

①研究对象去掉了对技术性的要求，并将创造改为了设计；

②研究目的增加了知识发展和调整学习效能；

③研究范畴提出了全局性的概念。

### 1.1.2　什么是智能教育技术

通过几个AECT对教育技术的定义版本比较，可以看出未来对教育技术的关注焦点不再是技术本身，而是从对新技术的创造性开发转变为设计和运用。新时代的教育技术更多地关注智能化技术在教学中的整合应用，并将促进学习者的学习效能和知识发展作为目标，由此发展为智能教育技术。

智能教育技术是指运用以人工智能和大数据技术为代表的新一代信息技术，通过对教学过程和资源的智能化设计、管理、实施和评价，以实现学习优化的理论研究与符合伦理道德的实践。

智能教育技术主要呈现以下内涵特征：

①智能教育技术核心在于新一代信息技术的融合应用。这些智能化技术为教学提供了精准分析与干预的可能，奠定了个性化与规模化教学的坚实基础，成为教学创新的重要驱动力；

②智能教育技术运用智能化工具进行教学过程和资源的设计、管理、应用和评价。内容的创造由AIGC（artificial intelligence generated content，人工智能生成内容）完成，对学习者、教育者、内容及环境的设计、管理、应用和评价由智能化工具辅助完成，涵盖全教学过程，提升教学质量与效率；

③智能教育技术旨在实现教学优化，包括能力培养与学习绩效的个性化。通过智能化分析与干预，采用高效和个性化的教学过程与资源，培养具备高水平知识体系的人才，以优化教学质量与绩效；

④智能教育技术同时包括了前沿理论研究和符合伦理的实践应用创新。通过深度融合新一代信息技术为教育教学带来理论和实践两方面的革命性变革，引领教学走向智能化、个性化发展，实现教育理论与实践的完美融合。

综上，随着教育内容的复杂化和新一代信息技术的快速发展，智能教育技术的发展尤为重要。未来的教育需要在研究新时代的教育理论、学习理论的基础上，综合利用智能教育技术，提供个性化的学习支持和智能化的学习管理，帮助他们更好地掌握知识和技能，使教育技术学具有更加广阔的发展前景。

## 练习与思考

#### 一、简答题

教育技术的定义是什么？它包含哪些主要元素？

#### 二、论述题

1. 智能教育技术与教育技术有何不同？
2. 智能教育技术在教育中的作用和重要性是什么？

## 1.2 智能教育技术的发展

视 频

智能教育技术演变脉络

马克思主义政治经济学指出，生产工具的变革促进了生产力的发展，进而推动了生产关系的变革。将教育看作生产，将先进技术（以人工智能为主的新一代信息技术）的应用理解为生产工具变革，则智能化教育技术可以理解为研究生产工具的使用与生产关系变革。如今智能教育技术正迎来快速发展期，其趋势和前景备受关注，国家未来发展战略中也明确提出要“推进教育数字化”发展。本节将重点探讨智能教育技术的发展历程、现状及未来方向。通过回顾早期和现代教育技术的演变历程，概述智能教育技术的重要理论基础，并展望未来该领域所面临的挑战和机遇。

### 1.2.1 早期教育技术

古代教育技术的萌芽可以追溯到古希腊的哲学思想和中国春秋战国时期的各家学派。他们将技术视为一门实践性的艺术，并研究科学的知识或理论以指导实现。

美国的当代教育技术产生最早，可以作为研究教育技术发展历史的典型代表。美国教育技术的形成与发展可从三个主要方向去追溯：一是视听教学运动推动了各类学习资源在教学中的应用；二是个别化教学促进了以学习者为中心的个性化教学的形成；三是教学系统方法的发展促进了教学设计的诞生。这三个方向发展的起源不同，但都与“直观教学—视觉教学—视听教学—视听传播—教育技术”这一发展轨迹相关。

直观教学是教育技术的萌芽，指通过使用真实事物的标本、模型、图片等来传递教学信息的教学方法。直观教学的本质是一种传授观察经验的技术，其目的是通过具体的教学活动帮助学习者更好地理解和记忆知识。它强调使用图画、插图等来装饰教学环境以增加视觉刺激，吸引学习者注意。同时，教材中配备直观教具，以方便学习者首先全面观察整体，然后再注意和区分细节。这种直观的经验有助于学习者将抽象的概念与具体的情境联系起来，提高他们对知识的理解和应用能力。

视觉教学是教育技术的开端，指通过向学习者提供生动的视觉形象，以便将抽象的概念呈现为具体形式。视觉教学注重选择和应用视觉教具和教材，以提供视觉刺激，但很少关注教材的设计、开发、制作、评价和管理等方面。典型的视觉教材的分类模式和选择原则如图1-1所示[①]，按教材的具体到抽象程度排列，越向上，具体性逐渐减少而抽象性逐渐增加。视觉教材选用时需要考虑视觉教材现实性、学习者经验范围和性质、教育目的和环境、学习者智力成熟度。

视听教学是媒体教育技术的主体，是在20世纪20年代由电影和录音技术引入视觉教学发展而来。诸多关于视听教学的研究中，堪称代表的是“经验之塔”理论（见图1-2）[②]。戴尔所著的《教学中的视听方法》一书中对于视听教学的发展起到了重要的推动作用，使教师在教学中更加注重学习者的主动参与和实践经验的积累，提高了教学的有效性和效果，成为视听教

①何克抗，李文光. 教育技术学[M]. 北京：北京师范大学出版社，2009.

②同上。

学的主要理论基础。

图1-1　视觉教材的分类模式

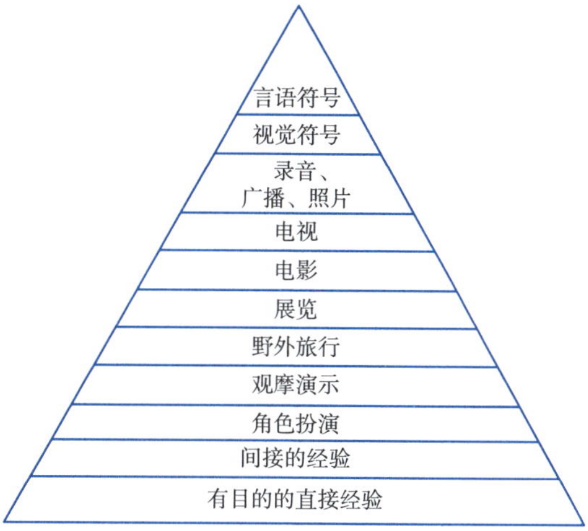


图1-2　经验之塔

视听传播理论使教育技术由媒体论向过程论和系统论进行过渡。第二次世界大战后，传播理论和早期的系统论开始对视听教学领域产生影响，使视听教学逐渐演变为视听传播。这种演变使视听教学从媒体论的教育技术观向过程论和系统论的两个方向发展，推动了教育技术观念的更新。过程论强调教学过程中的互动和学习者的主动参与，而系统论则强调教学过程的整体性和相互关联性。视听传播的发展使教育技术的观念开始更加重视教学过程中的各个环节和因素，并促使教育技术研究者和教师将教学视为一个系统的整体。

### 1.2.2　现代教育技术

现代教育技术源于视听教育。20世纪90年代以前，我国教育技术一直被称作“电化教育”；20世纪90年代以后，我国积极借鉴、吸纳了许多国外教育技术的理论和方法，不仅在名称上逐步改用“教育技术”，在研究的内容、方法和实践的领域也在逐步扩展。经过了几十年的理论研究和实践探索，我国的现代教育技术在概念界定、理论框架、学科建设、组织机构等方面都具有明显的中国特色。

我国最早的电化教育诞生于20世纪20年代，在当时经济不发达、科技落后、政府不重视的情况下，电化教育处于自发状态，没有形成大规模推广。新中国成立后，高度重视电化教育，我国的电化教育事业在党和国家的重视下开始起步和发展。改革开放后，我国电化教育事业开始重新起步和迅速发展。

1978年，全国教育工作会议召开，邓小平指出“要制定加速发展电视、广播等现代化教育手段的措施，这是多快好省发展教育事业的重要途径……”、“教育要面向现代化、面向世界、面向未来。”1978年2月，教育部成立电化教育组，7月改称中央电化教育馆；1979年2月，中央广播电视大学开学；1987年，中国教育电视台建立；至1990年，全国初步形成了卫星电视教育网络。

近年来，以信息技术为标志的现代教育技术的发展得到各级各类教育机构和单位的重视。我国已经形成了具有中国特色的、覆盖全国城乡的教育技术系统；教育信息化基础设施与资源建设取得明显进展和可喜成绩；教育技术学学科的设立构成了具有中国特色的完整人才培养体系。我国目前发展了多元化教育技术学理论体系；实验研究体系也在向整体、综合、广泛、纵深发展；基本完成了边远地区中小学现代远程教育工程；积极开展了中小学教师远程培训与教育创新；已经初步形成了具有中国特色的现代教育技术系统。

### 1.2.3 智能教育技术

视 频

智能教育技术发展趋势

随着新一代信息技术的发展，智能化教育即将成为未来的教育发展趋势，而为了响应我国教育强国的远景规划，预先对我国未来教育技术的发展趋势进行研究，对于我国教育的发展有重要意义。根据国家发展的总体安排、社会变化、世界教育的发展趋势和教育自身的演变规律，可以预判未来的智能教育技术将有六大重要发展趋势。

#### 1. 能力培养成为教育技术应用的首要任务

随着以新一代信息技术为主的第四代工业革命兴起，以智能机器人取代人工劳动成为发展趋势。2023年中国科学院院士何积丰在中国人力资本国际管理论坛上表示“2030至2060年，50%的职业将逐步被AI取代”。面对未来人才需求的改变，智能教育技术必须全面辅助教育过程由知识记忆向能力培养转变。培养目标重点为批判思维能力、创造能力、创新意识，以及人机合作能力。

#### 2. 新一代信息技术融合教育程度加深

以云计算、大数据、物联网、人工智能等为代表的新一代信息技术在教育领域中的应用越发广泛，教育业务开始智能化、自动化和数字化。智能教育技术的广泛应用逐步提高教育效率、降低教育成本、优化学习效果。

#### 3. 人工智能辅助学习模式更加普遍

人工智能全面促进学习模式改革。混合多种教学设备、教学方法、学习策略与评价方法、课程和学习资源的学习方式将成为学习模式的发展趋势。人工智能辅助学习模式在计划制订、效果评价和记录跟踪等方面体现出明显优势，对提高学习效果具有重要辅助作用。

#### 4. 个性化培养成为重要培养模式

个性化培养是指根据不同学习者特点而采取针对性教育的人才培养模式，与工业时代统一化、标准化和规模化的学习者培养模式相对应。个性化培养符合教育发展规律，随着智能技术辅助学习模式的普及，个性化培养将成为未来教育的重要培养模式。

#### 5. 学习模式向以学习者为中心的主动学习转变

社会发展和智能化水平提升推动了以教师为中心的资源集中制的教育模式向以学习者为中心的资源分布式的教育模式转变。未来时代的人才需求需要学习者更加积极主动地学习，个性化培养的全学习过程覆盖也为学习者的主动学习提供了可能。

#### 6. 教师的角色和作用发生重大变化

随着学习模式向以学习者为中心转变，教师的角色和作用也随之分化迁移，主要体现在两个方面：一是教师角色的分工更加明显，教师队伍将日趋分为授课教师和辅导教师两大类；二是教师将主要承担起学习引导作用，如学习者的个性化学习路径跟随与引领。

在后教育信息化2.0时代，为深入推进智慧教育，国务院印发了《“十四五”数字经济发展规划》①，旨在通过优化数字基础设施、发挥数据要素作用、推进产业数字化转型、加快

① 国务院. 国务院关于印发“十四五”数字经济发展规划的通知：国发〔2021〕29号[EB/OL].（2022-01-12）[2024-05-31]. https：//www. gov. cn/zhengce/content/2022-01/12/content_5667817. htm.

数字产业化等举措，提升数字经济核心产业增加值占国内生产总值的比重，初步建立数据要素市场体系，并显著提高公共服务数字化水平和数字经济治理体系完善度。中国教育技术协会推进职业教育数字化战略行动，扩大优质资源共建共享①。为响应国家现代化需求，落实“十四五”时期协会事业发展的总体目标②，智能教育技术的推进和发展至关重要。

## 练习与思考

**论述题**

1. 教育技术的发展趋势是什么？未来会朝着什么方向发展？
2. 当前教育技术的发展主要受到哪些因素的影响？
3. 教育技术与其他领域（如人工智能、大数据等）的结合会带来哪些新的机遇和挑战？

## 1.3　人工智能时代教师教育技术能力

新一代信息技术的引入推动了智能教育技术的发展和教师能力需求的变革。在人工智能时代，教师教育技术能力的重要性愈发凸显。随着人工智能技术推动教育领域的深化改革，教师作为教育的主要参与者，其技术能力的水平直接影响着学习者的学习效能。新时代的教师需要学习和提升技术能力，以适应教育变革需要，为学习者提供更加优质的教育服务。教师的教育技术能力主要包括信息素养、信息技术应用能力和智能化教学能力。

### 1.3.1　信息素养

信息素养是指人在信息化时代所应具备的综合素养，它涵盖了多个方面，包括但不限于信息意识、计算思维、数字化学习与创新、信息化社会责任。联合国教科文组织认为，新时代的信息素养涵盖了以往的信息素养、计算机素养、ICT素养和媒介素养，是“通过信息技术安全适当地获得、管理、理解、整合、沟通、评价和创造信息的能力。”

传统的信息素养，也称作信息技术应用能力，是指个体或组织在日常生活和工作中，利用信息技术工具和软件来高效地进行信息处理和应用的能力，包括计算机使用能力、网络应用能力、信息管理和处理能力等。新时代的信息素养则是传统信息技术应用能力在智能化时代的延伸和发展：其中信息意识涉及对信息的敏感性和真伪判断，以及主动利用和分享信息的能力；计算思维强调在分析和解决问题时，运用抽象、分解、建模和算法等思维方法的能力；数字化学习与创新则是指积极利用数字化信息资源与工具进行学习和创新的能力；信息化社会责任则涉及正确的价值观、道德观和法治观，以及数字伦理规范的养成。

在人工智能时代，教师应从以下几个方面提高信息素养：

---

①中国教育技术协会. 推进职业教育数字化战略行动，扩大优质资源共建共享[EB/OL].（2023-08-06）[2024-05-31]. https：//www. chinazy. org/info/1006/14185. htm.

②中国教育新闻网. 纪念中国教育技术协会三十周年暨教育信息化大会举行[EB/OL].（2021-12-20）[2024-05-31]. http：//www. jyb. cn/rmtzcg/xwy/wzxw/202112/t20211220_671299. html.

### 1. 树立信息素养

教师应认识到信息素养在教育教学中的重要性，将其作为自我提升的关键要素。要时刻关注新一代信息技术理论与应用的现状与发展前景，从而增强自身的信息敏感性、应用能力和使用决心。

### 2. 培养信息意识

教师应主动了解新一代信息技术的概念、特点及其在教育领域的应用。通过参加培训、研讨会和在线课程等途径，不断扩展自己的信息意识，建构个性化的信息理论框架与应用意识。

### 3. 掌握信息技能

在培养信息意识后，教师还需要掌握信息技能以在教育场景中应用信息能力，如AIGC在教学设计与资源制作的应用、智能化教学评价工具等，以通过实践操作，熟悉各种教育数字化工具和平台的使用方法，提高自己的信息技能水平。

### 4. 创新教学方法

教师应将新一代信息技术融入教学中，创新教学方法和策略。例如，利用互动白板、种类繁多的教育平台和在线资源丰富教学内容，激发学习者的学习兴趣。同时，使用各种画像工具关注学习者的学习需求和学习特点，进行符合学习者自身情况的教学设计。

### 5. 加强交流与合作

教师应积极参与信息素养提升的交流与合作活动，与同行分享经验、探讨问题；通过团队、项目合作等方式，共同推进教育数字化转型；通过信息意识、技能、教学方法等的交流改进，提升整体信息素养水平。

### 6. 关注政策与标准

教师应关注国家及地方关于教师信息素养的政策和标准，了解其对教师职业发展的要求，对照政策与标准，检查自身的信息素养水平，找出差距并制订提升计划。

教师提升信息素养的重要性不容忽视。在智能化时代，信息素养已成为教师必备的核心能力。它不仅能帮助教师更好地适应智能化教学环境，还能推动教学模式的创新，提升教学效能。具备较高信息素养的教师能够熟练运用新一代信息技术丰富教学资源、优化教学过程，使教学更加生动、有趣、高效。教师应积极提升信息素养，以更好地满足教育信息化与智能化的需求。

## 1.3.2 信息技术应用能力

2019年3月，《教育部关于实施全国中小学教师信息技术应用能力提升工程2.0的意见》发布，启动了中小学教师信息技术应用能力提升工程2.0。所谓信息技术应用能力，是指教师在教育教学过程中，运用信息技术工具解决难题、提升教学效果的专业能力。它涵盖了网络信息技术的感知、判断、评估以及实践应用，对于促进教育信息化发展、提升教师综合素质具有重要意义。

中小学教师信息技术应用能力提升2.0阶段，旨在解决1.0阶段中应用不足的问题。它强调构建一种既注重外部环境的宽松自由，又强调内部流程的优化和思维能力的提升的实践应用体系。具体来说，就是要营造一个宽松的信息技术应用氛围，改进应用流程设计，提升教师的应用思维能力。如何切实提升教师的信息技术素养，推动教育数字化与智能化的深入发展，是新时代教师应当关注的重点。

1. 提高技术素养

教师的技术素养直接关系到教育教学改革的深度与广度，是实现教育现代化的关键因素。教师应当主动拥抱新技术，顺应时代潮流，提高自己对新技术的熟练度和应用能力、培养对新技术的敏感性和探索精神，勇于尝试将新技术融入教学设计中，以激发学生的学习兴趣和创造潜能。

2. 掌握信息技术教学法

教师应深入理解新一代信息技术在教育教学领域的巨大潜能，了解不同信息技术的特点和应用范畴，以更好地将其融入自身的教育教学中。教师应选择最适合自己教学风格和学生学习需求的技术方法作为教学支持，技术的教学融合不仅能提升学生的学习效果，也能开阔教师的教学视野，促进教育创新和发展。

3. 应用信息技术辅助评价诊断

新一代信息技术支持为教师提供了丰富的数据和分析工具，极大地完善了其对教学过程的评估与诊断技能。教师可以借助信息技术收集学生数据、描绘学生画像，及时发现学生的薄弱环节，为个性化教学提供依据；同时智能化评价方法对全面评价学生的知识掌握和应用能力也具有重大的作用。

4. 强化信息与学科融合发展意识

教师应强化信息技术与自身学科的融合意识，了解信息技术对本学科教育的赋能趋势与应用范例；应基于学科发展拓宽知识领域，提高信息技术与学科教学的融合程度；应建立终身学习的理念，适应学科教育的新要求和学生需求的新变化，为学生提供高质量的教育体验。

### 1.3.3 智能化教学能力

随着新一代信息技术的发展，智能技术在未来教学中的应用将愈发广泛。因此，教师需要培养智能化教学能力，即掌握在教育过程中应用智能技术的能力，以适应未来教育的发展趋势。

智能化教学是指利用人工智能、大数据分析等技术优化教育过程，提高教育质量和效率的教学方法。它不仅是传统教学方式和工具的简单升级，还包括对教育观念的全面革新。智能化教学可以提高教学效果和学习体验、培养学习者的创新能力和信息素养、推动教学过程的创新发展。

智能化教学涵盖了很多领域，包括智能化学习平台、智能化教学软件以及智能化教学设施等。智能化学习平台的应用，使得学习者可以不再受限于传统学习环境和学习形式，随时随地进行碎片化学习；智能化教学软件能够了解学习者的学习特点和知识背景，个性化地调整教学内容和方式，帮助学习者更高效地获取知识；智能化教学设施是从事智能化教学活动所必要的硬件环境的总称，通过设施获取的教育信息是完成智能化教学的前提。

在智能化教学过程中，教学过程从传统的以教师为中心的教学方式转变为以学习者为中心的教学方式。教师要更关注学习者的需求和发展，利用智能技术为学习者提供更加优质、个性化的学习体验；学习者需要积极参与到教学过程中来，通过实践和探究掌握智能技术赋能教育的基本知识和技能，并将其应用到课程学习中去。

智能化教学能力主要包括以下几个方面：

### 1. 智能技术的理解和应用能力

教师能够理解新一代信息技术基本原理和应用领域，并根据课程特点将其应用到教育过程中。例如，利用人工智能技术实现个性化教学、智能评估、智能推荐等。

### 2. 课程设计与整合能力

教师根据课程目标和学习者需求，基于智能技术设计并整合课程内容，创造具有吸引力、互动性和有效性的学习环境。这包括选择合适的智能工具、制订教学计划、设计教学活动等。

### 3. 学习者学习指导与评估能力

教师利用智能化技术收集学习者的学习行为数据，分析学习者的学习进度，提供个性化的学习指导和反馈。教师利用智能技术进行学习者画像，对学习者进行评估，全面了解学习者的学习情况和能力水平。

### 4. 跨学科融合能力

教师具备跨学科的知识和能力，可以基于智能化技术、以项目或问题的形式将多学科内容深度融合，提高学习者解决系统性复杂问题的能力，创造出更加丰富、多元的学习体验。

### 5. 持续学习与创新能力

随着智能化技术的不断发展，教师需要持续学习新技术、新方法和新理念，不断基于新技术进行教学方法和内容的创新，以适应未来教育持续变革的需要。

未来，在智能化技术与课程深度融合的背景下，教师需要具备全面的信息素养和优秀的信息技术应用能力，能够灵活理解和应用智能化技术，高效设计和整合课程，创造出个性化的学习环境，促进学习者的学习和发展。

## 练习与思考

### 简答题

1. 在人工智能时代，教师需要具备哪些核心的教育技术能力?
2. 人工智能如何帮助教师改进教学方法和提高教学质量?
3. 在人工智能时代，教师如何持续更新和提升自己的教育技术能力?

## 1.4 智能教育技术的应用现状、发展趋势与挑战

以人工智能和大数据为代表的新一代信息技术正逐渐渗透到教育领域，引发了下一代教育全领域变革。教育技术同样如此，从个性化推荐学习资源，到智能辅导，再到自动化评价，智能化技术正在逐步改变传统的教学模式，为教育创新注入新的活力。预计在未来，智能化技术将更加深入地与教育融合，实现更加精准的教学和培养，以提升学习者的综合素质。虽然智能教育技术的应用发展趋势令人期待，但同时也需要面对一系

列挑战。只有充分认识并解决这些挑战，才能确保智能化技术在教育中的积极作用，为我国教育数字化战略提供更好的支持。

### 1.4.1　智能教育技术的应用现状与趋势

智能化技术正逐渐渗透到教育行业中，在未来，人工智能将在教育领域扮演更为重要的角色，进而革新传统的教学模式。本节主要是总结智能化技术对教学的影响以及应用趋势的展望。

#### 1. 智能化技术影响教学现状

随着科技的飞速发展，新一代信息技术正日益成为推动社会进步的重要力量。在这一背景下，国家大力推行“人工智能+教育”战略，旨在引领教育领域迈向数字化和智能化的新时代，为国家的长远发展奠定坚实基础，共同开创教育事业的美好未来。智能教育技术不仅是教育技术的革新，更是教育理念的转变。它打破了传统教学中资源和关系的约束，提供了更广阔的学习空间和更丰富的教育资源，对未来教学产生了重大的影响，但同时新技术的引入也造成了一些负面影响。

（1）智能化技术对教学的积极影响

智能化技术主要可以从四个方面对教学产生积极影响。

①提升教学效率。

智能化技术可以自动处理一些简单但烦琐的教学任务，以减轻教师负担、提高教学效率。譬如智能作业和试卷批改，即通过智能化技术识别分析学习者的作业和试卷，并实时完成批改并给出反馈；又譬如智能化技术可以辅助提供丰富的教学资源和工具，帮助教师个性化的优化课堂教学；此外，智能化技术通过收集和分析学习者的学习数据，可以帮助教师更好地了解学习者的学习情况、学习难点和兴趣点，为教师提供有针对性的教学提示，使得教学更加精准和高效。

②实现个性化教学。

智能化技术通过监测学习者在学习过程中的行为和反馈信息，可以采集丰富的学习数据，包括学习进度、错误率、复习次数等；在对这些学习数据进行深入的分析和建模后，利用机器学习等技术手段，可以很容易地为每个学习者完成学习画像。进而，智能化技术可以为每个学习者推荐适合他们的学习内容和方式，并根据学习者的学习表现和反馈，不断地优化学习者的学习模型和个性化推荐。这种动态的调整过程使得个性化教学更加精准和有效。

③辅助课堂互动。

智能化技术可以实时分析学习者的学习状态和需求，为教师提供个性化的互动建议。通过自然语言处理和知识图谱等技术，智能化技术可以理解并解答学习者的问题，辅助教师完成个性化的课堂互动；通过情感识别等相关技术，智能化技术可以分析学习者的情绪状态和微表情，为教师提供关于学习者的情感反馈；这些都可以辅助教师调整课堂互动策略，使课堂互动更加贴近学习者的实际需求。此外，智能化技术可以支持跨时空的在线课堂互动，突破传统课堂的局限性。学习者可以通过平台与教师和其他同学进行学习疑问的实时交流，同时平台交流方式与智能工具的提供使得课堂互动更加灵活多样。

④课外学习支持。

智能化技术能够根据学习者的个性化需求和学习水平，通过适合的资源推荐和学习建议等进行课外学习支持。学习支持包括在线课程、学习资料和练习题（讲解）等，以帮助学习者根据自身发展情况进行针对性的课外学习。智能化技术可以通过实时分析学习者的学习参与、作业完成等数据，识别学习者的实时学习状态；可以创建虚拟实验环境，让学习者在仿真实验场景中进行有效实践操作；最终为学习者提供学习进度报告和反馈建议，以完成有效的课外学习支持。

（2）智能化技术带来的消极影响

①教师角色错位。

由于教育需要温度，因此要始终明确智能化技术只是教学中的辅助工具。如果过度依赖智能化技术，则可能导致教育者在课堂教学中的角色错位，即将智能化技术定位为教育者，而教育者定位为辅助。这就会导致教育者与学习者之间的直接互动和个性化交流减少，导致教师在教学过程中的主导地位减弱，影响教育教学过程中最重要的人文关怀和情感传递[①]。

②技术局限性。

尽管智能化技术在教育教学领域取得了显著的发展，但是要注意到它仍然只是一种“理性机器”和“客观工具”，一定具备技术局限性。事实上，关于智能化技术算法偏见的研究已经成为一个重要的研究方向[②]。智能技术可能无法准确理解某些抽象概念或需求，导致提供的教学资源和建议不够准确或有效；智能系统的数据分析和预测也可能受到训练样本或算法逻辑的影响，产生偏见性结论。

③技术依赖性。

毋庸置疑，智能化技术给教学带来了极大的便利性，但是过度依赖智能化技术则会带来严重的依赖性问题[③]。如同目前数字媒体的广泛应用并没有降低“三字一话”等基本教学技能的重要性一样，智能化技术要以个人的创造力和创新性为基础，如果教育者和学习者都习惯于依赖智能系统来解答问题和提供教学建议，那么自主思考和判断能力的丧失会严重影响学习者创新精神和批判性思维的培养。

④技术适应性。

目前我们正处于信息化向数字化和智能化转变的过程，技术适应性也是需要考虑的重要因素[④]。不是所有教师都具备智能化技术应用能力，也不是所有学校都具备智能化技术推广条件。对于那些数字素养和信息意识较差的资深教师，贸然的智能化技术大范围推广会导致学习效能严重降低；对于各级各类的基础教育学校，也要根据参与教学各方的实际条件进行智能化推广，以保证教育质量的提升。

需要强调的是，这些消极影响并不是普遍存在的，而是可能在某些特定情况下交错循环出现。因此，在引入智能化技术进行教学辅助时，需要谨慎考虑其适用性和局限性，并采取相应的措施来避免或减轻潜在的负面影响。同时，也需要加强教师培训和技术支持，提高对智能化技术的认识和使用能力，从而更好地发挥其在教学中的优势作用。

①王学男，李永智. 人工智能与教育变革[J]. 电化教育研究，2024，45（8）：13-21.

②吴砥，郭庆. 智能技术赋能教学的伦理挑战：表征、溯因与纾解[J]. 开放教育研究，2024，30（4）：20-27.

③许三珍，夏海鹰，吴南中. 自然性的复归：智慧教学的生命秩序困境与重构：基于典型案例区教师智慧课堂实践的考察[J]. 电化教育研究，2024，45（2）：27-34.

④付卫东，卢春华. 教育数字化转型中乡村教师焦虑的形态、动因及消解路向[J]. 电化教育研究，2023，44（10）：32-39.

### 2. 智能教育技术应用趋势

智能化技术在教育教学领域的应用已经取得了显著的成效，正逐步改变着传统的教学方式，为学习者和教师带来前所未有的便利与提升。借助智能算法和大数据分析，教师能够精确把握学习者的学习特点和需求，为其提供个性化的学习资源和路径。这不仅提高了学习者的学习效率，也使他们在更好的学习参与条件下进行有效学习。

展望未来，智能化技术在教育教学中的应用将展现出更加广阔的前景。一方面，智能化技术将变得更加智能和精准，能够更深入地洞察学习者的学习行为和思维模式，为他们提供更为精准的学习建议和反馈；另一方面，智能化技术将更加紧密地与教育教学的各个环节融合，形成智能化、高效化的教育生态系统。未来的智能化工具将成为教师的得力助手，帮助他们更好地管理课堂、制订教学计划，提升教学质量和效果。

（1）智能化技术应用下的教学组织发展趋势

在未来，智能化技术的普遍应用将为教育教学领域带来革命性的变化。随着技术的不断进步和创新，智能化技术将改变教学组织形式，为学习者和教师提供更加智能化、个性化的学习和教学体验。

①课堂组织。

虚拟技术的快速发展给未来课堂提供了新的组织模式，是智能化技术辅助教学的重要应用场景。在虚拟技术的推动下，课堂空间实现了固定化到灵活化的自由转换，使学习者不再需要在固定时空限制下进行学习。学习者能自主安排学习时间，预约学习指导或实验交流时间，即使脱离课堂，学习者也能获得智能化技术的辅助指导。譬如，基于虚拟形象的智能助教可以随时随地的回答学习者问题、解释概念，并提供实时的反馈和指导等。

②课堂形式。

在未来课堂中，利用VR、AR等智能化技术，诸如沉浸式学习、体验式学习、项目式学习、合作探究性学习等新型的学习方式将会取代接受性学习，以在虚拟环境中共同体验与探索实践的过程去发现并解决问题。而未来的课堂形式代表如虚拟实验室，将会给学习者带来更良好、更有益的课堂体验。借助不断发展的VR、AR等智能化技术，学习者可以真正在虚拟课堂中身临其境地进行虚拟实验，从而提供更安全、便捷和高可理解性的学习体验。

（2）智能化技术应用下的课堂环境发展趋势

随着智能化技术的不断发展，未来课堂环境将会呈现出共享化、便捷化、交互实时、资源丰富的特点。课堂的物理环境不断被智能化技术与设备进行优化和填充，未来课堂将是一个现实网络混杂的赛博教学环境（cyber physical systems）。

①资源与互动。

智能化技术支撑下的人机交互、推荐算法、多模态识别、情景感知等系统将会集成于未来课堂中，成为未来课堂不可或缺的成分。智能化技术将辅助未来课堂环境向全球资源共享、高度课堂互动、实时协作学习等方面发挥作用。支持多模态人机实时互动的智能系统将成为未来课堂中的标准配置；全球化的教学资源多角度共享将保证每一位学习者都能清晰直观地接收学习资源。智能化的资源与课堂互动将支持CPS教学环境，使得未来课堂环境更加生动立体。

②个性化课堂。

在未来课堂中，分布式的响应机制将使得课堂具备智能个性化调控功能。一方面，课堂能够根据学习者的学习状态和需求自动调整参数，系统会自动调整噪声水平、灯光亮度等学习环境参数以适配学习者的学习状态；智能推荐算法则实时分析学习者的学习需求和状态，为学习者精选学习内容、制订学习计划；此外，智能系统可以实时监测课堂运行和能耗情况，根据实际进行智能调节。个性化课堂充分贯彻了因人施教理念，充分发挥了学习者的学习效能。

（3）智能化技术应用下的课堂评价发展趋势

在未来课堂中，智能化技术将深度参与学习评价过程，成为教育教学评价的重要辅助工具，智能化教学评价将成为未来课堂中的重要评价形式。

①学习者评价。

在未来课堂中，智能化技术将凭借先进的多模态感知技术，实时观测并记录学习者的学习状态。这些基于表情、行为、习题解答等课堂参与数据直接表征了行为参与、情感参与、认知参与等学习参与指标，隐藏着学习者对知识的理解程度、兴趣点以及困惑所在。通过对这些数据的精准分析，可以对课堂教学给出客观精准的学习者学习状态报告，进而反映出课堂与学习者的匹配程度。

②教师评价。

在未来课堂中，智能化技术也将对教师的教学状态进行实时感知与分析。智能系统可以通过分析教师的语音语调、肢体行为、授课内容以及与学习者的互动情况等课堂参与数据，来评价教师参与课堂教学的程度与状态，以及授课内容与层次的适配性。评价系统可以实时生成教师的课堂教学情况报告并及时反馈给教师，以帮助教师提升专业水平、调整教学策略，更好地完成教学任务。

③教学评价。

在虚拟与现实、智能与人工混合的未来课堂中，教师和学习者可以基于课堂监测平台，选择不同的智能化工具以采集“教”与“学”的多种表现性数据。这些数据包括学习者的作业完成情况、课堂参与度、教师的教学方法、课堂氛围等。通过后台大数据的批量处理，这些数据能够转化为客观的评估结果，为教师和学习者提供全面的反馈。

（4）生成式教育人工智能的发展趋势

AIGC的快速发展在教育教学领域掀起了新的研究狂潮，这种技术基于海量数据库和庞大的深度算法构建大语言模型，通过NLP等智能化技术与人类交互并生成信息。基于大模型的AIGC在文本生成、语言理解、知识问答、逻辑推理等方面的能力在教育领域具有极大的应用潜力和价值，未来的发展趋势从教学和学习的辅助两方面体现。

①用户友好的教学助手。

包括用AIGC技术辅助进行教学设计，利用数字仿真技术进行课堂交互，作为课堂测试助手进行实时化批改等。目前这些技术在人机交互、内容生成、应用方式上，许多具体的细节和功能还有较大发展空间。

譬如目前大多数智能教学助手只支持文本理解，而不能将图、文、音视频等多模态资源进行高准确性的转换检索；而未来的教学助手将在多种模态间自由切换以辅助教学，即不仅可以以文答文，还能智能生成互动式情境图片、思维导图、音视频等教学资源。而教育者将需要继续以此为基础进行各种教学场景的智能化改革，如作业设计、教学反思、课题灵感、学习者评语、班会设计、家访沟通等。

②精准个性化学习辅助。

借助大模型驱动的AIGC在内容生成和语言理解方面的能力，学习辅导助手将通过与学习者类人式的自由对话辅助其开展学习。交互体验的增强将帮助学习者提高学习参与和投入，更好地开展学习。

譬如，学习辅导助手可以根据学习者提出的问题和回答，精准分析学习者当前的学习状态，对学习者进行针对性的辅导；也可以通过智能生成表情包和流行语，自适应推荐电影、诗词、历史典故等感兴趣资源的方式，提高学习者的参与水平，帮助学习者快速进入学习状态；学习辅导助手还可以跟踪记录学习者的学习水平和发展趋势，对其可能存在的学习风险进行预警。

## 1.4.2　智能教育技术面临的挑战

2022年以来，物联网、自然语言处理、知识工程等领域的技术突破和工程创新，促使以AIGC为代表的智能化技术日益成熟。这类技术具有较强的智能感知、理解和生成能力，可以根据用户需求，快速完成多语种文本翻译、多类型论文写作、图形创作、编写和修改程序、统计分析等工作，成为加速教育系统变革的重要驱动力。但是与此同时，智能化技术的无限制应用也会带来前所未有的一系列挑战。本节介绍了目前智能教育技术的应用风险，以及相应的应对措施。

### 1. 智能教育技术的应用风险

以AIGC为代表的智能化技术已经成为未来教育的重要组成部分。但是，智能化技术由于其机器属性的影响，会带来一系列应用风险，如数据隐私保护、AI本体风险、教育公平性问题等。同时，技术发展过快也会导致师资培养不足的问题。

#### （1）数据隐私保护

智能化技术以数据为核心，在教育中应用需要收集和分析大量的用户信息，包括教学习惯、学习偏好，甚至学习成绩、师生行为等敏感信息。一旦发生数据泄露或不当使用，不仅会对师生个人造成伤害，还可能引发法律责任。

如学校采用智能化系统来分析学习者的学习偏好和水平，其目的原是个性化地提供学习建议，促进学习效能。由于系统收集了学习者的个人信息、学习记录和行为等敏感数据，一旦数据保护措施不完善，出现人为或意外的数据泄露导致学习者的个人信息被公开，不仅会对学习者造成严重心理压力和隐私侵犯，还可能影响他们的未来就业和学术发展。同时，学校也面临法律责任和信誉损失的问题。

#### （2）AI本体风险

目前以大规模深度学习和注意力机制为代表的智能模型，其可解释性与可见性较低，其在学科专业性和解释透明度等方面的局限性，可能会在教育教学中产生不准确或有潜在害处的风险。

以AIGC为例，由于其内容生成机制本质上是“黑箱”，因此其生成的内容可能与所需场景无关，缺乏高可信性与可解释性，这也直接限制了它在重要教育场景中的广泛应用，如专业领域的知识生产、关键性的课程教学以及重要的考试等。此外，智能模型受训练数据广泛性的影响，可能在理解信息及分析逻辑方面存在数据偏见，导致错误或不准确的信息出现，这将对教学过程造成消极影响。

（3）教育公平性

教育公平性是社会发展的重要基石。但是随着智能化技术的发展，在智能产品与服务的生产者和消费者之间，以及不同国家、地区、人群之间出现了享有技术权利的不平等①，导致了教育公平性问题的产生。

不同国家由于经济、政治、科技发展水平的差异，发达国家往往能够更快地掌握和应用智能化技术，从而在教育教学领域实现资源优化和效率的提升，而欠发达国家可能因为技术、资金和人才的缺乏，难以享受到智能化技术带来的教育变革；从不同地区来看，经济发达地区能够投入更多资源研发和应用智能化教育产品，而资源贫瘠地区则可能落后；从不同群体来看，经济和社会地位较高的人群能够更容易获得高质量的智能教育资源，享受到更加个性化、高效的学习体验，相反，经济条件较差的人群，可能连基本的智能设备都没有，更遑论高质量智能教育服务了。

（4）师资智能素养

智能化技术只能提供教学和学习辅助，教师角色在教学中是不可或缺的。智能化技术在教育中应用离不开教师的合作、引导和监督。目前，教师智能素养的提升明显不匹配智能化技术的发展，具体表现在以下两个方面。

一是许多教师对于智能化技术在教育教学领域所引发的巨大挑战认识不足，没有意识到智能化技术是一种可能会颠覆传统教育教学体系的力量。这种认识上的不足可能导致其在教育教学实践中对智能化技术的学习和应用缺乏积极性，无法充分利用人工智能技术的优势来提高教学效果。

二是教师在科学利用智能化技术改良教育教学过程的能力上也存在不足。智能化技术的快速发展为教育带来了许多新的工具和方法，然而许多教师可能没有接受过相关的培训，无法有效地利用这些工具和方法来优化学习者的学习体验，更无法将智能化技术真正融入教学过程中，提高学习者的学习效能。

### 2. 风险应对措施

智能教育技术中，教育与智能化技术是深度互嵌的关系。迎接智能化、融合智能化、最后进行智能化创新，是教育发展的必然要求；影响教育、推动教育、最后进行教育革新是智能化技术融合教育发展的必然结果。针对智能化技术在教育教学领域应用所可能带来的系列挑战，这里提出“注重教育信息隐私保护”“确保教育决策透明度与公平性”“推动教育公平与普惠性”“提高教师智能素养”等四条建议。

（1）注重教育信息隐私保护

首先，要保证师生的数据信息安全。智能化技术赋能教育的过程中会产生大量个人隐私数据，如师生个人基本信息、学习者学习偏好和轨迹、学业成绩和发展等，这些信息必须得到严格的保护，避免泄露、滥用或者篡改。

其次，要明确收集和使用个人数据的目的与范围。在涉及个人隐私的情况下，任何数据

①夏立新，杨宗凯，黄荣怀，等. 教育数字化与新时代教育变革（笔谈）[J]. 华中师范大学学报（人文社会科学版），2023，62（5）：1-22.

收集和使用都必须遵守相关法律法规，并且必须得到师生及其家长的明确授权。教育管理部门也应为用户提供保护个人隐私的培训，以增强个人保护自身隐私的意识和能力。

最后，要加强技术手段的保障。针对智能化技术的特点，教育管理部门应该建立健全数据管理制度和技术安全保障体系，采用加密、匿名化、去标识化、脱敏等多种技术方法，减少师生个人信息的泄露风险，同时加大打击泄露数据隐私的力度。

（2）确保教育决策透明度与公平性

首先，要开发建立基于高可解释性的智能化教育辅助决策系统。各类使用智能化技术的教育机构必须向用户或学习者清晰地解释和展示决策过程，让他们了解决策原因和依据，从而能够更好地发现智能化技术在教育应用中存在的偏差或缺陷。

其次，要确保智能化技术在教育决策应用中的透明度。使用智能化技术的各级各类机构应该在决策前开源相应的算法信息，即明确决策规则，以便相关群体和外界进行监督和审查。

最后，要确保智能化技术应用于教育教学的公平性。在使用智能化技术时，教育机构应该采取公平、准确、客观的评价方式，避免产生歧视和偏见。如采用多元化的数据集和多种类算法以规避师生个体差异。

（3）推动教育公平与普惠性

首先，要出台相关政策，确保所有人都能平等地获得和使用智能化教育产品和服务；同时，应该加强法律法规保障，防止技术性垄断和不公平竞争。

其次，要加大对教育科技的公共投入，特别是对贫困地区和弱势群体的智能化教育支持，以实现教育资源的均衡配置。

然后，要鼓励和支持开源教育和共享平台的建设，使优质的教育资源得到更广泛的传播和利用，减少因地域、经济和身份差异造成的不平等。

最后，政府、教育机构、企业和社会组织开展跨部门合作，共同推动智能化教育公平。例如，企业可以提供公益技术支持，非政府组织可以提供智能化教育服务等。

（4）强调提高教师智能素养

首先，要开展系统性的智能化技术培训，帮助教师深入了解智能化技术的基本原理、最新发展和教育应用案例。通过实践环节，让教师亲身体验和掌握如何将智能化工具和资源整合到日常教学中，提高教学效率和质量。

其次，要开展伦理与法律意识教育，教师学习在运用智能化技术时必须遵守的伦理规范和法律法规，例如保护学习者隐私、数据安全、防止算法偏见等。这种教育将确保技术的应用不会侵犯学习者的合法权益，符合教育公平和伦理道德的要求。

再次，要开展跨学科能力培养，鼓励教师发展跨学科思维，结合智能化技术与自己所教授的学科知识，创新教学方法。例如，在数学教学中利用智能化工具进行数据分析，或在语言教学中辅助语言练习等。

最后，多方面建立智能教育技术实践社区，让教师可以分享智能化教学实践经验与案例，讨论遇到的挑战和解决方案。这种社区可以促进教师之间的互助和专业成长，可以自下而上地推动智能教育技术的发展。

## 练习与思考

**论述题**

1. 简述智能化技术对教学的影响。

2. 简述智能教育技术的应用风险。

3. 想一想，除了本节中所列的智能教育技术应用场景，未来还可能出现哪些其他智能教育技术应用场景?

4. 想一想，除了本节中所列的智能教育技术应用风险和风险应对措施，还有哪些其他应用风险及风险应对措施?

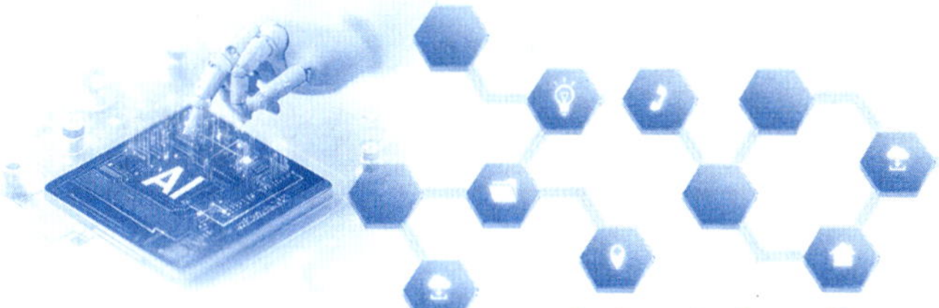

# 第2章 智能教育技术理论基础

教育技术的最终目的是促进教育效能。智能教育技术作为连接教育与新一代信息技术的重要桥梁，是为提高教育效能服务的。智能教育技术理论基础作为智能教育技术的核心组成部分，详细阐述了技术如何提高教育效能，为智能化技术在教育中的实践应用提供了坚实支撑。本章在阐述教育技术经典理论的基础上，重点分析教育人工智能理论，以其作为智能教育技术的理论基础，指导智能技术服务教育。

## 内容导图

- 智能教育技术理论基础
  - 学习理论
    - 行为主义流派对学习的定义及经典学习理论
    - 认知主义流派对学习的定义及经典学习理论
    - 建构主义流派对学习的定义及主要观点
    - 人本主义流派对学习的定义及教育观念
  - 教学与传播理论
    - 行为主义、认知主义、人本主义和建构主义四大流派的教学核心观点
    - 马克思主义现代教育理论的历程、现有问题和教育的特殊性
    - 由戴尔的经验之塔到教育传播的定义、原理、规律和模式
  - 系统科学理论
    - 系统论、控制论和信息论的主要观点及其在教育过程中的特性
    - 耗散结构论、协同论和突变论的主要观点及其在教育过程中的特性
  - 智能教育理论
    - 多元智力理论的概念及其组成要素
    - 新时代教师应具备的智能化素养
    - 人工智能伦理的概念及对智能教育技术的主要影响

### 学习目标

1. 掌握行为主义、认知主义、建构主义和人本主义等学习理论基本概念和原则。

2. 理解教学与传播理论的基本概念，学习如何运用社会互动教学理论来促进学生之间的互动和知识共享。

3. 了解系统科学理论，理解它们在智能教育中的作用。

4. 理解多元智力理论，并探讨如何将这一理论应用于智能教育实践中。

5. 掌握智能化素养的培养方法，了解并遵守人工智能伦理原则。

## 2.1 学习理论

广义的学习是人类以获得的经验去适应周围不断变化环境的过程，狭义的学习是指学习者在教师帮助下，在一定的时空环境中进行的有目的、有计划、有系统地掌握知识技能和行为规范的过程。总的来说，学习是一个涉及包括认知、情感、行为等多个方面和层次的复杂过程。行为主义、认知主义和建构主义等不同学习理论流派都对学习设立了不同的定义。由于任何教育技术应用于学习的目的都是促进学习者学习，因此研究学习过程范式的学习理论，对教育技术理论和实践的影响尤其显著。要注意，各种学习理论的主要差异在于对学习本质的不同理解，都以某种程度和方式体现在学习过程之中，没有对错之分。

### 2.1.1 行为主义理论

视 频

行为主义学习与教学理论

行为主义学习理论是一种运用行为主义来研究学习范式的流派。它认为学习是刺激与反应之间的联结，着重强调外部环境对学习者行为的影响。巴甫洛夫①、斯金纳②等行为主义者认为，所有行为都是习得的，即经验的结果。他们主张通过奖励和惩罚来塑造和改变学习者的行为，以实现预期的学习目标。

巴甫洛夫的经典条件反射理论源自其一项著名的实验——巴甫洛夫的狗，如图2-1所示。

他观察到狗在看见食物或即将进食时会分泌唾液，于是利用这一现象，在每次喂食之前引入一系列信号作为前奏（初始阶段采用摇铃，后续拓展至吹口哨、使用节拍器、敲击音叉、开灯等多种形式）。经过数次这样的操作后，巴甫洛夫尝试仅发出铃声而不提供食物，惊奇地发现即便没有食物，狗仍会分泌唾液。事实上，在训练初期，狗对铃声并无任何特殊反应。

斯金纳的操作性条件反射理论是在其独创的斯金纳箱中展开的。在这个特制的箱子中，放置了一只白鼠或鸽子，并设有杠杆或按键。在箱内的动物享有充分的自由活动空间，一旦它们按下杠杆或啄击按键，箱子下方的盘子中便会自动掉落食物团，供动物食用。同时，箱

①王翔南，程一波. 巴甫洛夫—行为医学的母系学科：行为主义心理学的理论之父[C]//中华医学会首届国际行为医学学术大会暨第九次全国行为医学学术会议论文汇编，2007：6.

②付瑜. 斯金纳的强化理论及其在学校教育中的应用[J]. 中国电力教育，2008（7）：5-6.

外设有记录装置，用于精确记录动物的行为活动。实验证明，对动物的操作行为给予强化，可以使动物按压杠杆的动作反应概率增加。

图2-1　经典条件反射理论

行为主义学习理论在教育实践中具有广泛的应用。它要求教师掌握塑造和矫正学习者行为的方法，为学习者创造一种环境，以最大程度上强化学习者的合适行为，并消除不合适行为。这种理论强调外部环境对学习的影响，提倡使用奖励和惩罚等外部刺激来调控学习者的行为。

然而，行为主义学习理论也存在一些局限性。它忽视了学习者内部的认知过程和情感因素对学习的影响，将学习简化为刺激与反应之间的联结。过度强调外部环境的控制会导致学习者缺乏主动性和自主性，限制其创新思维和个性发展。

行为主义学习理论仍对早期教育实践产生了积极影响。它提供了一种以外部刺激和反应为基础的学习框架，有助于教师理解和调控学习者的学习过程。同时，该理论也强调了奖励和惩罚等外部刺激在学习中的作用，为教师提供了一些实用的教学方法和策略。

在人工智能中，行为主义学习理论被广泛应用于机器学习和强化学习等领域。例如，强化学习中的智能体通过与环境的交互来学习如何达到最优行为策略。交互主要是指智能体根据环境反馈的奖励信号来调整其行为，从而逐渐学会在给定环境下的最优行动。行为主义学习理论还为人工智能提供基于行为的建模方法，即强调从个体的行为出发，通过模拟个体与环境之间的交互过程来建立多智能体的行为模型。这种方法在机器人控制、自然语言处理等领域得到了广泛应用。

## 2.1.2　认知主义理论

视　频

认知主义学习与教学理论

认知主义学习理论是一种与行为主义学习理论相对的学习理论。它主张学习是通过学习者内部的认知过程来实现的，强调学习者在学习过程中的主动性和积极性。认知主义的主要代表人物有皮亚杰[①]、布鲁纳[②]等。

皮亚杰认为儿童心理结构的发展涉及图式、同化、顺应和平衡等多个方面。具体来说，图式可以被理解为动作的结构或组织，这些动作在相似或相同的环境中由于不断地重复和练习，得以迁移或概括，进而形成更为稳定和有效的心理结构；同化是指儿童将新知识或新经验纳入自己原有认知结构中，使其在量上得到改变；顺应是指原有认知结构不

①刘长城，张向东. 皮亚杰儿童认知发展理论及对当代教育的启示[J]. 当代教育科学，2003（1）：45-46.

②肖少北. 布鲁纳的认知：发现学习理论与教学改革[J]. 外国中小学教育，2001（5）：38-41.

能同化新知识或新经验时，而引起的原有认知结构在质上得到改变；平衡是指同化作用与顺应作用两种机能的平衡。他还提出了著名的儿童认知发展理论，即将儿童的发展分为感知运动阶段、前运算阶段、具体运算阶段和形式运算阶段。

布鲁纳认为学习的实质是主动形成认知结构；学习包括获得、转化和评价三个过程；强调学习的内部动机。

认知主义学习理论的主要观点包括：

### 1. 学习是主动的

学习者通过主动的认知过程来理解和掌握知识。学习不是简单的刺激与反应之间的联结，而是学习者通过感知、注意、记忆、理解等认知活动来建构知识的过程。

### 2. 学习改变认知结构

认知结构是指学习者头脑中的知识组织和表征方式。学习者通过新信息和经验的接受而调整和完善自己的认知结构，完成学习（表现为知识的增长和迁移）。

### 3. 学习是有意义的

学习不仅仅是记忆和模仿，更重要的是理解和应用。学习者需要理解知识的内在逻辑和关系，将其纳入认知结构中，并在新的情境中进行应用和创新。

### 4. 学习是渐进的过程

学习不是一次性的活动，而是一个渐进的过程。学习者需要不断地进行反思和修正，才能逐渐将知识纳入认知结构中，进而改善自己的认知能力和水平。

与行为主义学习理论相比，认知主义学习理论更加注重学习者内在的认知过程和主观能动性。它强调学习是有意义的、主动的、建构性的过程。在教育实践中，认知主义学习理论提倡使用发现式、探究式等教学方法，鼓励学习者主动思考探索，以促进其认知能力和创新思维发展。

认知学习理论对建立在行为主义学习理论基础上的传统教学设计产生了较大影响。在此背景下，美国著名教育心理学家加涅吸收行为主义和认知主义两大学习理论的优点，提出一种“联结—认知”学习理论的折中观点。这种理论主张既要重视外部刺激（条件）与外在反应（行为），又要重视内部心理过程作用。

加涅将学习理解为信息加工过程，即每个学习动作可以分解成八个阶段。如图2-2所示，左边是学习阶段，包括阶段名称和主要学习过程，右边则是对应教学行为。这样，学生学习过程既包括了内在的自我认知过程，又与外部教学行为进行了关联。加涅的观点既被认为是认知主义理论学派，又被认为是建构主义理论学派，可以作为从认知主义过渡到建构主义的典型人物。

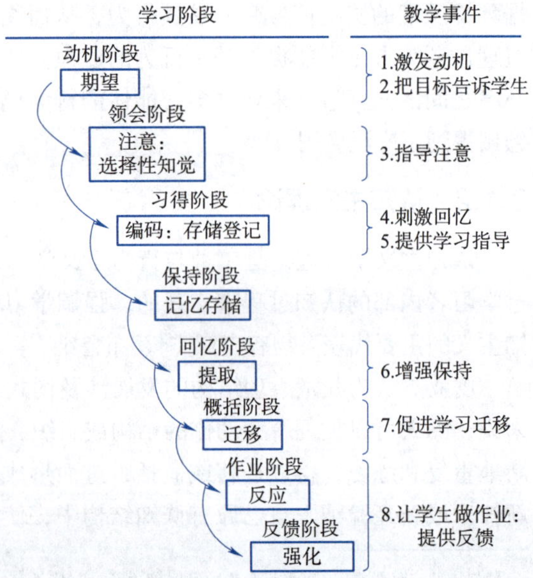

图2-2 信息加工学习理论

总之，认知主义学习理论侧重于解释如何将客观知识个体内化为认知结构，即研究知识的获得、认知结构的形成、信息加工以及信念等认知过程。该理论的著名理论有布鲁纳的认知-发现学习理论、奥苏贝尔的有意义的接受学习理论、加涅的信息加工学习理论等。

视 频

建构主义学习与教学理论

### 2.1.3　建构主义理论

建构主义是认知主义学习理论的进一步发展，其思想源自关于幼儿认知发展的理论。由于人类的个体认知发展与学习过程密切相关，因此建构主义理论可以比较好地说明人类学习与认知的关系，即说明学习如何发生、意义如何建构、概念如何形成，以及理想的学习环境应包含哪些主要因素等。

建构主义学习理论的代表人物有维果斯基（见图2-3）、皮亚杰、布鲁纳等。其中维果斯基首次将“最近发展区”概念引入到幼儿学习的研究领域。其定义为：幼儿（学习者）在成人（教师）的指导和帮助下达到的水平，与其在独立活动中能达到的水平之间的差距。幼儿的最近发展区表明了学习对自我认知建构的重要性，以及团体互动在学习过程中的重要性[①]。

图2-3　维果斯基

建构主义学习理论认为，学习是学习者在与环境交互作用的过程中主动建构内部知识表征的过程。知识不能通过教师传授得到，而是学习者在一定的情境下，借助学习社区团体（包括教师和学习伙伴等）的互动，利用必要的学习资源，通过意义建构的方式获得。学习不仅受学习者内部建构过程的影响，也受外部环境的制约。建构主义学习理论既强调以学习者为中心，又承认“情境”“协作”“会话”“资源”等外部学习环境对学习的基本影响作用。

建构主义学习理论从含义（即关于“什么是学习”）与方法（即关于“如何进行学习”）两方面解释学习活动。即同时承认知识存在的客观性与学习者知识建构的主观性。因此建构主义学习理论认为：学习是引导学习者从原有经验（知识结构）出发，生长（建构）起新的经验（知识结构）的过程。即虽然现实事物是客观存在的，但是学习者对其的理解（知识）不是简单由事物本身决定的，而是以学习者原有的知识结构（经验）为基础来建构对客观事物的解释和理解，才能形成知识。

建构主义学习理论对教育实践的影响在于，它一方面提倡教师对学习过程的设计要以学习者为中心，强调学习者的主动性、积极性和创造性；另一方面提倡学习环境的设计要充分提供学习资源和支持，促进学习者的自主和协作学习。

建构主义在知识观、学习者观和学习观都有自身独特的理解。在知识观上，它认为知识并不是对客观事物的准确表征，它只是对客观事物在某个维度上的一个投影，即对客观事物的一种解释和假设。它不是标准答案，不能准确地概括客观法则。

在学习者观上，它认为学习者会基于相关的经验，依靠其认知能力，形成对问题的某种解释；由于经验背景的差异，学习者对问题的理解不同，知识的应用能力则各不相同。映射

① 罗秀珍. 维果斯基的理论要义及其教育启示[J]. 中国音乐教育，2003（3）：35-37.

在具体问题上，则反映出知识并不是拿来就用，一用就灵，而是需要针对具体情境进行再创造。

由于知识的理解由个体学习者基于自己的经验背景建构起来，取决于特定情境的学习历程。因此在学习观上，建构主义更强调学习的主动建构性、社会互动性和学习的情境性。

随着多媒体和网络技术的发展，建构主义学习理论在新一代信息技术的支持下得到了广泛的应用和推广，成为大部分教学改革的理论基础。以学习者为中心的教学理念注重了学习者的主动性和参与性，为培养创新型人才提供了有力的支持。

### 2.1.4 人本主义理论

视 频

人本主义学习与教学理论

人本主义学习理论是20世纪五六十年代在美国兴起的一种学习理论，其代表人物包括马斯洛和罗杰斯。这一理论主张学习是个体自我实现的过程，重视以人为本，以学习者为中心开展学习，教师是学习的促进者。同时，人本主义学习理论强调情感、需要等因素对学习的作用。

人本主义学习理论主张应该研究学习者的本性、潜能、经验、价值、创造力和自我实现。它反对将动物研究的结果应用于人类学习，主张采用个案研究方法，学习被视为个人潜能的充分发展，是个性化和社会化的过程。

人本主义主张应当把学习者作为一个整体系统来研究，应该研究正常的学习者，而且更应该关注其高级心理活动，如热情、信念、生命、尊严等内容。人本主义的学习理论从全人教育的视角阐释了学习者整个人的成长历程，它注重启发学习者的经验和创造潜能，引导其结合认知和经验，肯定自我，进而自我实现。人本主义学习理论重点研究如何为学习者创造一个良好的环境，让其从自己的角度感知世界，发展出对世界的理解，达到自我实现的最高境界。

人本主义的代表人物马斯洛重点研究了成长目标，把自我实现作为教育的终极目标。他认为，教育的根本目标在于开发潜能，完美人性，完善人格，成为世界公民。它认为外在学习是单纯依赖强化和条件作用的学习，其着眼点在于灌输而不在于理解；内在学习是依靠学习者内在驱动、充分开发潜能、达到自我实现的学习，是一种自觉的、主动的、创造性的学习模式。理想的学习过程应该反对外在学习，倡导内在学习。他还提出了著名的需要层次理论，如图2-4所示[1]。

另一个人本主义代表人物罗杰斯认为，教育的目标是促进学习者发展，使他们成为能够适应变化、知道如何学习的“自由人”（即功能完备的人），这里自由是指“能使人敢于涉猎未知的、不确定的领域，自己做出抉择的勇气。”他深信学习是人固有能量的自我实现过程，强调人的尊严和价值，强调无条件积极关注在个体成长过程中的重要作用。他提出意义学习是一种使个体行为、态度及个性发生重大变化的学习。它不仅是一种增长知识的学习，而且是一种与人的全部生活经验都融合在一起的学习。

人本主义学习理论是一种以人为本的教育观念，它强调学习者的自我实现和潜能发挥，关注学习者的情感、态度和价值观等因素，提倡以学习者为中心的教学方法和教育观念的转变。

①吴宏伟. 马斯洛的需要层次理论及哲学底蕴[J]. 哈尔滨市委党校学报，2006（2）：31-33.

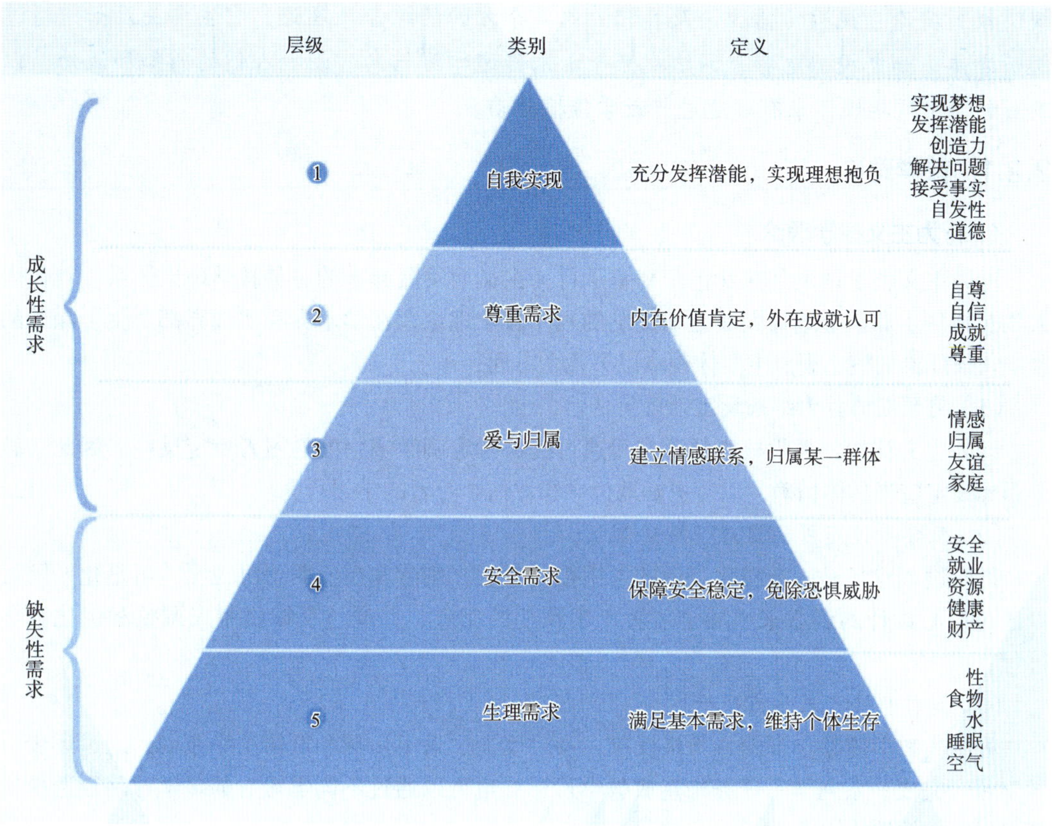


图2-4　需要层次理论

## 练习与思考

### 一、简答题

分别简述行为主义、认知主义、人本主义、建构主义的学习理论核心观点。

### 二、论述题

1. 行为主义理论与认知主义理论、人本主义理论等其他心理学理论相比，有何异同点？它们在解释行为和学习方面各有何优势？

2. 如何将建构主义理论与现代教育技术和数字化学习工具相结合，以支持学习者的知识建构过程？

## 2.2　教学理论和教育传播理论

教学理论作为教育学原理的基石之一，其核心目标在于深入探究教学的各种现象与问题，进而揭示其内在规律，并寻求解决现实教学难题的有效途径。教学理论帮助我们更好地理解教学本质，为教学实践提供有力的理论支持和指导。传播理论是一个涵盖了视听教育理论、视听传播理论及其相关的多个方面的综合性理论。它主要关注如何通过视听媒体（如电视、电影、网络视频等）来传递学习信息、影响人们的感知和认知，以及如何利用这些媒体来有效地进行教学传播活动。

## 2.2.1 教学理论

### 1. 行为主义教学理论

行为主义教学理论是在20世纪初基于行为主义而发展起来的一种教学理论体系。其代表人物包括华生和斯金纳，尤其是斯金纳的程序教学理论，在学术界和实践界都产生了深远的影响。该理论的核心观点主要体现在以下几个方面：

（1）将预期的行为结果设定为教学目标

行为主义认为，教学核心任务在于通过提供特定刺激来引发学习者特定反应。因此，教学目标设定应当具体精确，以便更好地指导和评估学习者的学习行为。

（2）教学要设定可观测的“刺激-反应”

教学过程应当是一个强化刺激的系统控制过程，刺激和反应需要可观测、可量化，则可以通过精心设计的刺激来引导学习者产生预期的反应，并通过反馈机制来调整和优化教学过程。

（3）遵循程序式教学方式进行

程序式教学遵循小步骤、积极反应、及时反馈、自定步调和低错误率原则，通过逐步引导学习者完成一系列学习任务来达成教学目标；也可以通过不同学习者的多学习路径选择达到多程序式教学的效果。

### 2. 认知主义教学理论

认知主义教学理论源于20世纪中期，是重要且极具影响力的教学理论。这一理论的代表人物有布鲁纳和奥苏贝尔等。其中，布鲁纳的认知结构教学理论影响深远。

认知结构教学理论主张：教学的核心目标并非仅仅传授知识，而是致力于发展学习者的智力①。该理论强调，教育应当是一场智力盛宴，目的是让学习者在探索与发现中不断提升自己的思维能力，从而能够独立思考、创新实践。

在教学原则上，认知结构教学理论提出了动机、结构、程序和强调四大原则。动机原则认为激发学习者的学习兴趣和内在动力是教学成功的关键；结构原则强调教学内容的组织应当具有逻辑性和系统性，便于学习者理解和掌握；程序原则关注教学过程的合理安排，确保学习者能够循序渐进地掌握知识和技能；强调原则要求教师在教学过程中对重要内容进行适当的强调和重复，以加深学习者记忆和理解。

在教学内容选择上，认知结构教学理论主张应以学科的基本结构为核心。该理论认为，学科的基本结构是学科知识的精髓和骨架，掌握它有助于学习者形成系统的知识体系，并能够灵活运用所学知识解决实际问题。

认知结构教学理论推崇发现式教学法。这种方法鼓励学习者通过自主探索和发现来获取知识，可以培养学习者的探究精神和创新能力。在发现式教学法中，学习者不再是知识的被动接受者，而是知识的主动建构者。

---

①肖少北. 布鲁纳的认知：发现学习理论与教学改革[J]. 外国中小学教育，2001（5）：38-41.

### 3. 人本主义教学理论

人本主义教学理论源于20世纪60年代，其代表人物罗杰斯为我们提供了一种全新的教学视角。这一理论主张教学的核心目标是培养全面发展的个体，使他们能够成为真正独立、自由的人。

在人本主义教学理论中，教学过程从传统的指导性模式转变为非指导性模式。这种教学模式强调为学习者创造一个适宜的学习环境，引导他们自主探索问题，形成个人的见解和认识。通过这一过程，学习者不仅能够掌握知识，更能够发展自己的思维能力和创新精神。

教学方法上，人本主义教学理论倡导意义学习。这种学习不仅仅是对知识的记忆和理解，更是对个体行为、态度、个性的塑造，对学习者未来行动方式产生深远影响。意义学习使学习者能够将所学知识与实际生活相联系，从而产生深刻的变化和成长。

人本主义教学理论还强调教师在教学中的角色转变。教师不再是单纯的知识传授者，而是成为学习者学习的促进者。他们需要与学习者建立真诚、接受、理解的师生关系，为学习者的自主学习和成长提供有力的支持。同时，教学评价也应以学习者自我评价为主，尊重学习者的个性差异和成长需求。

### 4. 社会互动教学理论

社会互动教学理论是在维果斯基的社会互动理论与菲厄斯坦的“中介作用”理论的基础上发展而来的。这一理论为我们深入理解和应用教学互动提供了有力支撑。

米德提出的符号互动理论强调了符号语言在社会互动中的核心作用①。他认为，个体通过符号语言与他人进行互动，不仅塑造了自己的心灵和自我，同时也对社会文化产生了深远影响。这一过程是一个双向的、动态的，既是个体自我形成的过程，也是社会文化不断演进的过程。

戈夫曼的戏剧理论通过戏剧和舞台的比喻，生动地描绘了人的行动和社会互动②。学校作为教育的舞台，教学则是一场戏剧。师生之间的互动受到地位和权利的影响，形成了一种不对称的舞台规则模式。这种模式既有其固有的稳定性和秩序性，同时也蕴含着变革和创新的可能性。

伯恩斯坦的符码理论进一步揭示了符码在学校教育中的重要作用③。符码不仅是权利支配的具体体现，更涉及意识形态和社会权利问题。通过符码的运用，学习者得以理解和诠释社会世界，进而实现社会平等。这一理论强调了教育在促进社会公平和正义中的重要作用。

吉登斯的结构行动理论揭示了社会结构与人的能动作用之间的复杂关系④。他认为，人们在结构制约中同时也生产着制约他们的结构，这种结构的二重性使得个人与社会之间的互动关系变得复杂而多元。因此，教育理论必须重视双重诠释的工作，既要深入理解教育现场的实际情况，又要将理论成果应用于实践中去。

在社会互动的一般过程中，个体首先基于“心智”能力进行试错，以选择适当的行动路线；然后，通过“自我”能力的发挥，持续发生适当的行动，并在知识存储库中增加关于互动过程的观念符号；最终，这些互动行动逐渐模式化，形成稳定的社会结构。这一过程体现

①宋丽范. 符号互动理论及其对教育的启示[J]. 扬州大学学报（高教研究版），2007（1）：20-22.
②何奇奇. 论教师的教学表演艺术：基于戈夫曼的戏剧理论[J]. 现代教育科学，2018（6）：85-88.
③谢小平. 伯恩斯坦教育符码理论的分析框架及讨论[J]. 教育评论，2011（4）：153-156.
④陈曲. 吉登斯对行动理论构成性要素及其关系的阐释[J]. 天津社会科学，2020（1）：75-79.

了社会互动的动态性和复杂性，也为理解和应用社会互动教学理论提供了有益的启示。

### 5. 马克思主义和社会主义现代教育理论

以马克思主义为指导的现代教育理论研究至关重要。马克思主义教育理论详细阐述了教育与政治经济、环境、学校教育、社会斗争、个人培养等多方面的紧密联系，强调了社会主义教育与综合技术、人的全面发展与劳动教育、人的全面发展的诸多因素之间的相互关联。

我国教育学发展受马克思主义教育理论影响较早。1930年，杨贤江《新教育大纲》的出版标志着我国首部以马克思主义为指导思想的教育学著作的诞生，全书运用马克思主义观点对教育本质、教育进化和教育概观三个方面展开了深入探讨[①]。而后，马克思主义教育思想与中国教育情形相结合，形成了具有中国特色的马克思主义教育理论体系，推动了马克思主义教育学的本土化发展。如今，越来越多的研究者正不断为马克思主义的现代教学理论贡献新的洞察力和深度。

习近平总书记在2018年全国教育大会上提出了教育“九个坚持”重要论述，即坚持党对教育事业的全面领导，坚持把立德树人作为根本任务，坚持优先发展教育事业，坚持社会主义办学方向，坚持扎根中国大地办教育，坚持以人民为中心发展教育，坚持深化教育改革创新，坚持把服务中华民族伟大复兴作为教育的重要使命，坚持把教师队伍建设作为基础工作。习近平总书记关于教育“九个坚持”的重要论述，全面体现了马克思主义现代教育理论和我国社会主义教育实践的完美融合，是当代中国教育理论的精髓。

马克思主义和社会主义现代教育理论的观点将教育解释为生产力的再生产过程，使教育具备了生产力的基本特征。

（1）教育先天具有阶级性

教育阶级性的直接体现是教育与经济基础相联系。西方发达国家的教育发展史提示我们，阶级性的产生是从教育开始。上层阶级通过教育将人进行阶级性划分，从而保证阶层固化，以攫取和保障既得利益。而社会主义教育理论坚持以人民为中心发展教育，体现了马克思主义教育理论的公平性。

（2）教育具有独立性

区别于人类社会的其他活动以社会价值或经济价值作为主要目的，教育以有意识地影响人的身心发展为直接目的，是对学习者世界观和价值观的输出。社会主义教育理论坚持党对教育事业的全面领导，坚持社会主义办学方向，确保了教育为人民服务这一主旨思想。

（3）教育的基本要素是人

马克思主义和社会主义教育理论指出，教育构成的基本要素是教育者和学习者，学习是教育活动的必要构成。因此社会主义教育理论坚持优先发展教育，把立德树人作为根本任务、把教师队伍建设作为基础工作，充分保障了教育者和学习者的主体地位，大力推动全民教育、社会教育、终身教育的全面发展，积极发挥了教育者和学习者的主观能动性。

（4）理论和实践相结合

马克思主义和社会主义教育理论指出，要注重教育理论研究者与实践工作者自身发展与变化的需要，要重视理论与实践相结合的教育理念。因此，社会主义教育理论提出要办符合

①王牧华，李若一. 我国马克思主义教育学的百年探索与实践创新[J]. 西南大学学报（社会科学版），2021，47（3）：140-151.

中国国情的教育，教育与国家发展结合，绝不照搬已有教育模式；要深化教育改革创新，牢固树立教育创新理念，根据当前国情持续深化教育改革；要为国育才、为民育才，把服务中华民族伟大复兴作为教育的重要使命。

## 2.2.2　教育传播理论

视 频

教育传播的原理和规律

### 1. 教育传播及其原理

教育传播是由教育者按照一定的目的和要求，选定合适的信息内容，通过有效的媒体通道，把知识、技能、思想、观念等传给特定的学习者的一种活动。它是传播者和学习者之间的信息交流活动，是传播理论在教育领域的基本应用形式。

为了取得良好的传播效果，教育传播需要遵循如下基本四个原理和四种规律。

（1）四个原理

教育传播的主要原理包括共同经验原理、抽象层次原理、重复作用原理和信息来源原理。

①共同经验原理。

教育传播是一种知识传递与接收的活动，而知识的有效传递需要建立在双方公共知识区域边界上。传播者和学习者之间对知识的认知差异会阻碍信息传播。因此，教育传播中必须把知识控制在学习者经验范围内，譬如用类比的方式将知识映射至学习者经验范围，或者通过技术手段帮助学习者获取间接经验等。

②抽象层次原理。

符号的抽象层次越高，信息量越大，理解难度也越高。因此在教育传播中各种知识符号的抽象程度应当处于学习者知识边界的范围内。因此，教育传播中的知识需要考虑学习者的认知结构、包含其知识边界范围内的各个抽象层次，既包含推理演绎抽象知识概念，又使用具体事物支持知识理解。

③重复作用原理。

学习者对知识的理解运用能力会随着应用场景和表现形式的多样化而增强。因此教育传播中要将同一知识在不同场景下用不同方式进行传递，以加深学习者对知识的理解和记忆。这种重复方法的选择可以是不同的场合、时间或方法，比如在课堂讲授、练习题、实验操作等多种教学活动中重复强调知识，或者以文本、声音、视觉等多种模态配合呈现知识。

④信息来源原理。

传播者的可靠性和权威性对教育传播的有效性具有重要影响，从权威且有信誉的传播者处传播的知识更容易被接受和信任。因此在教育实践中，传播者应树立被学习者认可的形象与权威，努力确保所提供知识资源的正确性和可靠性，从而通过增强传播者和知识本身的可信任度，以提高知识传播效能。

（2）四种规律

教育传播规律包括共识律、谐振律、选择律和匹配律。

①共识律。

共识主要指学习者与信息之间的共识，也可以理解为传播者与学习者就信息接受能力水平的共识。其目的在于使学习者已有的知识体系与接受的知识产生有意义的联结，从而达到传播目的。传播者既要依据学习者已有的知识结构模式构建传递关系，又要根据信息特点为学习者提供学习资源。共识律强调过程的动态平衡性，要求传播者不断地调整策略和方法，以适应学习者不断变化的学习需求和能力水平。

②谐振律。

谐振是指知识传递中的“信息源频率”同学习者接受知识的“固有频率”需要足够接近以产生共鸣。如果知识传播速度与学习者接受知识的频率不匹配，就会导致信息滞阻（传播过快）或学习兴趣丧失（传播过慢），影响传播效果。然而，仅仅匹配速度和容量并不足以产生谐振现象。传播者需要创造一个民主宽松、情感交融的学习环境以帮助共鸣，还需要注意来自学习者的反馈信息以维持谐振。

③选择律。

根据学习者的身心特点以及教学目标，选择合理的教学内容、方法和媒体，以最优化“代价效能比”，称为教育传播的最小代价原则。选择律即遵从最小代价原则对传播内容、方法和媒体的选择，主要包含三个阶段的内容：首先要明确学习者的需求特点和教学目标；其次选择教学内容与策略以适应教学目标与学习者需求；最后基于内容和策略选择教育资源与媒体，以最小代价取得最佳教育传播效果。

④匹配律。

在教育传播过程中，需要综合考虑学习者、内容、目标、方法、媒体和环境等各因素的匹配性，以实现教学传播系统的良好循环运转。首先，需要考虑学习者与知识和目标的匹配性；其次，考虑教育传播环境的匹配性；最后，考虑传播目标与内容、方法和媒体之间的匹配性。传播者需要有机地根据学习者、知识与目标、传播环境等客观因素，合理匹配传播内容、方法和媒体，提高传播效能。

### 2. 经验之塔及其启示

美国视听教育家戴尔1946年出版专著《视听教学法》，提出了“经验之塔”（cone of experience）的经典理论，如图2-5所示[①]。戴尔认为，经验的学习应该遵循从塔底到塔顶的顺序，即从具体、直接的经验开始，逐步过渡到抽象的经验。

视 频

典型教育传播理论及模式

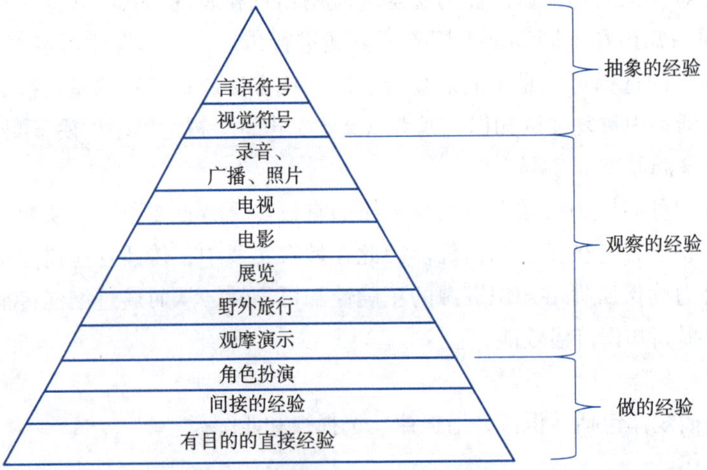


图2-5　戴尔的“经验之塔”理论

①何克抗，李文光. 教育技术学[M]. 北京：北京师范大学出版社，2009.

“经验之塔”理论的要点是：经验之塔的最底层是最直接、最具体的经验，随着层次的上升，经验逐渐变得抽象。这种从具体到抽象的过程反映了学习的渐进性和层次性，它强调从具体经验入手，逐步过渡到抽象经验的学习途径。“经验之塔”的启示有：学习途径的多样性，如观察、操作、演示、讲解等，可以使学习者的直接经验与间接经验产生有机联系；教学媒体是传递经验的重要工具，不同层次的教学媒体适用于不同的学习阶段和学习内容；应该在教学过程中适时引导学习者向抽象思维发展，帮助他们理解和掌握抽象的概念和原理；视听教学能够提供丰富、生动的具体经验，有助于学习者更好地理解和记忆知识，同时也能够突破时空限制，弥补直接经验的不足，其重要性不容忽视。

“经验之塔”的主要观点有：

（1）强调从具体到抽象的学习过程

在学习新知识时，应该先从具体的经验开始，通过观察和操作来获得直观的感受和理解，然后再逐步上升到抽象的概念和原理。这样可以更好地理解和掌握新知识。

（2）重视实践和操作的重要性

具体、直接的经验是学习的基础，因此应该注重实践和操作，通过亲身感受和体验来加深对知识的理解和记忆。

（3）重视视觉符号和图表的作用

视觉符号和图表是对具体经验的抽象和概括，可以帮助更好地理解和记忆知识。因此，在教学中应该充分利用图表、模型等视觉工具来辅助教学。

（4）强调教学媒体的多样性和灵活性

在教学中应该根据实际需要选择合适的教学媒体，并灵活运用多种教学媒体来增强教学效果。

### 3. 典型教育传播模式

香农和韦弗在《通信的数学理论》中提出了传播模式以解释一般传播过程，该模式将传播过程分为六个组成要素，并带有双向的反馈系统，如图2-6所示[①]。

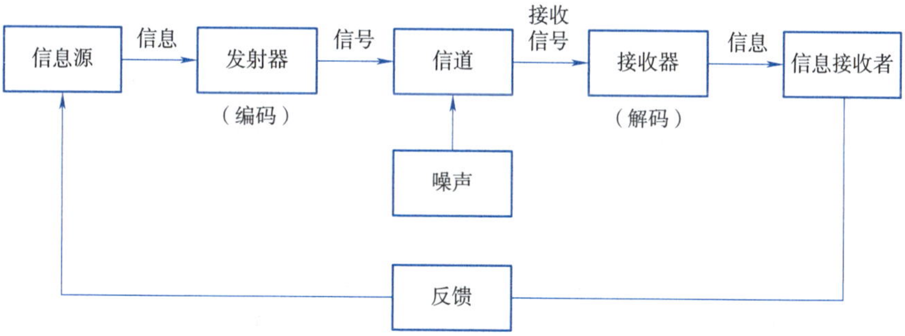


图2-6　香农-韦弗模式

这一模式基于信息论范畴讨论了教育传播的内部机理：知识经过信源（教育者）编码→以一定形式的信号形式（声音、图像等）传递给信宿（学习者）→学习者经过对信号的解码→将知识存储在自己的认知结构过程中，完成知识接收→信宿在获得知识后，在心理、生

①何克抗，李文光. 教育技术学[M]. 北京：北京师范大学出版社，2009.

理上产生的变化通过各种渠道反馈给信源完成迭代。并且，在过程中阻碍知识传播的各种干扰，简要地将其表示为信道噪声。

香农-韦弗模式为我们揭示了教育传播的复杂性和动态性。在教育实践中，教育者需要充分考虑这一过程中的各个环节和影响因素，以确保知识的有效传递和学习者的良好学习效果。

## 练习与思考

### 一、简答题

1. 简述“经验之塔”理论的核心观点，说明它是如何描述和分类学习经验的。

2. 简述教育传播过程中涉及的主要要素以及它们之间的相互作用关系。

### 二、论述题

1. 如何评价“经验之塔”理论在教育实践中的应用效果？有哪些成功的案例或挑战？

2. 分析教育传播中的反馈机制，并说明如何有效地收集和利用反馈信息来改进教学方法。

3. 分析教育传播过程中信息的编码、传递和解码过程，并说明如何提高教育传播的有效性和准确性。

## 2.3 系统科学理论

系统科学理论是一门新兴的综合性、交叉性学科，它以复杂系统为研究对象，从系统和整体的角度，探讨复杂系统的性质和演化规律。将教育过程本身看作一个多因素、多层次、多功能的复杂系统，则可以从系统论的角度进行分析和研究。运用系统科学理论，可以更好地理解教育过程的本质和规律并进行优化，以提高教育质量。

### 2.3.1 一般系统理论

#### 1. 系统论

系统论是研究系统的结构、特点、行为、动态、原则、规律以及系统间的联系，并对其功能进行数学描述的新兴学科。系统论提供了一种通过整体视角和结构功能来研究复杂过程的方法。在教育领域，系统论的应用提供了优化教育过程和提高教育质量的新思路①。

（1）整体性

教育系统是一个有机的整体，系统中的各个元素之间相互依存、相互制约，并按一定的逻辑规律组合在一起。在教育领域中，系统论强调从整体的角度看待教育过程，将教育过程看作一个由多个相互关联、相互作用的要素组成的复杂系统。整体性原则强调，在研究和处理教育过程问题时，要注重教育过程的整体功能和效果，而不是仅仅关注其中的个别元素或部分。这有助于教育者全面把握教育过程的整体结构和功能，避免片面和孤立地看待问题。

① 常绍舜. 从经典系统论到现代系统论[J]. 系统科学学报，2011，19（3）：1-4.

（2）平衡性

教育系统是处于不断运动和变化之中的[①]。在研究和处理系统问题时，需要考虑到系统的动态变化和发展趋势，及时调整和优化系统的结构和功能，以适应外部环境的变化。在教育领域中，系统论强调教育过程的动态平衡性，即教育过程需要不断地调整自身结构以适应外部环境变化，这就强调了教育过程中的灵活性和适应性。教育者应该及时调整教育策略和方法，以适应教育过程的发展和变化。

（3）有序性

教育系统的各个元素和状态之间具有一定的有序性和规律性，这种有序性是由系统的结构和功能所决定的。在教育领域中，教育过程中的各个要素之间是相互关联的，一个要素的变化可能会影响其他要素。因此在研究和处理教育过程问题时，需要注意其内部的有序性，遵循其内部的规律和秩序，避免破坏系统的稳定性和可持续性。教育者需要在综合考虑各个要素相互关系的前提下，协调和优化教育过程。

（4）开放性

教育系统是一个开放的系统，它不断地与外界环境进行物质和信息的交换。在研究和处理教育过程问题时，需要考虑到教育的开放性，注重教育过程与外部环境之间的互动和联系，保持其活力和适应性。在教育领域中，整个教育过程是开放性的，意味着教育资源应该是易于共享和交流的。教育系统应该与其他系统（如经济系统、社会系统、文化系统等）保持开放的联系，进行广泛的交流与合作。

### 2. 控制论

控制论是一门研究各类系统的内部或彼此之间的调控规律的科学。它主要关注的是基于信息反馈机制的调控规则，即通过反馈来控制系统状态和行为。控制论的核心问题是通过适当的控制方式达到不同控制目的的可能性和途径。在教育领域，控制论的应用可以帮助教育者更好地理解学习者的行为和学习进度，从而调整教学策略以达到教育目的[②]。

（1）可执行性

教学过程要具备高度的可执行性，教育者依据可执行的控制信息引导教学过程。可执行性要求教学过程需要在教育者可执行的控制下引导开展。教育过程是一个基于指令的系统运行过程，可执行性要确保教育者的控制指令可以有效传输至学习者、被有效提取并得到有效执行，也要求教育者对教学过程的引导具备高水平的控制能力，以顺利实施教学活动。

（2）反馈性

基于反馈的调控是控制论的核心思想，也是控制系统的灵魂。反馈性要求教学过程中需要保持多粒度上教育者和学习者的双向信息流动方式，从而获取有效的反馈机制以调控教学活动。譬如教育者基于对学习者的实时观察、提问、或基于非实时的留言、测试等多种反馈形式，可以理解学习者行为和进度、有效控制教学进度或修改教学方式，以达到教育目的。

（3）适应性

适应性又称鲁棒性，是衡量系统可靠性的重要指标。好的系统应该具备一定的适应性，

---

①祖强，许广举，魏永军. 高等教育系统论视域下的产教融合“组合拳”：江苏实践与思考[J]. 中国大学教学，2023（4）：61-66.

②万百五. 控制论创立六十年[J]. 控制理论与应用，2008（4）：597-602.

以保持其在极端条件变化下的正常运行。适应性要求教学过程在内外部环境变化下仍能保持原有教学目的和目标，也要求教育者在教学活动中对教学目标、资源和方式等进行充分的准备，以适应教学过程中的偶然性因素，确保教学目的顺利达成。

（4）进化性

好的系统应具备在有效控制下的进化能力，即系统活动对固定因素的匹配能力。教育过程的进化性主要体现在两个方面：一是进化，即在系统控制中，基于教育效能淘汰不适应环境的教学活动、保留适配度高的教学活动；二是自组织，即在教学活动中通过控制形成并维护自组织关系。进化性和自组织性基于反馈机制进行，作用于教学进程的系统迭代，推进了教学过程的改革发展。

### 3. 信息论

系统科学中的信息论是广义信息论，又称信息理论，以系统中的信息为研究对象，主要研究信息对物质属性的表示和关系。信息理论通过深入分析信息的可表示性与可传递性来研究信息内涵，并将其分为本体层次与认识层次两类概念。在教育过程中，对信息理论的应用可以帮助教育者理解知识的内涵与传递形式，以及如何基于信息系统的角度完善教学过程[①]。

（1）表征性

信息是客观事物的属性表征，是事物内部结构和外部联系在某一维度上的映射。信息应当表征某一客观事物或现象的普遍属性，即对客观自然世界和人文世界中的客观事物在主观意识世界某个维度的投影。在教育过程中，信息的表征性主要体现在使用可感知模态对抽象知识在现实世界的表示。当这种表示可以充分包含客观事物的属性时，则充分发挥了信息的表征性。

（2）效能性

信息对所表征客观事物或现象的表示水平和程度定义为信息的效能性。信息的效能性越高，其对客观事物或现象的表示水平和程度越高，越能反映客观事物与现象。在教育过程中，信息主要包括了对客观知识的表示，则其效能性直接反映了教育资源或方法对客观知识的表示程度和正确性，也直接影响了学习者在学习过程中对客观知识的理解水平。

（3）不定性

信息传输包含了信源信宿、编解码、信道、噪声（可见香农-韦弗模式），可以理解为在干扰环境下进行随机序列传递的过程。因此在完成信息传输前，信息的状态始终保持了不定性。先验不定性指信源状态和编码方式的不定性，后验不定性指信宿状态与解码方式的不定性，两者还均包括干扰产生的影响。教育过程要尽量减少信息不定性，保证知识、交流等各类信息在信源和信宿两端的一致性。

## 2.3.2 新兴系统理论

### 1. 耗散结构理论

耗散结构理论是20世纪70年代提出的一种理论，主要研究非平衡系统的有序现象，即在远平衡态的开放系统中，如何通过能量耗散控制系统突变（注入有序化能力），以形成

① Shannon C E. A mathematical theory of communication[J]. The Bell System Technical Journal, 1948, 27(3):379-423.

在时空上的有序结构（总体有序度增加）①。在教育领域，如果将教学过程看作一个远平衡态开放系统，则通过控制教学过程与外界的指定信息交换，可以形成一个有序稳定的教学共同体。

（1）开放性

孤立系统会趋向极大熵状态（最大无序化），只有开放系统才可以通过外界有序信息的持续引入抵消无序化趋势，向有序化发展。系统的开放性越高，有序信息的引入量越大，则有序化趋势越快。在教育过程中，教育系统需要尽可能地开放，持续从外界引入有序化知识信息，从而使教育系统的有序性尽快增加，以进入耗散平衡态，从而促进教育过程的持续有序发展。

（2）突变性

当系统处于临界点阈值（远平衡态）时，系统出现的微小偏差会影响系统从稳定结构跃迁到耗散分支，此时，系统状态呈现出大幅度变化，称为突变。任意系统都有向无序离散化发展的趋势。因此在教育领域，教育过程必须首先自身处于远平衡态、即充满有序的系统活动（如“教-学”过程），才可以通过有效的外部因素干预使其突破临界点，而形成新的有序教学系统。

（3）有序性

系统的有序性同时体现在信息、功能和结构上，三者协同表示系统的整体有序性。在教育过程中，信息有序指知识的顺序性和逻辑性，功能有序指教学目标和内容完整，结构有序指教育方法和过程条理性强。因为耗散结构需要在远平衡态出现，才能在偏差作用下形成突变，因此教育过程需要加强其整体有序性，使其远离平衡态，才能在突变作用下进入新的有序教学状态。

### 2. 协同论

协同论是20世纪70年代以来发展起来的，对系统自组织状态研究的一门新兴学科②。协同论主要研究开放系统如何通过内部子系统协同作用，在宏观上呈现有序状态，并形成具有一定功能的自组织结构。在教育领域，将教育系统中的个体教学过程当作子系统，通过有效地引导和组织个体间的合作学习，可以让教育过程呈现出自组织的有序状态。

（1）协同效应

协同效应是指在复杂开放的系统中由于大量子系统的相互作用而产生的整体效应或集体效应，普遍存在于各种开放系统之中，是推动系统形成有序结构的内驱力。在教育系统中，教师、学生、教学内容、教学媒体等各个要素要相互协同，产生协同效应，使得系统从无序状态变成有序状态，形成稳定的结构，从而达到最佳的教学效果，提高教育的质量和效率。

（2）伺服原理

伺服原理是指快变量（系统中变化快速的部分）服从慢变量（系统中变化缓慢的部分）、序参量支配子系统的行为。序参量作为慢变量，主导和控制快变量，可以用于描述系统在临界点附近的行为，反映系统从无序到有序状态的变化。伺服原理为教育者提供了一个全新的视角，要求教育者深入分析教育系统中各种元素之间的相互作用，理解其中的机制，以理解

①何克抗. 运用“新三论”的系统方法　促进教学设计理论与应用的深入发展[J]. 中国电化教育，2010（1）：7-18.
②白列湖. 协同论与管理协同理论[J]. 甘肃社会科学，2007（5）：228-230.

学生行为，提升教育质量。

（3）自组织原理

自组织原理是指系统在没有外部强制性指令的情况下，通过各个子系统之间的相互作用自发地形成一定的结构或功能，具有内在性和自生性的特点。在教育系统中，自组织原理要求整个系统必须是开放的，强调学生的内在动力，能够根据外在环境的变化进行自我调整，形成新的组织结构。教育者应该采取不同的教学策略，以适应学生的个体差异性，让学生能够根据自己的特点选择合适的学习路径。

### 3. 突变论

突变论是一门研究自然界和人类社会中由连续渐变如何引起突变，以及预测和控制突变的学科。突变论的主要特点是描述和预测了从连续性量变到跃迁式质变的过程①。突变论表明质变既可通过渐变方式、也可通过跃迁方式来实现。在教育领域，突变论主要用来解释在教学系统中，学习者的心理和认知发展中出现跃迁的过程。

（1）突发性

突变承认系统具有突发性的状态改变，即由于系统内部的积累、外部环境的冲击或者其他因素影响，而出现的突然、非线性的变化。在教育领域中，突变论鼓励教育者关注学习者的学习过程，提供适当的支持和引导，以促进良性突变的发生；同时对外部因素保持敏锐警觉，在恶性渐变发生时即及时调整策略，以规避恶性突变，最小化对教育进程的负面影响。

（2）不可逆性

突变一旦产生，系统就无法通过原来的路径回到最初的状态。即突变可以使系统从一种稳定的状态跃迁到另一种稳定的状态，而这种跃迁往往是不可逆的。在教育领域中，由于学生的认知、态度和情感等往往经历从量变到质变的飞跃，一旦形成，就很难回到原始状态，因此，教师及教育工作者在做出教育干预和决策时应慎重考虑，促进良性渐变、抑制恶性渐变，使学习者向良性突变跃迁。

（3）随机性

突变可以发生在系统的任何部位，并且突变的发生与外界影响之间并没有直接的联系。突变的随机性意味着不确定性，要求教师在教学过程中能够灵活应对各种突发情况。不仅如此，随机性还体现在课程内容、评价方式、技术应用等多方面，教师需把握系统中各部分之间的联系，以更好地在突变产生时做出更好的决策。随机性鼓励人们勇于尝试新的教育理念和方法，以推动教育的创新和发展。

## 练习与思考

### 一、简答题

1. 简述一般系统理论基础。

2. 简述新兴系统理论基础。

### 二、论述题

1. 讨论“旧三论”广泛应用的学科领域，并阐述其对现代科学和技术发展影响。

①陈奎宁.“新三论”的启示：谈耗散结构论、协同论和突变论[J]. 科技导报，1987（1）：40-42.

2.“新三论”在现代科学和技术领域中有哪些应用？它们对于推动科学发展和技术创新有何意义？

3.“新三论”与“旧三论”相比，有哪些新的观点和方法？它们在处理复杂系统问题时各有何优势？

# 2.4　智能教育理论

智能化教育（intelligent education）又称智能教育，是指使用智能化设备、技术及相应策略服务于教育的系列理论与实践活动。它主要关注在教育过程中，如何运用人工智能等新一代信息技术、合理构建教学策略和组织，以支持学习过程、组织教学活动和实现教学评价等。随着智能化技术的发展和教育场景应用的不断积累，智能教育有望为教育领域带来更大的变革和进步。本节主要介绍了支持智能教育实践的相关理论，包括多元智力理论、智能化素养发展以及人工智能伦理。

## 2.4.1　多元智力理论

多元智力理论是由美国教育学家和心理学家霍华德·加德纳（Howard Gardner）在1983年提出的一种多元的人类智力结构的理论。它将人类智能表现方式分为语言、音乐、空间、逻辑、运动、自然、内省和人际八个方面，并认为这些方面在人类认知培养过程中具有同等重要性①，典型的多元智力理论结构如图2-7所示。

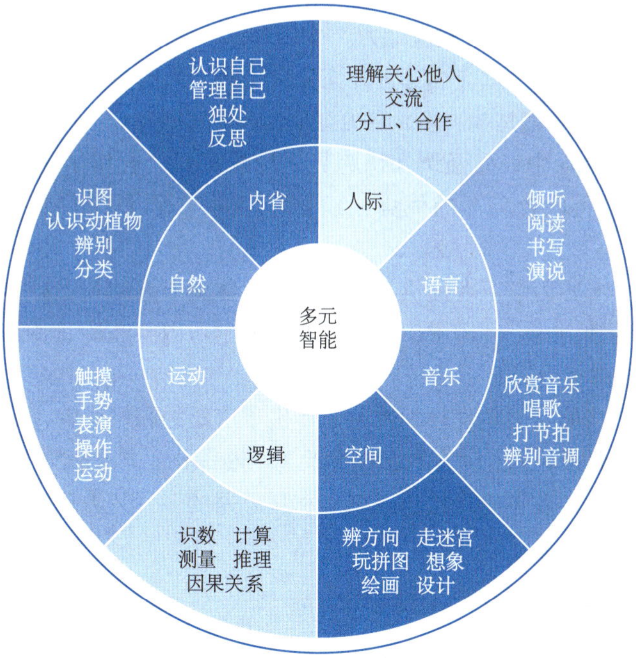


图2-7　多元智力理论

①霍力岩. 加德纳的多元智力理论及其主要依据探析[J]. 比较教育研究，2000（3）：38-43.

多元智力理论突破了传统智力理论只强调部分思维智力（语言、逻辑等）的局限，拓展了智力的内涵，并据此强调了对学习者多元化培养的重要性。多元智力理论认为每个人都不同程度地拥有着多元智力潜能，并根据不同教育类型开发和发展对应维度的潜能。智力的核心是创造力，而艺术教育的潜能开发尤为重要。

八种智力的解释如下：

语言智能：有效运用口语或文字表达情感并共情他人，能够灵活运用并结合语言的多个维度（语音、语义、语法、表达等），具备对语言抽象内涵的理解能力。

音乐智能：有效使用各类声音和乐器表达细微情感，能够感知、表演、创作、思考音乐，具备对音乐内涵和情感的理解能力和敏感性。

空间智能：有效感知三维视觉空间或高维思维空间的物理特性，并能够准确地将其投影至二维或三维空间，具备对色彩、线条、形状、空间关系的敏感性。

逻辑智能：有效掌握计算、测量、推理、归纳、分类和复杂数学计算的能力，具备对逻辑关系、符号描述等抽象概念的理解能力和敏感性。

运动智能：有效利用身体部位表达情感，具备超常的身体技巧（平衡、协调、微操、敏捷、力量、弹性等）及相关能力，能够灵活地运用身体技巧从事活动。

自然智能：有效观察并运用特征感知和分类自然事物，能够通过仔细观察了解自然事物的细微差异，具备对自然界敏锐的观察能力和好奇心。

内省智能：有效观察、思考并深入剖析自我意识及行为，能够准确描述个体思维过程与行为动机，具备根据自身特点进行适当行为的能力。

人际智能：有效理解、共情并与他人交往，能够通过观察、思考发现他人意识及行为特点，具备对不同人际关系的理解及响应能力。

因此，智能时代的教育技术应当尊重并充分利用每个人的智力差异，为学习者提供全面的培养方式，STEAM教育就是基于多元智力理论的典型实践。

一方面，在教育过程中，要强调知识跨界、场景多元、合作学习、重视实践的教育本质；要充分发挥多学科联合培养的优势，建立跨学科课程以了解并培养学习者的多维度智力。

另一方面，教育者要为学习者提供个性化的学习体验以推动其优势智力维度发展。教育者需要根据学习者的智力特点和需求，提供定制化的学习内容和反馈。这种个性化的学习方式有助于激发学习者的智力培养。

多元智力理论在当前美国教育教学改革中产生了广泛的积极影响，已经成为许多西方国家教育教学改革的重要指导思想。在我国教育改革不断深化、素质教育全面推进的新形势下，研究并实践作为教育教学改革新理论、新观点和新思路的多元智力理论，对智能教育发展有着重要的现实意义。

### 2.4.2 智能化素养发展

新一代信息技术的发展已经全面赋能社会进步，人工智能和大数据也在融入教育数字化改革进程。那么，新时代的教师应当具备什么样的素养，才能在未来的智能教育时代更好地完成教学？

### 1. 教育智能协同

教育智能协同是指教育者在教育过程中与智能工具/算法之间相互协作，并通过共享信息和资源的方式达到最终目标，它强调教育者与智能工具之间的互补性和协同性。教育者扮演着指挥者和监督者的角色，通过指令和提示对智能工具进行指导和控制，使得智能工具能够更加智能地为教育服务；同时，智能工具通过各种模型和算法，为教育过程提供更高效、更精准的服务。在教育系统中，人与智能工具相互依赖、相互促进，共同完成任务。

这一理论强调了教育者与智能工具之间的协作和互补性，为智能教育技术提供了新的发展方向和应用场景。促进了教育技术的智能化、个性化和创新化发展。

（1）教育智能协同促进了智能化教育发展

在教育领域，智能技术可以协助教师完成一些重复性的、烦琐的工作，如学习者作业批改、课堂管理等。通过与智能工具的协同合作，教育者可以更加专注于教学设计和学习者指导，提高教育质量和效率。

（2）教育智能协同推动了教育的个性化发展

每个学习者都有独特的学习风格和智力需求，教育智能工具可以通过学习者画像、智能推荐、学习分析等技术，为学习者提供个性化的学习路径和资源。这种个性化的学习方式能够更好地满足学习者的学习风格和智力需求，增强教育效能。

（3）教育智能协同促进了教育的创新发展

通过与智能工具的协同合作，教育者可以不断探索新的教育理念和方法，推动教育的创新和变革。例如，利用虚拟现实、增强现实等技术，可以为学习者创造更加真实、生动的学习环境，提升学习效果。

随着技术的不断进步和应用的不断拓展，教育智能协同理论有望在教育领域发挥更大的作用，为教育发展做出更大贡献。

### 2. AIGC赋能

随着ChatGPT的问世和各类大模型的出现，人工智能已经发展到了AIGC时代。随着AIGC的不断发展，教育智能协同中的AIGC赋能教学部分已经逐渐成为全新的智能教育理论。

AIGC的全面应用让智能化教育模式得到了进一步的发展，开始从智能辅助教育模式向智能融合教育模式转变。AIGC具备了低阶沟通交流能力和高阶的资源生成能力，因此社会对学习者的知识需求发生了极大的改变，推动了教育模式和教育者的转变。

（1）教育过程充分利用AIGC赋能，向差异化教育转变

教育过程可以充分发挥智能化优势，将传统“教育者-学习者”模式转变为“教育者-AIGC-学习者”的互动模式，满足差异化学习需求。由于AIGC有较好的对话和知识传播能力，因此教育者的定位从知识讲授转变为了组织和引导。教育者要明确自己与AIGC的具体分工，以实现优势互补。

（2）教学过程围绕学习者发展，向个性化培养转变

教育的目的是育人，个人智力差异决定了同样的知识传播方式无法匹配所有学习者。近年来，走班制差异教学逐渐开展，但也只能部分解决智力不匹配问题。AIGC赋能个性学习与评价可以尊重不同学习者的知识结构和智力差异，设置个性化学习和评价内容，促进学习者的全面发展。

（3）教学过程向高阶思维能力培养转变

在认知理论中，记忆、理解、应用等行为属于低阶思维，也是标准化评测中较多的衡量内容。而AIGC的出现取代了部分低阶思维功能，凸显了高阶思维培养的重要性。AIGC时代的教学过程应注重学习者的分析、评价、创造等能力的培养，教育者灵活运用AIGC的生成内容引导学习者进行分析评价，以推动个性化高阶思维能力的形成。

AIGC正在促进教育的深度变革，对AIGC的有效使用会极大减轻教育者和学习者的负担，增强学习效能，推动教育发展。

### 2.4.3 人工智能伦理

人工智能正在深刻且持续地改变着我们的生活，目前AI已经应用于自动驾驶、医疗、媒体、金融、机器人、互联网服务等诸多领域和场景。人工智能的广泛应用及与社会经济的深度融合提高了社会生产效率和经济效益，但是也对现有社会秩序造成了冲击，并引发了强烈的伦理关切。

人工智能伦理是指在设计和使用智能化系统时，应遵循的一系列道德和伦理原则，以确保人工智能技术的合理、公正和可持续的发展。人工智能伦理涉及一些具体的伦理要求，如增进人类福祉、促进公平公正、保护隐私安全、确保可控可信、强化责任担当、提升伦理素养等。这些要求为从事人工智能相关活动的自然人、法人和其他相关机构等提供了伦理指引。

人工智能伦理对智能教育技术产生了尤其深远的影响，特别是在基础教育中。随着智能教育技术的快速发展，如何确保技术的道德和伦理标准得到遵守，成为教育领域面临的重要挑战。以下是人工智能伦理对智能教育技术的主要影响：

（1）数据隐私和安全

智能教育技术依赖于大量的学习者数据来进行个性化学习和推荐。人工智能伦理要求严格保护学习者的隐私和数据安全，避免数据滥用。因此，智能教育技术需要采用先进的加密技术和数据管理策略，确保学习者数据的安全性和保密性。

（2）公正和公平性

智能教育技术应该为所有学习者提供平等的机会和资源，避免产生歧视和不公平的现象。人工智能伦理强调算法的公正性和透明度，确保智能教育技术的决策过程公平合理，不偏袒任何一方。

（3）学习者福祉和权益

智能教育技术的设计和使用应该以促进学习者的福祉和权益为出发点。人工智能伦理要求关注学习者的学习体验和身心健康，避免过度依赖技术而损害学习者的利益。同时，智能教育技术还应该提供适当的监管机制，确保学习者不会受到不适当的干预和侵犯。

（4）教师和学习者的自主权

智能教育技术应该尊重教师和学习者的自主权，避免过度控制或替代人类的决策。人工智能伦理强调人机协同的重要性，鼓励人机之间的合作和互补，而不是完全取代人类。

（5）社会责任和可持续发展

智能教育技术应该积极履行社会责任，促进教育的可持续发展，不得因为片面商业利益追求影响教育发展。人工智能伦理要求技术开发者考虑技术的社会影响，确保技术的发展符合教育可持续性发展利益。

人工智能伦理对智能教育技术的一些伦理要求为其发展提供了指导和规范，确保技术能够真正为人类带来福祉而不是损害。我们应当遵循人工智能伦理原则和要求，最大限度地发挥人工智能技术的潜力，同时避免其可能带来的负面影响。

## 练习与思考

### 论述题

1. 多元智能理论提出的七种智能是否涵盖了人类所有的智能类型？是否有可能存在其他未被发现的智能类型？

2. 在人机协同系统中，如何处理机器的智能和人类的智能之间的关系？如何充分发挥两者的优势，实现人机之间的互补和优化？

3. 在人工智能决策过程中，如何保障公平正义和避免歧视、偏见等问题？如何确保算法的透明度和可解释性？

# 第 3 章 教育中的智能技术

当今教育中智能技术的应用日益增加。随着智能技术的不断发展，在教育过程中增加智能技术的比重将逐渐增加。智能技术的有效应用既能够提高教学效率，又能够更好地激发学习者的学习兴趣和动力，进而增加学习效能。本章将详细讲述教育中的常见智能技术，如知识图谱、自然语言处理、计算机视觉、通用大模型等。对智能技术的了解也为后续智能教育技术的学习奠定基础。

## 内容导图

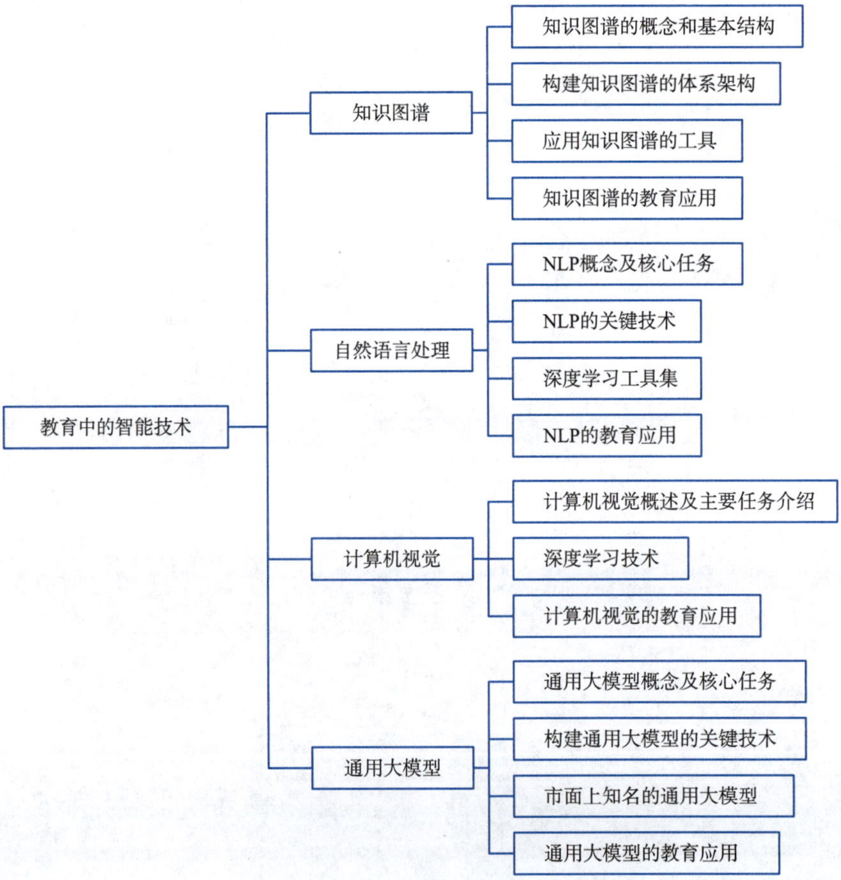

## 学习目标

1. 理解知识图谱的基本概念，掌握其构建和应用。
2. 理解自然语言处理，探索其在教育领域的具体应用。
3. 了解并应用计算机视觉技术。
4. 理解通用大模型的概念、关键技术、相关工具及应用。

# 3.1　知识图谱

视频

知识图谱

知识图谱具有将多对象系统级联并针对结构进行分析的功能，在教育中得到了广泛应用。作为一种结构化的知识表示方法，知识图谱不仅能够将知识以可视化关联方式呈现，帮助学习者更好地理解和记忆，还能够为用户建立画像并按结构进行匹配搜索，对教育资源推荐、学习辅助等领域有较强的应用价值。

## 3.1.1　知识图谱概述

随着技术的不断进步，信息呈现爆炸式增长，人类已经经历过Web 1.0时代，正处于Web 2.0时代，并逐步向Web 3.0时代迈进。鉴于网络内容来源各不相同，且组织结构相对分散，这对大数据背景下的知识链接造成了重大挑战①。

知识图谱适应了大数据环境下的知识组织要求，并满足了用户对网络信息资源和自我的认知需求，使得Web 3.0所倡导的“知识之网”愿景得以实现。知识图谱这一概念源于2006年提出的语义网②，主张使用本体模型来形式化表达数据中的隐含语义。知识图谱是对语义网标准与技术的进一步发展和完善。

2012年，Google正式提出了知识图谱的概念，用于提升搜索引擎性能，改善用户搜索的质量和体验。所谓知识图谱，即是一种结构化的语义知识库，它以符号形式描述物理世界中的概念及其相互关系，用于增强其搜索引擎功能。知识图谱的基本组成单位是“实体—关系—实体”三元组、“实体—属性”值对，实体间通过关系相互联结，构成网状的知识结构。

图3-1展示了知识图谱的基本结构和单元，图3-1中表示的知识用自然语言表述为“刘帅是《人工智能应用的数学基础》的作者。同时每个实体还存在着一些属性，比如《人工智能应用的数字基础》这个节点的属性为书籍的基本信息，包括出版社、出版日期、ISBN、类别等，如图3-2所示。

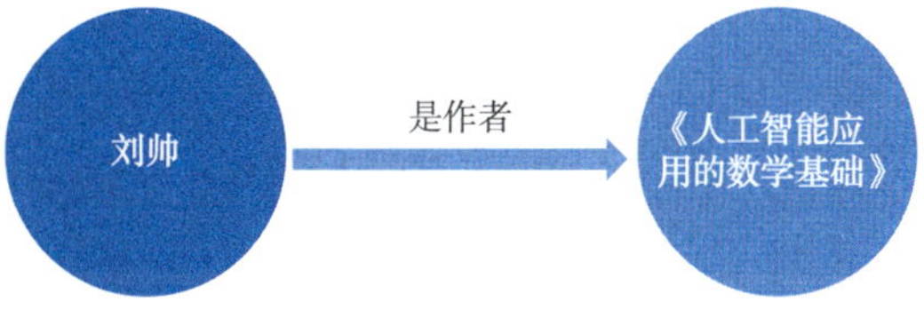


图3-1　三元组

①徐增林，盛泳潘，贺丽荣，等. 知识图谱技术综述[J]. 电子科技大学学报，2016，45（4）：589-606.

②BERNERS-LEE T, HENDLER J, LASSILA O. The semantic Web[J]. Scientific American Magazine, 2008, 23（1）:1-4.

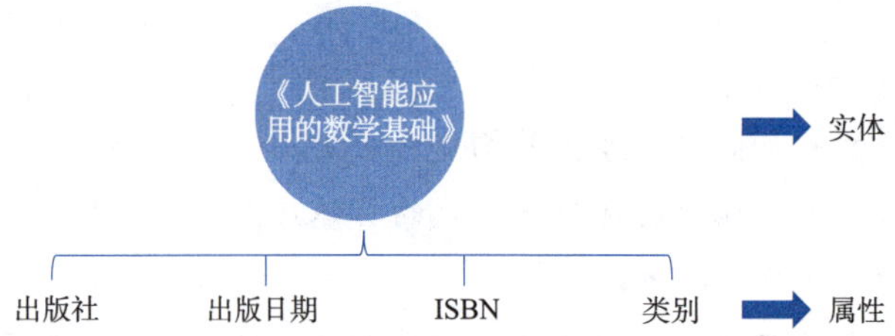


图3-2 节点的属性

知识图谱就是由这些实体和关系组成的网络状的知识库。就涵盖内容而言，知识图谱可以划分为通用知识图谱和行业知识图谱。通用知识图谱注重广泛性，致力于整合更多种类的实体。与行业知识图谱相比，它的精确度可能不那么高，并且由于其广泛的概念覆盖，难以依靠本体库来规范其实体、属性以及实体之间的相互关系，因此主要被应用于智能检索等领域。而行业知识图谱则依赖于特定领域的数据构建，并带有明确的行业相关性。在行业知识图谱中，实体的属性和数据模式通常更为详尽，需要考虑不同的业务场景和使用人员的需求①。

### 3.1.2 知识图谱的关键技术

构建和应用大型知识库需要依赖多种智能信息处理技术。知识抽取技术能够从公开的半结构化和非结构化数据中提取关键的知识点，如实体、关系和属性。通过知识融合，可以消除实体、关系和属性在指称项和事实对象之间的歧义。知识推理进一步在现有知识库的基础上挖掘隐藏的知识，从而增强和扩充知识库的内容。分布式知识表示形成的综合向量对于构建、推理、融合和应用知识库都至关重要。典型的知识图谱的体系架构如图3-3所示。

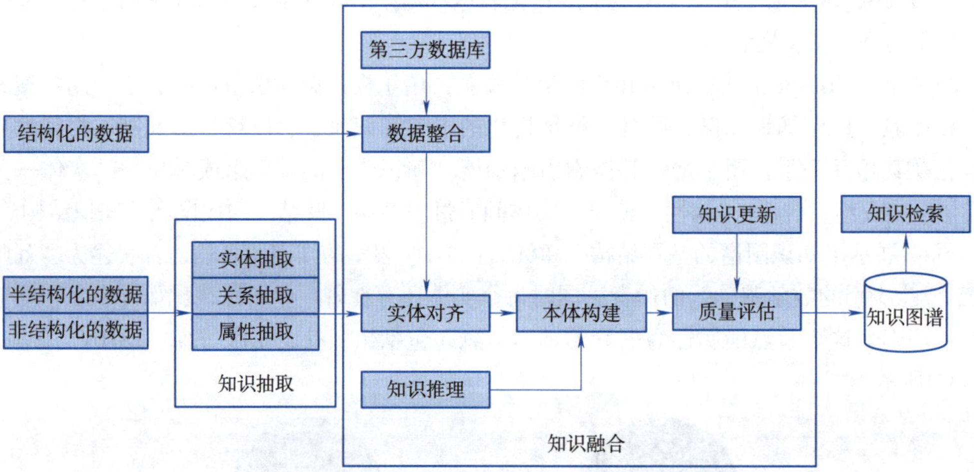


图3-3 知识图谱的体系架构

#### 1. 知识抽取

知识抽取是构建知识图谱的第一步，是数据挖掘领域的一个重要分支，它旨在从多模态数据中自动提取有用信息，并将其转化为结构化知识表示。知识抽取可以分为图文匹配、实

①徐增林，盛泳潘，贺丽荣，等. 知识图谱技术综述[J]. 电子科技大学学报，2016，45（4）：589-606.

体识别、关系抽取、属性抽取等，常用的技术主要包括序列标注、信息挖掘、远程监督、模态迁移等。

#### 2. 知识表示

知识表示是指将知识因子与知识进行关联，形成一种便于识别和理解的结构。知识表示是认知科学和人工智能共同关注的问题。在认知科学中，它探讨人类如何存储和处理信息；而在人工智能中，它的目标是让计算机能够存储和利用知识。常用的技术主要包括逻辑表示、图表示、统计表示、分布表示等。

#### 3. 知识融合

由于知识图谱汇集了多源信息，其中的知识质量参差不齐、模态各异，知识的唯一性和关联性均无法保证。知识融合是将跨模态多源知识库进行融合，基于知识互补和扩展，以形成一个更全面、更丰富的知识体系。常用的技术包括模态匹配、本体对齐、实体匹配、属性融合等。

#### 4. 知识推理

知识推理是利用已有知识来发现新知识或修正错误知识的过程，其核心在于利用现有知识库中的信息来揭示和推导出未明确表达的知识，进而增强和扩充知识库的内容。这一过程常常依赖于相关规则来进行支持，常用的技术有规则推理、图推理、表示学习推理、分布式推理等。

### 3.1.3　知识图谱工具

知识图谱的构建和应用涉及多种工具，这些工具可以帮助用户在创建、管理和利用知识图谱方面提高效率和效果。以下是一些知识图谱相关的工具：

#### 1. ConceptNet

ConceptNet是一个免费的知识图谱库，专注于常识性知识，旨在帮助计算机理解人类语言中单词的含义，它最初来源于1999年麻省理工学院的Open Mind Common Sense项目。ConceptNet（见图3-4）被设计为一个语义网络，以WordNet为基础进行扩展，包含了大量关于日常生活中对象、行为和概念之间关系的数据。ConceptNet的核心目的是为人工智能系统提供一个实用工具包，以便它们能够进行常识推理，并更好地理解和处理自然语言信息。

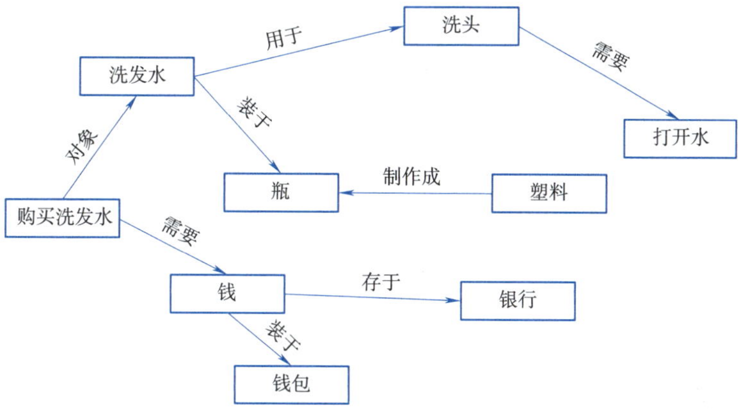


图3-4　ConceptNet示例

### 2. DeepKE

DeepKE是一个开源的知识图谱抽取工具，部分知识图谱案例如图3-5所示。它具有良好的可扩展性，并支持多种复杂的场景，如低资源少样本、长篇章文档和多模态等。这个工具能够实现多种场景下，包括命名实体识别、关系抽取和属性抽取在内的多种信息抽取任务。

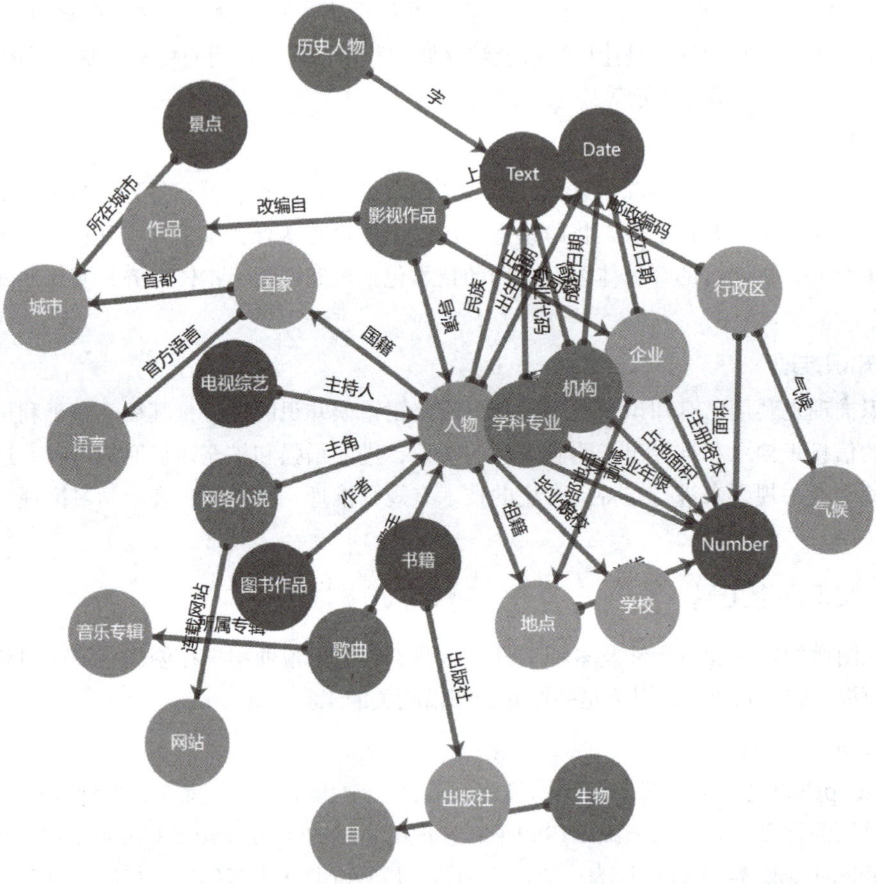


图3-5　DeepKE中的部分知识图谱

### 3. YAGO

YAGO是一个庞大的知识库，收录了超过五千万的实体和九千万的关系。它存储了关于真实世界的大量数据，包括各种实体（如电影、个人、城市和国家）以及这些实体之间的相互关系（例如，某位演员出现在某部电影中，或者某个城市位于某个国家内）。

在YAGO中，实体被分门别类地组织成不同的类别，例如，巴黎被归类为“城市”等。这些类别进一步被组织成一个层次结构，例如，“城市”类别是“人口密集地区”类别的子类别，而后者又是“地理位置”类别的子类别，依此类推。

YAGO还明确了哪些实体之间可以存在哪些关系，例如，“出生地”是一个人与一个地方之间可能存在的关系。这些关系的定义，连同类别的层次结构，构成了YAGO的本体论。

## 3.1.4　知识图谱赋能教育

在教育领域中，知识图谱具有极大的应用价值。知识图谱能够将分散的教育资源和知识点整合成有机整体，形成系统化的知识体系，从而为学习者提供知识引导、实现知识传承、关联碎片化资源，以促进学习进程。同样，知识图谱也可以提高教育数据的管理效率和利用价值，是教育领域不可或缺的重要工具。它在教育领域中的应用可以体现在以下几个方面：

### 1. 学习资源推荐

知识图谱作为一种强大的技术工具，在学习资源个性化推荐方面具有巨大的潜力。构建学科知识图谱可以将分散的学科资源和知识点整合成有机整体，形成系统化的学科知识体系；通过对学习者的画像与知识结构分析，能够更加精准、个性化地为学习者推荐学习资源。知识图谱可以有效解决知识推荐中的数据稀疏和冷启动等问题，自动向教育者和学习者推送与之匹配的、符合学科知识体系的学习资源。

基于知识图谱的个性化学习资源推荐，可以根据学习者的认知状态和需求，为其提供适合的学习资源和服务，能够有效解决学习者在面对大量学科知识时出现的“知识迷失”和“认知过载”问题，激发学习者的学习动力，提高学习效能。

### 2. 人机协同教学

智能化时代，智能教育技术应用已经从最初的“智能辅助教育”和“智能增强教育”演变为更高级的“教育智能协同”。在这一阶段，人机协同教学成为一种新兴教学模式，教育者、学习者、智能工具三方互动合作，形成积极的反馈系统。

多学科知识图谱构建了系统化的跨学科知识体系，可以辅助教育者设计跨学科课程与教学实施，为学习者提供更加精准、个性化的跨学科学习场景，培养其多维度智力发展。教育者也可以利用知识图谱，设计出更加符合学习者认知规律的教育过程，提高其学习效能。

## 练习与思考

### 论述题

1. 请根据自己的理解定义知识图谱，并简述其在教育领域的作用。

2. 请根据你所感兴趣的数据集，利用知识图谱工具创建一个关于某一学科领域的小型知识图谱，并提交图谱报告。

3. 基于现有的技术趋势，预测知识图谱可能带来的教育革新，并提出你的建议或看法。

## 3.2　自然语言处理

自然语言处理（natural language processing，NLP）是智能技术中最早与教育领域结合的人工智能技术，2024年，讯飞自然语言处理技术获得国家科技进步一等奖。本节将介绍NLP的基本概念、关键技术及其在实际应用中的挑战和解决方案。此外，展示一系列常用的自然语言处理工具，并通过具体案例说明NLP在教育领域中的实际应用。

视频

自然语言处理

### 3.2.1 NLP概述

自然语言通常指人类语言，是人类思维载体和信息交流的基本工具，更是人类智能发展的外在体现形式之一。NLP主要研究用智能技术理解和生成自然语言的理论和方法，属于人工智能领域的一个核心分支，是智能科学与语言学的交叉学科。它旨在从文本数据中提取并理解信息，以执行各类任务，具体包括：

#### 1. 文本挖掘

文本挖掘主要包含文本的语义分类、语义聚类、信息抽取、摘要总结、情感分析以及对挖掘信息的可视化呈现。

#### 2. 信息检索

为大规模文档建立索引并查询。如图3-6所示，信息检索系统可简单按文档中词汇权重建立索引，也可以使用算法来建立更高效的索引。检索过程是基于输入文本分析，在索引中查找匹配候选文档，再构建排序机制对候选文档打分并按得分排序输出。

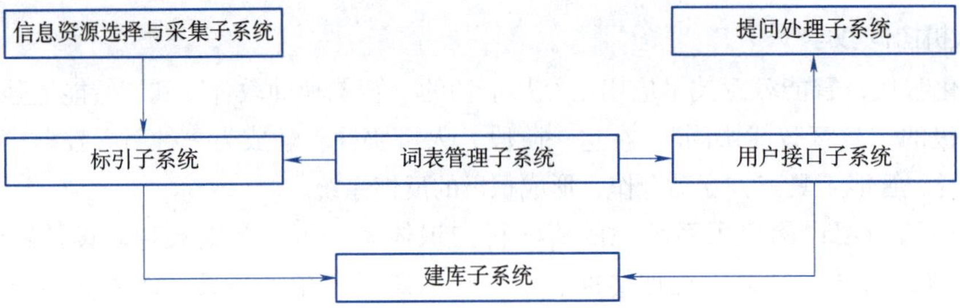


图3-6　信息检索系统

#### 3. 语义分析

针对目标文本进行句法和语义分析，包括按语义进行分词、词性标记、命名实体识别，以及句法分析、语义角色识别和多义词消歧等。

#### 4. 机器翻译

机器翻译属于自然语言信息处理的一个分支，能够根据一种自然语言自动生成另一种自然语言。目前，百度翻译、搜狗翻译等人工智能行业巨头推出的翻译平台逐渐凭借其翻译过程的高效性和准确性占据了翻译行业的主导地位。

#### 5. 自动问答

自动问答是指利用智能技术自动回答用户提出问题，以满足用户知识需求的任务，是多项智能技术的集成。如图3-7所示，在回答问题时，首先要正确理解用户提出的问题，抽取其中关键信息；在已有语料库或者知识库中进行检索、匹配；最后将筛选过的答案反馈给用户。

图3-7　问答系统

#### 6. 对话系统

典型的对话系统如图3-8所示，系统通过多回合对话，跟用户进行聊天、回答、完成任务。任务主要涉及用户意图识别、通用聊天引擎、问答引擎、对话管理系统等技术。此外，需要使用上下文相关算法以具备前情对话能力。

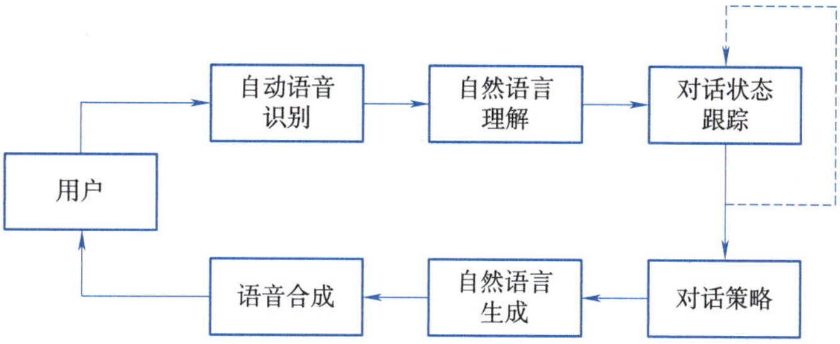


图3-8　对话系统

除此之外，自然语言处理还包括很多具体应用，例如：语音转换、信息抽取、文本分类与聚类、摘要生成、聊天机器人等。它涉及与语言处理相关的数据挖掘、机器学习、语言学研究等。

综上所述，自然语言处理有两大核心任务：自然语言理解和自然语言生成。语言属于最高级别的抽象符号，对人来说理解语言是很自然的事情，但对机器来说却很困难。语言的多样性、歧义性、知识依赖、上下文关系等都是NLP的研究难点。

### 3.2.2　NLP关键技术

在进行NLP相关的研究与实践时，一些基本的关键技术必不可少，主要包括：

#### 1. 语料库

语料库中存放的是在实际场景中真实使用过的语言材料；语料库是承载语言知识的基础资源；真实语料需要经过加工（分析和处理），才能成为有用的资源。

#### 2. 分词

西方符号文字无须分词，因此分词特指中文分词，即将汉字序列切分成符合意义的词语组合。分词的目的是将汉字序列按照一定的规范重新组合成词序列。现有的分词方法可分为四大类：基于字符串匹配的分词、基于理解的分词、基于统计的分词和基于深度学习的分词。

#### 3. 词性标注

词性标注是为给定句子中的每个词赋予正确的词法标记，比如，名词、动词、形容词等。词性标注是一个非常典型的序列标注问题，常用的方法有隐马尔科夫生成式模型、判别式最大熵模型、支持向量机模型、感知器模型、条件随机场模型。近年来，基于深度网络的词性标注方法也逐渐发展起来。

#### 4. 内容提取

内容提取是通过词干提取、词形还原、停用词过滤、词向量化、命名实体识别等方式从句子中提取出包含意义的主要成分，为后续对自然语言的理解或知识图谱的构建奠定基础。

### 3.2.3　NLP常用工具

在NLP领域，合适的人工智能工具和数据字典支持可以提高处理语言数据的精度和效率，常见的NLP工具和框架如下：

### 1. Anaconda

Anaconda是一个用于科学计算的Python开发平台，支持 Linux、Mac和Windows系统，提供包管理与环境管理的功能，可以很方便地解决多版本Python并存、切换以及各种第三方包安装问题。Anaconda利用conda命令来进行package和environment的管理，并且已经包含了Python和相关的配套工具。Anaconda集成了大量的机器学习库以及数据处理必不可少的第三方库，比如NumPy、SciPy、Scikit-Learn以及TensorFlow等。

### 2. TensorFlow

TensorFlow是谷歌基于DistBelief进行研发的人工智能设计系统平台，可被用于语音识别或图像识别等多项机器学习和深度学习领域，其支持兼容运行的语言为C和Python，其他试验性绑定完成的语言包括JavaScript、C++、Java、Go和Swift等。

### 3. Jieba

Jieba又称结巴分词，是最受欢迎的中文分词工具之一，广泛应用于中文文本处理任务。它支持精确模式、全模式和搜索引擎模式，满足不同场景需求。Jieba采用多种分词算法，包括基于词典的最大概率路径方法和隐马尔可夫模型，并支持用户自定义词典，提升分词准确性。

### 4. 基于Python的API

API（application program interface，应用程序接口）允许开发者通过简单的调用命令，接入复杂的NLP功能和模型，从而无须深入理解底层算法即可实现高效的应用开发。如Keras是一个高级别的Python神经网络框架，能在TensorFlow或者 Theano 上运行；Gensim是一款开源Python工具包，用于从非结构化文本学习文本主题向量表达，它支持包括TF-IDF、LSA、LDA、word2vec在内的多种主题模型算法；NLTK用于处理和分析人类语言数据，包含大量的语料库和词典，以及一系列用于标记、解析、分类、语义推理等任务的模块。

## 3.2.4 NLP赋能教育

NLP因为直接连接语言文本与用户，所以在教育赋能中发挥了重要作用。在教育领域数字化转型中，NLP在教育实践中充分体现了其应用价值，为学习者和教育者带来便利。

### 1. 智能教学系统

智能教学系统作为教育领域的专家系统，主要帮助学习者学习特定学科、领域或知识点。其中，NLP技术主要应用于用户接口模块，是信息检索、分词、观点抽取、相似度计算等算法的基础。

智能教学系统中的NLP模型包括逻辑回归、隐马尔科夫模型、深度神经网络等。例如，基于隐马尔可夫模型的教学对话结构用于发现学习者辅导策略；基于深度学习会话模型的教学问答系统用于个性化答疑；基于文语转换的拼写训练系统帮助学习者学习易混淆词汇等，都显示了基于NLP的智能教学系统在提高学习效果方面的潜力。

### 2. 阅读支持

阅读支持的相关研究包括文本易读性评估、文本简化、阅读辅助等。其中文本易读性评估指对文本易于阅读或理解的程度进行预测及分级；文本简化指通过删除句子使文档简化以消除文本歧义性和降低文本复杂性；阅读辅助指通过内嵌词法分析器为学习者提供辅助翻译、检索和学习功能，它还可以通过语音识别和合成技术，提供文本的朗读和发音纠正功能；语法错误检测主要用于评测文本质量，可以通过向学习者提供反馈以提升其写作能力，如图3-9所示；语音识别是指将语音识别为文字并执行相应操作，研究表明，结合语音和文本数据能极大提升系统准确性。

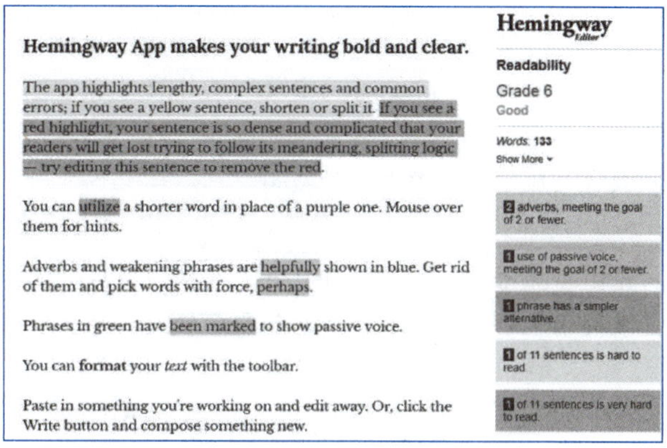


图3-9　语法错误检测

## 3. 文本检测

文本检测主要包括文本剽窃检测、文本离题检测、文本敏感内容检测、主观题文本自动评测等，该技术已经在各领域广泛应用。例如，知网、万方等大型学术论文数据库系统的内容剽窃检测，科大讯飞的作文离题检测，网易的易盾敏感词检测过滤、百度智能开放平台内容审核等，图3-10所示为典型的作文自动评测。

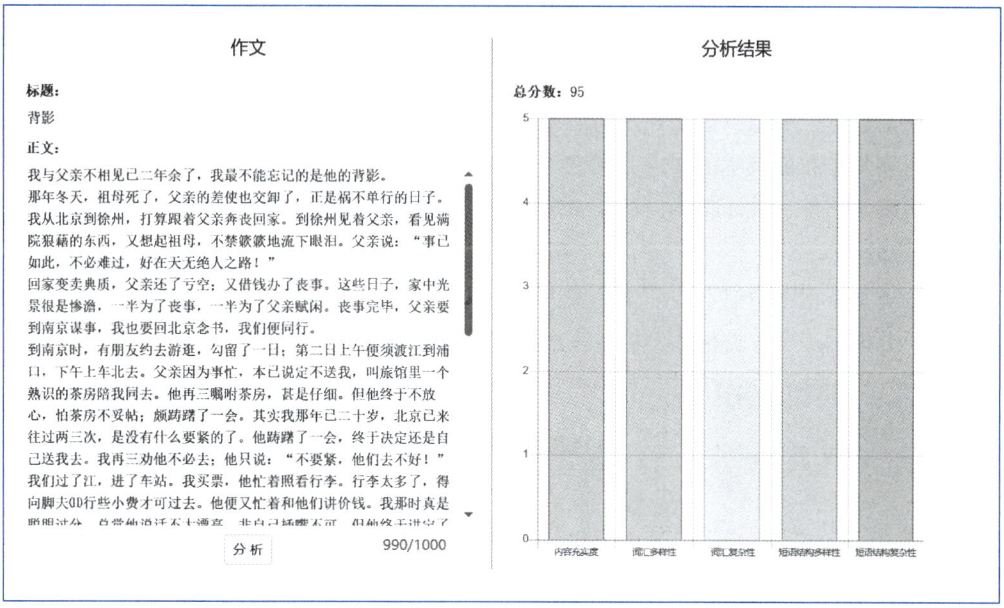


图3-10　作文自动评测

此外，基于机器自动评测和打分的交互式练习实时反馈技术在MOOC教学过程中也起到了举足轻重的作用。当前的文本检测已经从半监督学习转变为主动学习，减少了人工标注成本。

## 练习与思考

### 一、简答题

1. 列举三种自然语言处理的关键技术，并简要说明其作用。
2. 列举两个常用的自然语言处理工具，并简要介绍其功能。
3. 自然语言处理在教育领域中有哪些典型的应用？

### 二、论述题

1. 结合实际案例，论述自然语言处理技术如何在教育领域中提升教学效果。
2. 分析自然语言处理技术在实现智能教育中的优势和挑战，并提出改进建议。

## 3.3 计算机视觉

视 频

计算机视觉

本小节阐述计算机视觉的基本原理及其与教育领域的融合价值。通过解析计算机视觉的核心技术与工具箱，洞悉该领域面临的挑战与创新对策。进一步，我们将探索一系列尖端的计算机视觉应用案例，揭示其如何重塑教育体验，从智能教学评估到互动学习环境的构建，展现其在教育技术进步中的关键角色。

### 3.3.1 计算机视觉概述

计算机视觉又称为机器视觉，是一门“教”会机器如何去“看”的学科。计算机视觉研究的目标是使机器能够像人类一样通过眼睛观察世界，认知三维环境信息，感知三维环境中物体的形状、位置、姿态、运动等几何信息，并进行描述、存储、识别和理解。

计算机视觉是智能技术的热点方向之一，主要任务包括图像分类、目标检测、图像分割、人脸识别、姿态估计、目标跟踪，动作识别等。

#### 1. 图像分类

图像分类是根据图像信息特征将图像进行分类的任务，如图3-11所示。图像分类对输入图像进行分析并返回一个分类标签，标签来自预定义的可能类别集。

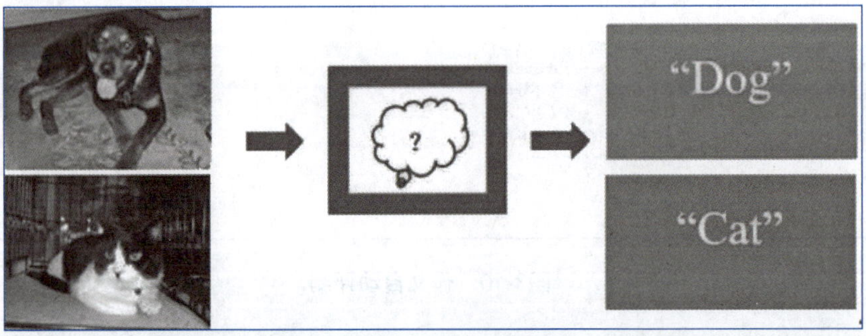


图3-11　图像分类任务示意图

### 2. 图像分割

图像分割是指根据语义特征将图像划分成若干个互不相交的区域，是从图像处理到图像分析的关键步骤。图像分割把属于同一区域的像素赋予相同的类型，按粒度可分为语义分割和实体分割。语义分割是把不同类别的物体分割，比如人和羊，不同的羊也会归为同类；实体分割中不同的羊会被划分为不同的类，即实体分割的粒度更细。图3-12中左图为语义分割，右图为实体分割。

图3-12　图像分割任务示意图

### 3. 人脸识别

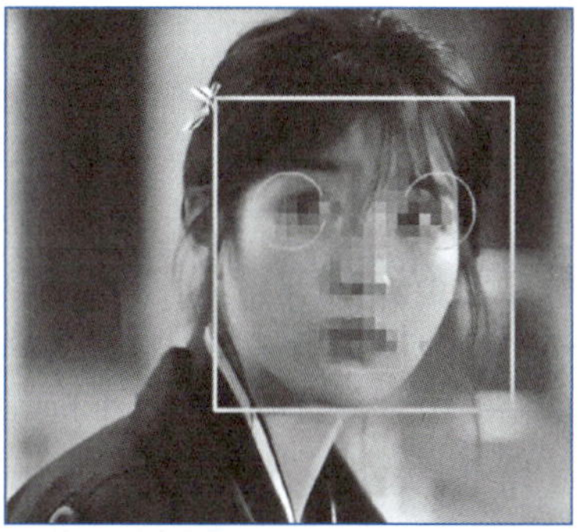

图3-13　人脸识别任务示意图

人脸识别是基于人脸部生物特征进行身份识别的技术，如图3-13所示。人脸识别在含有人脸的图像或视频流中自动检测和跟踪人脸，进而对检测到的人脸进行脸部识别，人脸识别技术已经被广泛应用于各行各业，如校园门禁、手机便捷支付等。

### 4. 目标检测

目标检测是对图片中感兴趣目标的位置信息进行检测的任务。如图3-14所示，在这个密集图像中，我们可以看到大量不同对象的位置识别，包括汽车、人、自行车等，甚至包含文本的标志牌。

图3-14　目标检测任务示意图

### 5. 目标跟踪

目标跟踪指的是基于视频中指定目标位置以跟踪后续帧中目标位置的任务，如图3-15所示，目标跟踪主要关注对运动中目标的跟踪能力。目标跟踪根据物体的运动特征进行跟踪，而无须确切知道跟踪物体的类别。

图3-15 目标跟踪示意图

### 6. 动作识别

动作识别可以识别视频和图像中的人体动作行为，并返回识别后的行为类别，如举手、吃喝、吸烟、打电话、玩手机等。动作识别可以监测学习者学习过程是否存在玩手机、趴桌子睡觉等行为，如图3-16所示。

图3-16 动作识别示意图

### 7. 姿态估计

姿态估计用于确定某一三维目标物体的方位指向，其在机器人视觉、动作跟踪等很多领域都有应用，同时姿态估计也是计算机理解人类动作、行为必不可少的一步。人体姿态估计常转化为对人体关键点的预测问题，如图3-17所示。

图3-17　姿态估计

### 3.3.2　计算机视觉关键技术

在介绍了计算机视觉所能完成的多样化任务之后，我们可以进一步探讨支撑这些任务的关键技术。以下是一些核心的计算机视觉技术，它们共同构成了这一领域技术基础的桥梁。

#### 1. 神经网络和深度神经网络

神经网络是一种模拟人脑结构和功能的计算模型，它由多个神经元组成，这些神经元通过线性加权连接相互传递信息，从而处理和分析数据。

神经元是神经网络的基本构成单元，每个神经元接收来自其他神经元的输入信号，并在运算后产生一个输出信号，这个过程称为前向传播。在前向传播过程中，神经元会根据输入信号的强度调整其内部权重，以优化输出结果。

除了前向传播，神经网络还包括用于训练神经网络的反向传播算法。在反向传播过程中，网络会计算每个权重对最终输出误差的贡献，并据此调整权重，以减少误差并提高预测准确性。

深度神经网络由多层神经网络组成，每一层都包含多个神经元，这些神经元之间通过权重相连，并通过激活函数进行非线性变换，从而形成复杂数据表示和处理能力。

#### 2. 卷积神经网络

卷积神经网络（convolutional neural network，CNN）通过卷积、池化和非线性激活函数映射等一系列操作，将原始数据逐层抽象为自身任务所需的复杂特征表示，最后以特征到任务目标的映射作为结束。CNN的变体有很多，但结构一般由输入层、卷积层（convolutional layers）、池化层（pooling layers）、全连接层（fully-connected layers）和输出层组成，如图3-18所示。

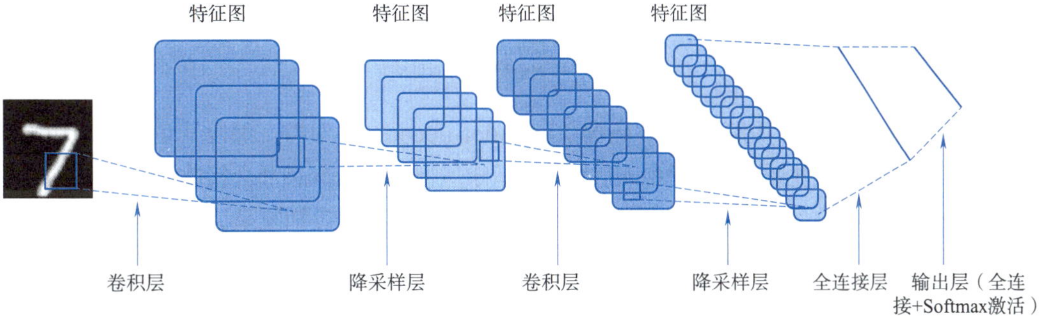


图3-18　卷积神经网络架构示意图

其中，输入层是CNN接收原始数据的地方；卷积层通过滤波器（或称为卷积核）对输入数据进行卷积，得到新的特征图，可以有效地捕捉到局部信息，如边缘、角点等；池化层主要作用是减少特征图的维度，从而减少计算量并防止过拟合，通过选择特定区域内的最大值或平均值来简化数据，同时保留重要的特征信息；全连接层用于将前面层级提取的复杂特征进行汇总，最终输出分类结果或标签；输出层负责使用激活函数将全连接层的输出转换为最终的预测结果。

### 3. 注意力机制和Transformer

Transformer是一种基于自注意力机制的深度神经网络架构，是AIGC的基础，它在多个人工智能领域均取得了显著成就。Transformer模型完全摒弃了以往常见的循环和卷积结构，而是完全基于注意力机制来捕捉输入序列中的长距离依赖关系。这种设计不仅提高了模型的并行化能力，还大幅减少了训练时间。Transformer还可以引入到视觉领域，称为视觉Transformer（ViT）。Transformer的架构图如图3-19所示。

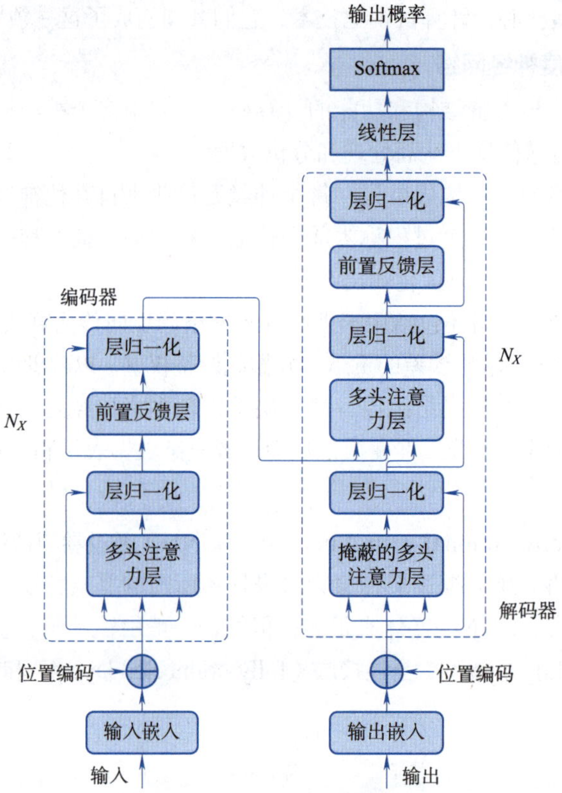


图3-19 Transformer架构

Transformer模型采用编码器-解码器（encoder-decoder）架构，编码器负责处理输入序列，而解码器则负责生成输出序列。在编码器部分，每个编码器层都会接收到输入序列的一部分，并通过自注意力机制来捕捉序列内部的关系；解码器则更加复杂，通常采用掩蔽的多头注意力机制，以保持访问的次序性。

注意力机制是Transformer模型的核心，它允许模型在处理每个序列元素时，都能关注到整个序列中的其他元素。为了进一步增强模型表达能力，Transformer引入了多头注意力机制，将多个“头”独立学习的不同表示合并形成最终输出。这种设计使得模型能够从不同的子空间学习信息，进而提高了模型对复杂数据的理解能力。

### 3.3.3　计算机视觉在教育领域的应用

计算机视觉作为人工智能领域的重要分支，其在教育领域的应用正逐渐展现出其独特的价值和潜力。从提高教学质量、优化教学方法到促进学习者学习行为的分析，计算机视觉正在为教育带来革命性的变化。

计算机视觉在提高教学质量方面发挥着重要作用。通过计算机视觉捕捉学习者课堂学习的课堂活动，可以计算其参与度与投入度，以帮助教育者及时掌握其学习状态，从而优化教学设计与实施；计算机视觉可以帮助构建课堂教学智能评测系统，能够实时监测和分析教师教学行为、学习者学习行为，对教师教态风格、学习者专注度等多维度指标进行量化评估和可视化展示。

计算机视觉也非常适合在智慧课堂中应用，它可以进入课堂开展丰富多样的智能体验，可以让学习者充分感知人脸识别、人体分析等实际应用，为进一步的人工智能教育做好铺垫和准备；它可以用于实验教学设计，通过开展“人工智能+中小学实验”教学设计研究，为中小学实验教学提供了合理化的教学建议；此外，还被用于改善人机交互系统，特别是在课堂环境中，通过使用多模态输入来改善人机交互体验，可以在一定程度上提高课堂教学的效果。

计算机视觉在教育领域的应用正变得越来越广泛和深入。从提高教学质量、优化教学方法到促进学习者学习行为的分析，正为教育带来前所未有的机遇和挑战。随着技术的不断进步和应用的不断拓展，未来计算机视觉在教育领域的应用将会更加广泛和深入，为教育事业的发展带来更多的可能性。

## 练习与思考

**简答题**

1. 列举计算机视觉的关键核心技术，并简要说明其作用。
2. 计算机视觉在教育领域中有哪些典型的应用？

## 3.4　通用大模型

本节对通用大模型进行研究，剖析其基础理论与对教育技术影响的深远意义。详述通用大模型的关键技术要素，及其在教育应用中面临的壁垒与解决方法。本节将介绍当下主流的通用大模型工具，更借由实际案例，引出其在教育领域的多维应用场景，从个性化学习到智慧辅导，全面探索大模型赋能教育的未来应用。

视频　通用大模型

### 3.4.1　通用大模型概述

通用大模型，简称大模型，是一类用于跨越多个领域、掌握广泛技能的大型通用人工智能系统。这些模型基于并行Transformer架构，在海量多源数据集上进行大规模预训练。大模型不仅限于大语言模型，还涉及图像、音频等多模态知识理解，从而拥有极强的泛化能力与任务适应性。大模型的应用领域不仅局限于特定任务的解决，而且能够灵活进行知识迁移，应对从简单问答到复杂创作、决策制定等多样化任务，目前已成为人工智能领域在通用场景的代表性应用。

大模型代表了模型泛化与适应能力的新高度，它横跨多种任务与领域，具备极大的应用潜力，其核心任务与应用范围包括以下几个方面：

### 1. 多模态理解与生成

大模型能够理解包含文字、图像、声音在内的多模态信息，也能基于用户指令生成此类信息，为用户提供无缝的交互体验，如图3-20所示。这一能力使得它们在娱乐、教育、医疗等多个行业中大放异彩，比如创建互动式虚拟助手、开发沉浸式学习环境等。

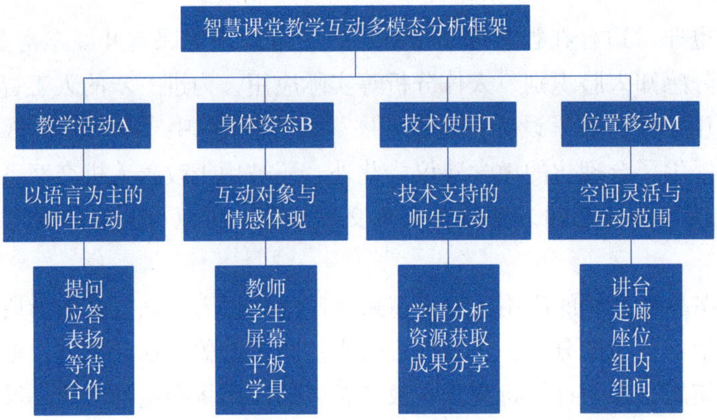


图3-20　多模态理解与生成

### 2. 内容生成

借助强大的语言生成能力，大模型能够编写文章、剧本、新闻报道乃至文学作品，是AIGC的高阶体现，它极大地拓展了创意产业的边界，同时也为媒体、广告、教育等行业提供了新的内容生产方式，如图3-21所示。

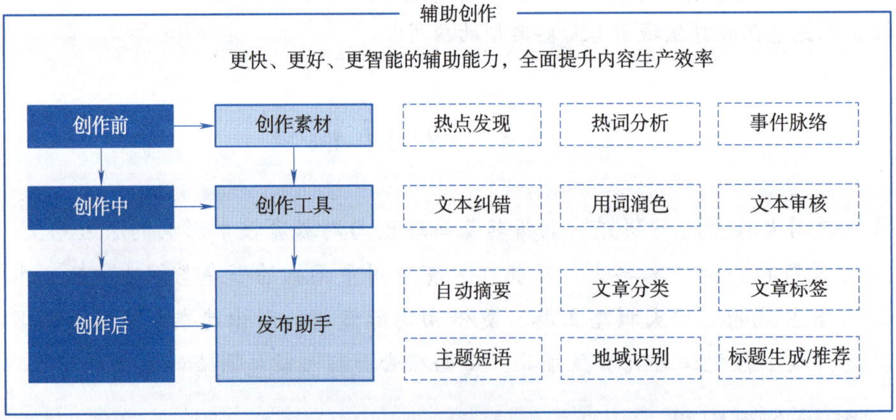


图3-21　人工智能生成内容

### 3. 决策支持

大模型可以部分取代专家系统，在多个领域提供决策支持。大模型通过分析大量历史数据，为领域问题提供智能建议与辅助决策，在一般通用领域中取得了较好的效果。图3-22即为一个典型的大模型支持的决策过程。

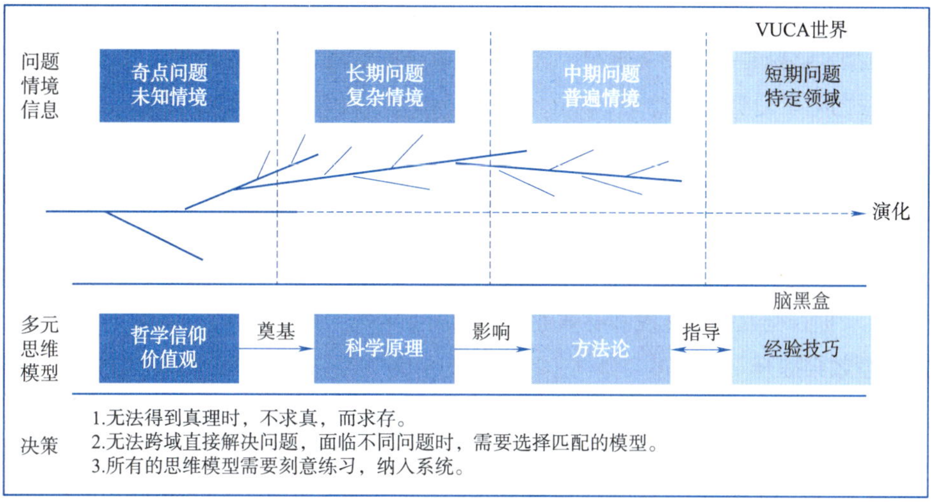


图3-22　大模型辅助的决策支持

### 4. 个性化服务

通过提示和微调，大模型可以迅速掌握用户偏好和行为模式，进而提供个性化服务，如个性化资源推荐、辅助决策、行程安排等服务，使用户体验达到极高的个性化水平。

### 5. 知识发现与创新

在科学研究中的前沿领域，大模型通过解析海量相关领域或相关结构的知识，可能发现隐藏的知识关联，加速跨学科知识的创造与应用，推动人类认知边界的扩展。

总的来看，大模型的研究与应用围绕着两大核心能力展开，即跨领域适应性与多任务执行能力。对于人类而言，跨领域学习与灵活应对各种任务似乎是与生俱来的本能，但对于机器而言，实现这一点则是一项复杂而艰巨的任务。

大模型所面临的挑战，部分源自以下几个关键维度：数据的广泛性与多样性、任务间的知识迁移障碍、模型规模与效率的平衡，以及确保模型行为的可解释性和安全性。这些挑战体现在具体实践中，比如如何确保模型在不同文化背景下的语言理解与表达准确，如何在没有明确标注的数据集中自我学习并优化，以及如何在保证高效运行的同时，避免过拟合、偏见引入等常见问题。此外，模型的持续学习能力也是至关重要的一环，即在不断吸收新知识的同时，保持原有技能的稳定和精确。

除此之外，大模型的应用场景丰富多样，涵盖了从基础研究到行业实践的广泛领域。这些应用不仅要求模型具备深厚的算法基础，还需融合跨学科的知识，如认知科学、心理学、计算机科学以及深度学习等最新进展。

## 3.4.2　大模型关键技术

大模型的关键技术旨在提升模型泛化能力、理解深度和执行多领域任务的精度，主要包括以下几类。

### 1. 大规模预训练

大规模预训练数据集是大模型的基石，由互联网文本、专业文献、对话记录等多种来源的海量语言材料组成。这些数据经过清洗、标注（如有必要）后，用于模型的初步训练，使其能捕捉通用规律和领域特定知识。随后，集成了文本、图像、语音等多种模态的预训练技术，使得模型能够跨越单一模态限制，理解更加复杂的情境，提高在跨模态任务上的表现。

### 2. 注意力与学习机制

自注意力机制及Transformer架构，使得大模型能够并行处理输入序列，有效捕获长距离依赖，是大模型的核心组件；跨任务与多任务学习通过同时学习多个相关或不相关的任务，促进知识共享与迁移，提高模型的泛化能力；持续学习使模型能够持续学习新的数据和知识，这对于维持和提升模型的长期性能至关重要；深度强化学习则可以通过环境反馈以优化大模型行为策略，提升交互的自然度和有效性。

### 3. 模型效果提升

大模型需要针对特定任务或领域进行微调，包括参数动态调整、适配层添加或是对特定任务的轻量级训练，以达到在特定领域的高性能表现；针对模型数据量过大问题，可以采用自适应压缩与稀疏化方法，如权重剪枝和知识蒸馏等，使模型能适应更多资源受限场景；通过将外部知识图谱嵌入大模型中，可以增强常识推理与实体理解能力，在NLP、知识问答等任务上有显著效果。

### 4. 解释性与可追溯性

大模型的大规模应用需要提升模型决策的透明度，通过注意力机制可视化、特征重要性解释、因果分析等方法，帮助用户理解和信任模型的输出，尤其是在关键决策和高风险应用中。

## 3.4.3 常见的通用大模型

目前全球各大互联网和人工智能企业厂商均先后推出了大模型，以下是几个市面上知名的通用大模型及简要介绍：

### 1. 混元大模型

腾讯混元大模型是腾讯公司推出的一款超大规模语言模型，具备语言理解、文字生成、图像生成、视频生成、多轮对话和多语言支持等多功能特性。该模型旨在通过强大的语言处理能力和多模态融合技术，为企业和个人用户提供高效、智能的解决方案，覆盖内容创作、客户服务、教育辅导等多个应用场景。

### 2. 文心大模型

鹏城-百度·文心大模型是由鹏城实验室和百度公司联合研发的超大规模语言模型。它同样拥有语言理解、文本生成、图像生成、视频生成等能力，并支持多轮对话和多语言服务。该模型强调跨领域的知识融合与应用，致力于提升在不同场景下的任务适应性和泛化性能，广泛应用于互联网服务、内容创作、智能客服等领域。

### 3. GPT系列

GPT（generative pre-trained transformer）系列，是由OpenAI开发的著名语言模型系列，

以其强大的文本生成能力和对上下文的精确理解著称。GPT模型通过大规模无监督学习预先训练，展现出在文本生成、问答、对话、代码生成等多方面的卓越性能，目前GPT系列的多模态大模型也已经对公众开放。

#### 4. 星火大模型

科大讯飞研发的星火认知大模型，专注于中文场景，擅长自然语言处理任务，包括但不限于文本理解、生成、问答、对话等。该模型通过深度学习和领域知识的融合，提升了在教育、医疗、金融等垂直领域的应用效果，展现了良好的领域适应性和实用性。

#### 5. DeepSeek系列

一般大模型的参数量巨大，训练和推理时需要较大的硬件（GPU）需求，同时其计算模型仅支持NVIDIA的CUDA架构。DeepSeek系列模型通过数据蒸馏降低模型硬件需求，并支持以华为昇腾为代表的国产芯片和算力（NPU）平台。

2024年底上线的DeepSeek-V3和2025年上线的DeepSeek-R1在多项评测中表现优于主流开源模型，在中文测试表现上尤其突出，且具有较大的成本优势。

这些大模型不仅在技术上代表了人工智能的最新进展，而且正逐步渗透到社会经济的各个方面，改变着我们的工作和生活方式。从内容创作到个性化服务，从教育辅导到智能决策支持，大模型的应用前景广阔，潜力无限。

### 3.4.4　大模型在教育领域中的应用

大模型作为通用人工智能的代表，其在教育领域的应用正逐步展开。大模型可以跨越传统教育界限，从个性化学习方案定制、教学策略优化到学习成效评估，全方位重塑教育生态。

大模型在个性化教育方面扮演着核心角色。凭借其强大的数据分析与理解能力，大模型能够精准分析每位学习者的学习习惯、特点与兴趣，据此定制个性化的学习路径和资源推荐，真正实现“因材施教”。此外，大模型还能生成适应学习者水平的练习题和阅读材料，动态调整教学难度，确保每个学习者都能在最适合自己的节奏下进步。

在教学方法创新上，大模型通过集成的NLP和知识图谱技术，能够辅助教育者设计更为高效、互动性强的教学设计。同时大模型能为教学设计自动生成高质量的教学资源、模拟对话及问题解答，增强课堂互动，同时也为远程教育和在线学习平台提供了丰富的内容支持。教育者可借助大模型分析学习者提问，即时获得反馈，优化讲解策略，使教育过程更加精准、生动。

大模型在学习行为分析上的应用，则是通过持续监控和分析学习者的学习活动数据，如作业提交、在线讨论参与度等，帮助教育者识别学习障碍和动机因素。这种精细的数据洞察不仅有助于即时干预和个性化指导，还促进了对学习者学习历程的全面评估，使得教育评价体系更加科学、公正。

在智能化教育资源建设上，大模型能够参与到教材编写、课程设计及虚拟实验的创建中，推动“人工智能+教育”深度融合。通过模拟复杂的实验环境和过程，模型为学习者提供了安全、低成本的实践机会，极大地丰富了学习体验并提升了学习效率。

另外，大模型还促进了教育环境的人性化交互。结合语音识别、自然语言理解和情感分析等功能。大模型能更细腻地感知学习者情绪和反应，为师生间的沟通搭建桥梁，营造积极的学习氛围。通过智能助教的形式，模型能有效管理课堂，及时解答疑问，减轻教育负担，同时提供个性化鼓励和反馈，增强学习者的学习动力。

大模型在教育领域的应用正引领一场教育模式的深刻变革。它不仅提升了教育的质量与效率，更开启了个性化学习的新时代，预示着未来教育将更加智能化、人性化和高效。随着技术的不断演进和应用的深入探索，大模型将持续为教育事业注入新活力，开创更多可能。

## 练习与思考

### 一、简答题

1. 简述大模型的定义及其在教育领域的作用。
2. 大模型在教育领域中有哪些典型的应用？

### 二、论述题

基于现有的技术趋势，预测大模型可能带来的教育革新，并提出你的建议或看法。

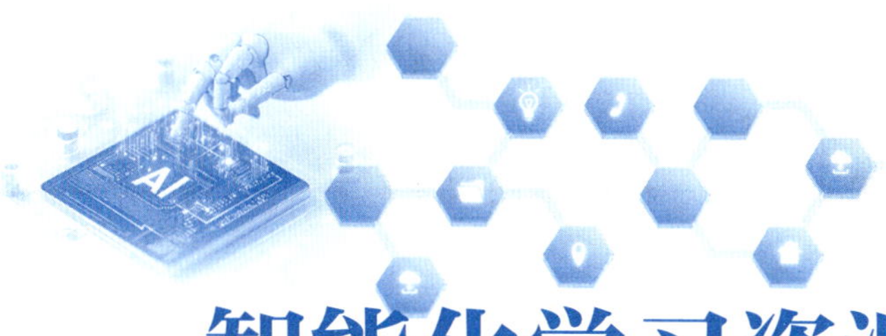

# 第4章 智能化学习资源设计与应用

新一代人工智能技术，特别是AIGC技术，已经开始在学习资源设计与开发上担任了重要辅助角色，尤其在学习资源检索与生成等方面显示出其独特的优势。本章主要是阐释智能化学习资源概念及特点、学习资源智能化检索与生成及智能化微课设计与开发。

## 内容导图

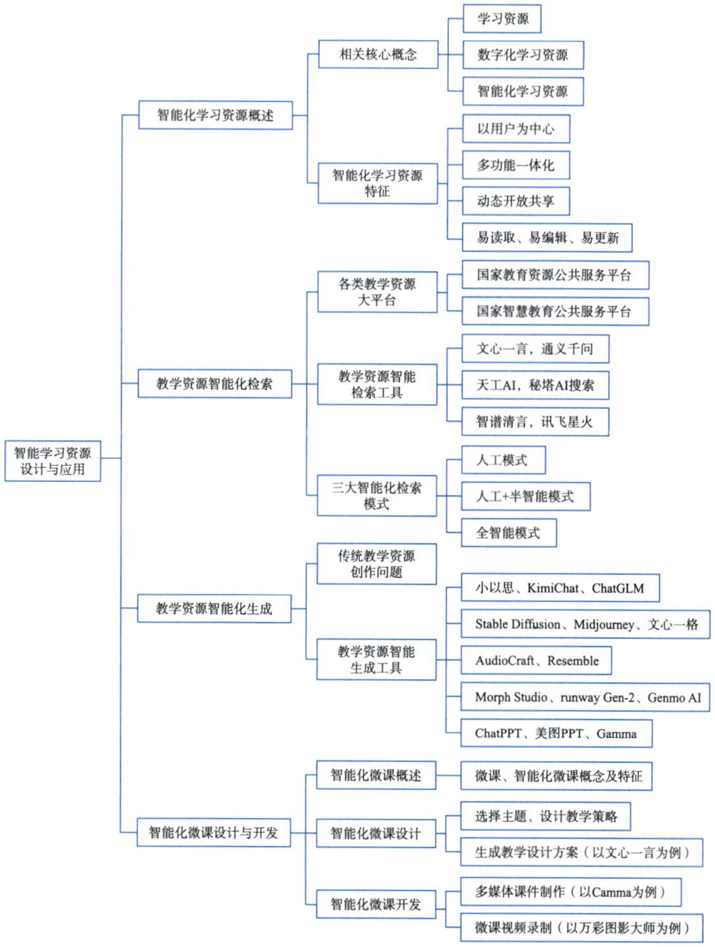

## 学习目标

1. 理解学习资源、数字化学习资源、智能化学习资源的含义及区别。
2. 了解整理学习资源智能化检索相关工具。
3. 应用AI大模型自动生成文字、图片、音频、视频、PPT课件等。
4. 应用AI大模型设计与开发微课。

## 4.1 智能化学习资源概述

视频 智能化学习资源概述

随着信息技术的飞速发展和教育改革的不断深入，智能化学习资源已经成为当下教育资源的重要组成部分。智能化学习资源以个性化、网络化和智能化为特征，通过对教学内容的深度整合和创新，以期为学习者提供个性化、多样化的学习体验。它涵盖了从教材、课件、试题库到虚拟实验室等多种形式，旨在提高教学效果，培养学习者的创新精神和实践能力。本节将对智能化学习资源的概念和特点进行探讨。

### 4.1.1 智能化学习资源概念

学习资源是指在教育中，围绕学习活动的开展，为实现学习目标、优化学习活动、提升学习效能而使用的、能被优化的所有学习要素的总和，通常包括教材、课件、教学设施、网络资源、教师和学习者的经验与智慧等①。学习资源是教育教学活动的基础，对于提高教学质量和效能具有重要意义。

数字化学习资源是指将学习内容、教学活动以及相关的教学管理信息通过数字化技术进行转换和整合，形成可以信息化获取、处理、存储和传输的学习资源。数字化学习资源主要包括电子教材、网络课程、在线教学平台等，它们打破了传统教学的时间和空间限制，使学习资源更加丰富，便于共享和交流②。

在数字化学习资源的基础上，进一步融合人工智能技术，实现学习资源的个性化和智能化，就形成了智能化学习资源。智能化学习资源的三大要素是：信息技术深度参与、应用个性化、管理智能化。

信息技术深度参与是指学习资源的创建、保存、使用、更新等各环节中均有信息技术参与完成，切实减轻了教育者的负担。譬如：使用AIGC工具辅助生成学习资源，使用在线协同平台进行学习资源的协作存储与更新，使用智能交互技术进行学习资源访问与控制等。

所谓应用个性化，是指智能化学习资源可以反馈学习者的学习特点和需求，个性化提供适应学习者当前状态的学习建议，以增强学习效能；同时，基于当前的知识类型和学习进度，智能化学习资源可以为教育者推荐适合的学习资源、工具和平台，以提高教育质量、增强教育效能。

管理智能化是指学习资源使用、过程管理和效果评价的智能化。智能化技术可以通过学习资源标签判断其与当前学习情况的匹配程度，根据访问日志分析学习资源的使用率，并结

①曹梅，张增荣. 学习资源的内涵及其深化[J]. 中国电化教育，2002（4）：14-17.
②万力勇. 数字化学习资源质量评价研究[J]. 现代教育技术，2013，23（1）：45-49.

合对资源的评分、评价文本，联合评价学习资源质量；同时，通过学习数据分析还可以实现即时学习效果的智能评估；此外，智能化教育资源还可以实现教学辅助答题，如智能答疑、智能辅导、智能模拟实验等。

### 4.1.2　智能化学习资源特点

智能化学习资源是教育与新一代信息技术融合发展的重要成果，它通过集成智能化技术，为教学活动提供强有力的支持。智能化学习资源在传统数字化学习资源基础上发展与创新，其特点主要体现在与传统资源的区别与联系，既涵盖了数字化学习资源的高阶功能和应用，也包括数字化学习资源尚未覆盖的部分。从分类特征上来看，智能化学习资源可以分为功能特点和应用特点两个方面。

#### 1. 功能特点

新一代信息技术的引入促进了人才培养目标和形式的深刻变革，学习资源建设理念、任务和内容都随之发生了深刻变化。

（1）建设理念：从产品到服务，以用户为中心

传统的学习资源建设仅注重产品的功能和质量，如统一化的教材与课件等。智能化学习资源建设更加强调服务性质，即如何更好地满足用户需求，提供更加便捷、个性化的服务。因此，智能化学习资源建设开始体现以用户为中心的理念，关注用户的需求和体验。如引入个性化服务满足不同用户的学习需求；引入社区聚合和驱动机制促进用户之间的交流和知识共享。

（2）建设任务：从平台到体系，多功能一体化

数字化学习资源的一个建设重点是搭建学习平台，如学习管理系统（LMS）、在线教育平台等。随着智能化技术的逐步渗透，建设任务已经扩展到构建完整的学习资源服务体系，包括学习资源的创作、发布、管理、评估和优化等。事实上，智能化学习资源不仅仅是知识的存储与整合，还包括了知识的感知、交互和管理。智能化算法可以为用户进行资源的创作、发布、管理等体系化、自动化操作。

（3）建设内容：从数字到智能，动态开放共享

传统数字化学习资源主要目的是存储和传播的便利性，形式相对单一，结构比较呆板。而合理利用智能化技术与工具，可以使学习资源主动适应用户。智能化学习资源不再是静态素材，而是动态的、用户互动的学习资源；资源间的开放互联互通机制完善，形成一个庞大的知识协同网络供用户进行学习；共享推荐算法通过加强优质资源的影响力，提高了其的传播与使用效率。

#### 2. 应用特点

对教育者和学习者而言，智能化学习资源的应用特点主要体现在以下几个方面：

（1）学习资源易获取

教育数字化的一个重要标志就是教育资源互联共享。在国家引导下，各级政府均组织了教育网络课程平台，网络学习资源的获取变得十分容易，像各类精品课程、精品资源共享课、名家讲坛等都拥有海量的资源可供获取。智能化学习资源的另一个重要标志就是模糊检索能力强。学习资源在生成并存放至互联网时，其多标签属性就已经随之上传到网络；智能工具

能够自动提取用户真实情感，从互联网中搜索并获取相关学习资源。

（2）学习资源易编辑

传统的数字化学习资源多呈整体化形式出现，而智能化学习资源以多元化、细粒度、易编辑为其特色。智能化学习资源的粒度更细，以适应未来教育碎片化特点；组织形式更加丰富，以适应多模态协同学习方式；编辑更加简单方便，以适应教育者和学习者的个性化需求。可以根据主题的不同，借助不同形式、不同层次的智能化学习资源，整理和组合学习内容，并加以探究。

（3）学习资源易更新

传统的学习资源更新速度慢、周期长，如一本教材从构思到出版，动辄几年，呈现的信息很可能已经是“过去式”了。而智能化学习资源可以为教师提供最新最权威的课程内容，借助于互联网传输的实时性，根据教学的需要，教师和学习者能够充分利用当前国内外最新教学信息作为学习资源。这种以多维信息为基础的信息利用，将有助于教师及时更新知识，促进知识新的迁移，培养终身学习意识。

## 练习与思考

**一、简答题**

1. 学习资源、数字化学习资源、智能化学习资源的含义及区别是什么？
2. 智能化学习资源功能及应用特点有哪些？

**二、论述题**

智能化学习资源在促进教育公平方面的潜力与挑战是什么？

## 4.2 学习资源智能化检索

视频

学习资源智能化检索

随着教育数字化转型的加快，学习资源的数量和种类呈现出爆炸式的增长。面对海量的学习资源，如何高效、精准地检索到所需信息，成为教育者和学习者共同面临的挑战。因此，学习资源智能化检索应运而生，它借助智能化技术，通过对学习资源的深度理解和分析，为用户提供个性化的检索服务。智能化检索不仅能够提高检索效率，还能根据用户的需求和习惯推送相关资源，实现学习资源的优化配置。

### 4.2.1 学习资源大平台

教育数字化的发展使教育资源获取方式从传统的线下依赖教科书和实体教具，转变为现在的线上多样化、数字化的方式。随着我国教育信息化2.0工作的顺利完成，教育大数据在线平台已经基本建成，数字化学习资源日益增加。但目前数字化学习资源呈现出海量、信息过载且质量良莠不齐的特征，教育者和学习者在这种环境下面临着“知识迷航”的问题。如何从海量的学习资源中挑选出适合教育过程的学习资源，是智能化教育技术需要解决的重要问题。

为此，各类教育专题的学习资源平台应运而生，如教育部发布的“一师一优课，一课一名师”国家优质课堂学习资源免费共享平台、国家智慧教育公共服务平台等，具体见表4-1。

**表4-1　常见的教育专题学习资源平台**

| 资源平台 | 平台特色简介 |
| --- | --- |
| 国家智慧教育公共服务平台 | 收录国内教育优势地区的名校、名师资源，为全国师生提供个性化的空间和服务，让优质资源和创新应用惠及人人 |
| “一师一优课，一课一名师”国家优质教学资源平台 | 提供了丰富多样的教育资源，涵盖了各个学科、各个年级的内容且包括但不限于优秀课件、教学视频等 |
| 精品开放课程共享系统 | 包括中国大学视频公开课、中国大学资源共享课和中国大学MOOC，已成为国际领先、国内最具影响力的高等教育在线开放课程平台 |
| K12中国中小学教育教学网 | 收录了国家级K12优质课教学视频和各省市K12优质课、K12展示课、K12公开课等名师课堂实录以及从互联网搜集精选的K12优质教学视频 |
| 中国微课网 | 资源以培养学习者自主学习能力为目标，提供各年级各学科在线教育微课程视频资源 |

相对于碎片化不成体系的传统教育资源，此类平台大大提升了教师获取学习资源的效率，但也存在一些问题。一是资源获取的便捷性不足，如“一师一优课，一课一名师”与国家智慧教育公共服务平台等项目的实施，积累了大量数字教育资源，但由于缺乏统筹规划与优质资源的管理、引导服务，大量资源无人访问，同时不同平台使用权限不同、优质资源检索不便捷、资源格式不兼容的问题普遍发生[①]，也增加了资源检索的困难；二是内容更新滞后，质量良莠不齐，早期资源建设工作忽视后续的内容更新，大量资源已无法与新课标的学科能力要求或新教材版本相匹配，教师需花费大量时间精力筛选合适的素材。

## 4.2.2　学习资源智能化检索工具

针对资源获取的便捷性问题，使用搜索引擎是一个典型的解决方案。传统搜索引擎是用户根据需求键入关键字查询资源，但是搜索引擎会返回所有与关键字相关的资源，并不能为用户筛选出符合需求的资源。用户需要花费很长的时间来进行资源筛选，无法解决信息过载问题。因此想要从海量数据中选取合适的资源匹配教学过程，传统搜索引擎并不足够便捷。

随着人工智能技术的发展，支持学习资源一站式检索的智能化工具也随之发展起来，提升了对教育资源的检索和筛选效率。借助智能化技术，可以实现优质教育资源的系统检索、海量教育资源的动态标注与语义整合，形成教育资源网络化检索与推荐；借助动态标注，智能化检索工具还能准确利用关键特征智能匹配和推荐课件、习题作业、微课素材等资源，使教育者和学习者能够更高效地获取合适资源[②]。表4-2介绍了目前应用较为广泛的、人工智能时代教师必备的一些AI搜索引擎，可以提升用户检索和筛选效率。

①陈明选，来智玲，蔡慧英. 我国基础教育数字资源及服务：现状、问题与对策[J]. 中国远程教育，2022（6）：11-20.
②刘邦奇，聂小林. 走向智能时代的因材施教[M]. 北京：北京师范大学出版社，2021.

表4-2　人工智能时代教师必备的AI检索引擎

| 检索工具 | 工具特色简介 |
| --- | --- |
| 文心一言 | 文心大模型家族成员，能够与人对话互动、回答问题、协助创作，高效便捷地帮助教师获取信息、知识和灵感。文心一言已上线五个官方原生插件：百度搜索（使模型具备生成实时准确信息）、览卷文档（基于文档的长文本摘要和问答）、E言易图（数据洞察和图表制作）、说图解画（基于图片创作和问答）、一镜流影（基于文字生成视频）（一般用户免费，会员用户收费） |
| 通义千问 | 通义千问是一个超大规模语言模型，阿里版GPT，能进行多轮交互及复杂指令理解，同时可多模态融合。主要功能包括多轮对话、文案创作、逻辑推理、多模态理解，以及多语言支持（申请后免费使用） |
| 天工AI | 天工AI搜索核心原理基于大规模语言模型，具备生成式对话能力，能够根据教师问题生成相应回答和解释。与传统搜索引擎相比，天工AI搜索具有明显优势，能提供更精准的搜索结果。例如，当教师进行搜索时，天工AI可以结合搜索到网页，直接为教师总结需要信息，而不是像传统搜索引擎提供一长串网站，教师还要进行筛选（免费使用） |
| 秘塔AI搜索 | 秘塔AI搜索主界面有简洁、深入、研究三个层面的选项，不同选项对应的回答深度不同，并有“全网”“学术”两种模式切换，在回答右侧附有大纲，下方附有相关事件、组织和人物，并标明来源（注册后免费使用） |
| 智谱清言 | 智谱清言具备多种功能，包括通用问答、多轮对话、创意写作、代码生成以及虚拟对话。它能够进行跨模态生成，提供个性化内容创作，并支持多种格式的文档导入和解析（注册后免费使用） |
| 讯飞星火 | 讯飞星火认知大模型是科大讯飞发布的大模型。该模型具有7大核心能力，即文本生成、语言理解、知识问答、逻辑推理、数学能力、代码能力、多模交互，该模型对标ChatGPT（对个人用户免费） |
| DeepSeek-R1 | DeepSeek-R1，是DeepSeek公司2025年迭代开源的推理模型。该模型采用强化学习进行后训练，以提升推理能力，尤其擅长数学、代码和自然语言推理等复杂任务，并可以完美兼容国产芯片和算力平台（对个人用户免费） |

### 4.2.3　学习资源智能化检索模式

学习资源检索模式主要分为三种：人工模式、智能协同模式和全智能模式，具体各种检索模式的特点见表4-3。目前，人工模式已经基本退出了主流方式，仅用于一些孤本或极少资源情况下的检索；智能协同模式采用人工为主、智能辅助检索的方式，也是目前教育者和学习者最普遍采用的方式；全智能模式通过自动判断并获取用户需求而进行智能化检索与推荐，因其高度自动化和准确性而受到越来越多用户的喜爱。

表4-3　学习资源检索模式

| 检索模式 | 动态实时性 | 资源获取 | 资源个性化 | 资源学习反馈 |
| --- | --- | --- | --- | --- |
| 人工模式 | 无实时性 | 依赖教师自己检索 | 难以实现教师个性化需求 | 人工收集与分析 |
| 智能协同模式 | 部分实时 | 检索与一定智能推送 | 满足教师一定个性化需求 | 人工收集，智能分析 |
| 全智能模式 | 实时 | 提问检索与精准推送 | 符合教师个性化需求 | 自动智能收集与分析 |

智能化检索模式依托智能化技术迅速而准确地完成资源检索，可以为用户提供极大的便利。但是，全智能模式的发展和普及还面临一些挑战，比如技术的成熟度、用户接受度、隐私保护等问题。此外，全智能模式可能需要更长时间的实践和优化，以确保其能够满足教师多样化的需求和复杂的教育场景。

## 练习与思考

### 简答题

1. 搜集整理学习资源智能化检索相关工具。
2. 了解三类学习资源检索模式及区别。

## 4.3　学习资源智能化生成

视频
智能学习资源生成

传统学习资源的创建需要花费教育者大量的时间和精力，因此个性化和迭代速度均较差。AIGC的出现极大增加了自主学习资源创建的兴趣和规模，如何有效利用AIGC工具生成符合用户需求的学习资源，成为教育者关注的要点。本节将比较传统学习资源生成方式与智能化生成方式，并列举常见资源生成工具的特点。

### 4.3.1　当前教学资源的制作困境

信息化教育中，数字化教育资源的应用至关重要，文字、图片、音频、视频、PPT等教学素材已经成为教学必备资源，其中许多内容需要依照教育者的教学进程进行重构。然而传统的教学素材创作方式存在诸多问题[①②]。

#### 1. 耗时耗力

以制作PPT课件为例，从明确演示主题和目标，对文案内容进行全面梳理，收集相关制作所需资料或素材，到风格版式设计布局，最终制作完成一份高品质的PPT课件，通常需要数小时甚至数天的时间。

#### 2. 更新速度慢

图片、音频、视频、PPT等教学素材一旦制作完成，由于耗时量较大，导致教育者对其的更新修改速度较慢，不能及时反映专业领域发展和知识更新的现状。

#### 3. 个性化不足

由于素材制作困难，更新速度慢，教育者对已有的数字化教育资源往往疏于修改，教学素材无法适应知识更新速度与匹配学习者进程，无法满足个性化教学和学习需求。

#### 4. 互动性差

在传统教学素材创作中，创作互动性学习资源的门槛较高，实现相对复杂，教育者心有余而力不足，无法在学习资源中加入互动，不利于激发学习者的学习兴趣和主动性。

---

① 霍妍，路英平，杜梦菲，等. “双减”政策背景下网络课程学习资源建设策略与个性供给途径研究[J]. 当代教育论坛，2023（1）：100-107.

② 胡俊杰，李文卫，赵霞霞，等. 我国数字化学习资源建设：问题与对策：以精品视频公开课为例[J]. 远程教育杂志，2016，34（4）：102-112.

### 5. 资源利用不充分

在传统学习资源创作中，由于学习资源无法准确获取，教师无法充分整合和利用已有高质量教学素材，如在线课程、优质教材等，导致创作的学习资源质量不足，经常出现重复创作的情况。

## 4.3.2 智能辅助教学资源生成

传统的教学素材库对新环境、新课程、新工具的支持上已显乏力，如何在短时间内高效地完成学习资源开发已经成为一线教师正在面临的现实挑战。随着智能化技术的发展，使用智能化工具、基于描述自动生成教学素材成为可能，一些常见的素材生成工具见表4-4。使用此类工具无须任何编程或设计经验，只需要输入描述性内容，然后让人工智能完成剩下的生成工作即可，对于不符合教学要求的部分还可以继续编辑和调整。该方式可以节省教学素材创作的时间和精力，提高教学素材创作效率和创意，满足教育者和学习者个性化的教学需求。

表4-4 常见的学习资源生成工具

| 素材类型 | 名称 | 工具功能介绍 |
| --- | --- | --- |
| 文字资源 | 文心一言、通义千问、讯飞星火 | 均包含智能搜索、文字生成、文件分析和总结凝练（免费） |
| 图片资源 | Stable Diffusion、Midjourney、文心一格 | 均能够理解各种绘画风格和技巧，适用于各种绘画领域，如插画、漫画、油画等多种不同风格高清画作生成（目前免费使用） |
| 音频资源 | AudioCraft、Resemble | 能够根据给定的提示词，生成各种场景下的声音、乐器演奏以及交响乐（免费）；<br>通过输入文本生成真实语音，提供多种编辑和特效功能，如音调、速度和音量等（部分功能收费） |
| 视频资源 | Morph Studio、Runway Gen-2、Genmo AI | 根据提示文本生成7 s视频且全高清输出（免费）；<br>根据提示文本生成4 s视频且提供多种视频后期处理功能（免费）；<br>图片生成动画或视频（每个月可以免费使用40次，一次生成时长3 s） |
| 课件资源 | ChatPPT、美图PPT、Gamma | 通过人类与人工智能交互，自动生成PPT（免费）；<br>通过输入自然语言，轻松打造精美PPT（免费）；<br>被称为最方便、最智能PPT生成软件，仅需给出主题，就能自动生成PPT，还可根据提供大纲或详细内容定制PPT（免费） |

学习资源智能生成是AIGC技术出现后兴起的一种新型学习资源建设方式。它主要依托智能化技术，通过机器学习、自然语言处理等手段，实现学习资源的自动化生成。学习资源智能生成的核心优势在于，它能够根据教育者和学习者的具体需求，自动生成符合实际教学场景的教学材料、测试题库、教学课件等资源。这种方式不仅提高了学习资源的生成效率，还实现了学习资源的个性化定制，使得每个用户都能获得最适合自己的学习资源。此外，学习资源智能生成还能够实现学习资源的实时更新和优化。通过对教学过程的大数据分析，智能系统能够及时发现学习资源中的不足和问题，并自动进行调整和优化，以保证学习资源的质量和实用性。

学习资源生成具体包括：

### 1. 基本资源生成

通过输入具体的需求描述，用户可以轻松实现一站式文本资源搜索、分析、总结凝练、生成等；通过对所需图片或图像的文本描述，用户可以通过智能化工具创建高质量的、满足教学过程需求的图像资源；通过跨模态模型实现“文字-图像-音频”之间的精确转换，用户可以生成高品质音频内容；通过具体的需求输入，用户可以通过选择多风格模板、编辑调整画面、文字、音频等生成匹配教学活动的视频内容。

然而，值得注意的是，尽管AIGC技术已经取得了显著的进步，但其生成的资源可能并非完全准确或完全满足需求。因此，在使用这些生成资源时，教育者和学习者需要进行适当评估和必要修改，以确保其准确性和适用性。同时在应用具体生成资源时还需要评估其版权问题。

### 2. 高阶资源生成

综合运用多种资源生成工具，则可以生成高阶学习资源。如可以通过文本、图片、音频文件的综合输入，生成高品质的数字人视频。数字人是基于智能化技术生成的虚拟人物形象，具有真实逼真的外貌和表情，可以模拟真人发音和口型，在远程教学、混合式教学、个性化学习等多个领域有重要应用价值。此外，AIGC技术能通过输入的多模态资源自动生成教学课件，只需要经过细微修改就能匹配教学进程。这能够极大地节省教育者的精力和体力，在去除学习资源制作的复杂性后，也推动了教育者去思考更多教学方法和形式的可能性。

下面以文心一言和ChatPPT为例，分别说明如何使用AIGC工具辅助教育者开展工作以及生成各类文字与课件资源。

首先，采用文心一言进行知识智能搜索、文字生成及文件分析和总结凝练。

图4-1是一个使用大模型自动进行鸡兔同笼问题的求解案例，由文心一言自动生成解题过程和步骤，能有效降低教育者的重复性工作负担；也可以辅助学习者进行课外自主性学习，以全面提升学习效能。

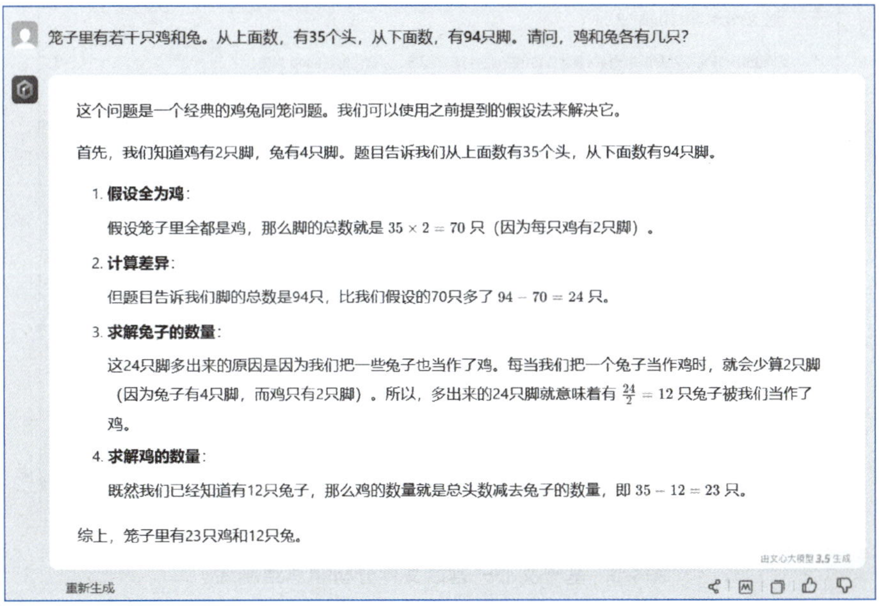


图4-1　基于文心一言的知识智能搜索

图4-2是一个使用大模型自动辅助教师工作的案例，由文心一言自动生成小学教师工作周报的模板和范例，能有效辅助教师进行课外总结性工作，将教师解放出来进行更具有创造性

和知识性的工作。

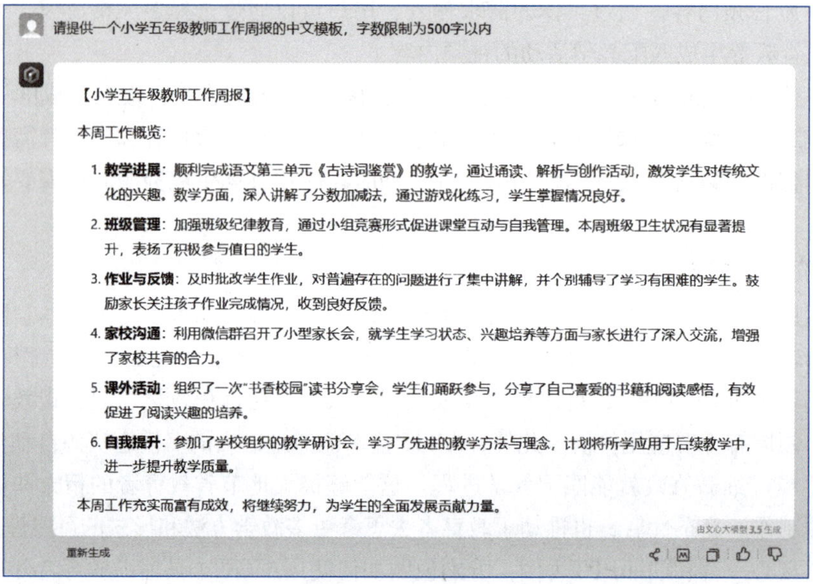


图4-2　基于文心一言的文字生成

图4-3是一个使用大模型进行文字总结的案例，由文心一言自动对义务教育信息科技课程标准的PPT进行总结，能有效概括各类文档的主题内容，使阅读者可以在短时间内掌握文档的核心内容。

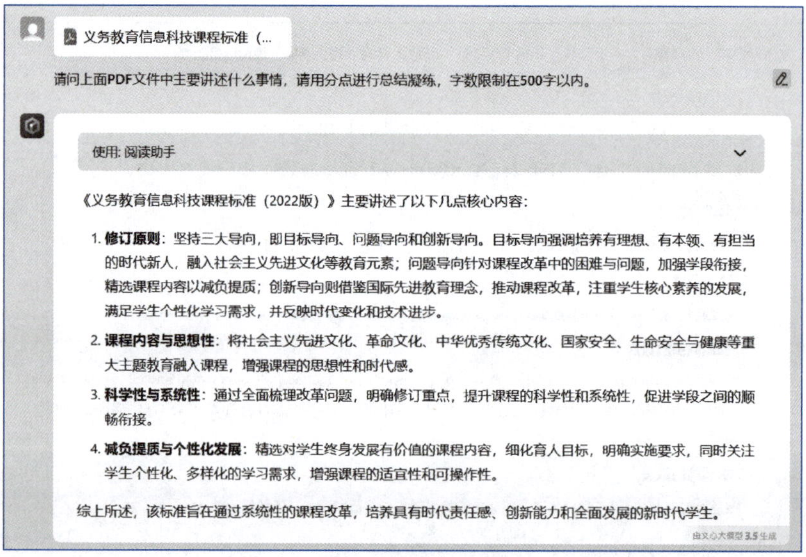


图4-3　基于文心一言的文件分析和总结凝练

然后，使用ChatPPT提供的基于智能交互生成PPT课件的功能。ChatPPT生成PPT课件主要分为三步：

①输入需创建的PPT课件主题，如图4-4所示；

②通过与ChatPPT智能交互，选择、确认PPT课件创建的目录及风格，如图4-5所示；

③微调并保存ChatPPT所生成的PPT课件，如图4-6所示。

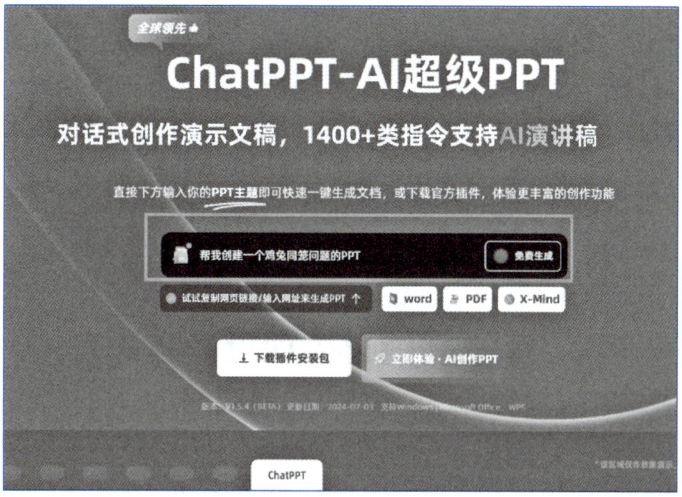


图4-4　在ChatPPT输入PPT课件主题

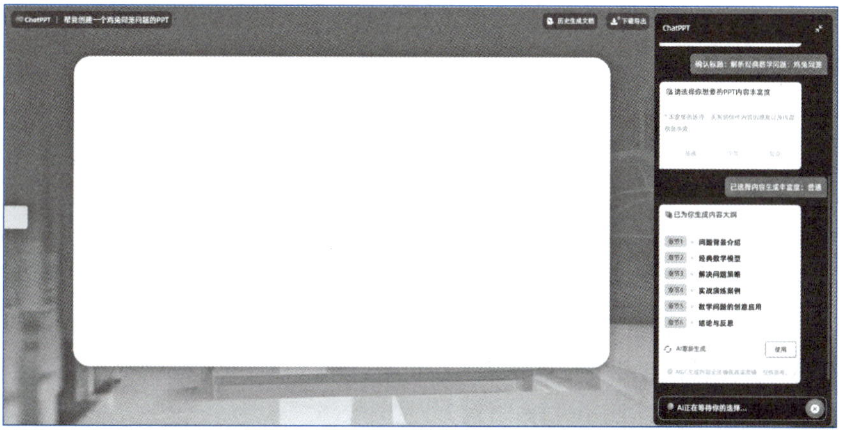


图4-5　在ChatPPT确认PPT课件创建的目录及风格

图4-6　基于ChatPPT的PPT课件创建成功

## 练习与思考

**论述题**

1. 如何采用大模型自动生成文字、图片、音频、视频、PPT课件？
2. 思考大模型在生成教学素材方面还存在哪些不足？未来应该如何改进？

## 4.4 智能化微课设计与开发

传统微课设计与开发需要花费教育者大量的时间和精力，因此迭代速度较差、供给不足。AIGC的出现极大增加了教育者独立自主设计与开发微课的兴趣和可能性，如何有效利用AIGC工具生成符合教育者需求的微课成为教育领域关注的要点。本节将详细阐述利用大模型进行微课设计与开发的流程及各关键步骤。

### 4.4.1 智能化微课概念

“微课”又名“微课程”，是以微型教学视频为主要载体，针对某个学科的知识点或技能点（如重点、难点、疑点、热点等）而设计开发的一种情境化、支持多种学习方式的新型网络课程资源①。微课作为学习资源的重要组成部分，具有短小精悍（时间在10分钟以内）、聚焦知识点、个性化、情境性、趣味性和可视化等特征②，对提高教学效果、促进教师专业发展、满足学生个性化学习需求具有重要意义。

传统的微课设计与开发以人工为主，主要依靠开发人员的个人经验。虽然其设计与开发质量有所保障，但是设计与开发过程复杂，甚至需要建立专门的开发场所（如录播教室），故费时费力，且成本偏高③，影响了微课设计与开发的效率。

人工智能技术，特别是大模型的快速发展重塑了当前微课设计与开发的形式。智能化微课作为微课的新形式，成为微课设计与开发领域的研究热点之一。智能化微课是在传统微课的基础上，进一步融合人工智能技术，实现微课的教学设计、多媒体课件制作、视频录制等过程的自动化处理，提高了微课设计与开发的效率与质量，同时增强学习者的学习体验。

### 4.4.2 智能化微课设计

微课虽然仅有10分钟左右，但其本质是一个完整的教学过程，因而教学设计非常重要。智能化微课教学设计主要涉及三大关键问题。一是选择主题，主题选择依据是使用价值高、适合视频传播、内容相对独立且信息量不大；二是设计教学策略，由于微课教学本质上属于有意义接受学习，故微课的策略设计重点放在激发学生学习兴趣及促进有意义学习发生。其中，情景化、案例化、故事化的教学策略是常用的微课教学策略。三是形成教学设计方案，

---

①胡铁生，黄明燕，李民. 我国微课发展的三个阶段及其启示[J]. 远程教育杂志，2013（4）：36-42.
②苟睿，陈晓慧，杨鑫. 智媒时代的教育短视频：内涵、类型及应用途径[J]. 远程教育杂志，2022，40（6）：103-110.
③陈明选，胡月霞，张红英. 理解取向的微课设计分析[J]. 中国电化教育，2017（5）：54-61.

主要包括教学目标、教学重难点、教学过程、板书设计、课后反思等五个要素。

以人教版四年级下册“数学广角”中“鸡兔同笼”为微课的主题。首先，为验证该主题的适用性，本节将该主题及主题选择依据一并输入大模型（以文心一言为例）中，借助其强大的分析能力进行评估，具体如图4-7所示。通过此种方式，辅助教育者更进一步判断该主题是否适合用于微课的设计与开发。

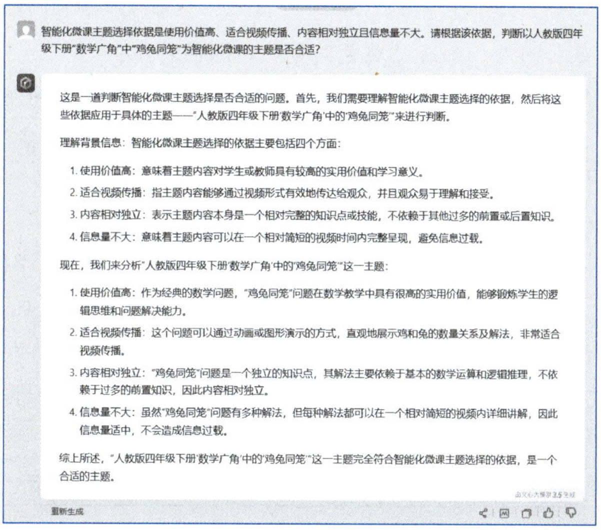


图4-7　基于文心一言大模型评估微课主题的适用性

接着，在确认主题的适用性之后，可以基于大模型（以文心一言为例），辅助教育者完成上述所提微课主题的教学策略设计。具体来说，本节将主题及教学策略选择注意事项一并输入文心一言中，并明确要求大模型提供与该主题相关教学策略的设计建议，具体如图4-8所示。

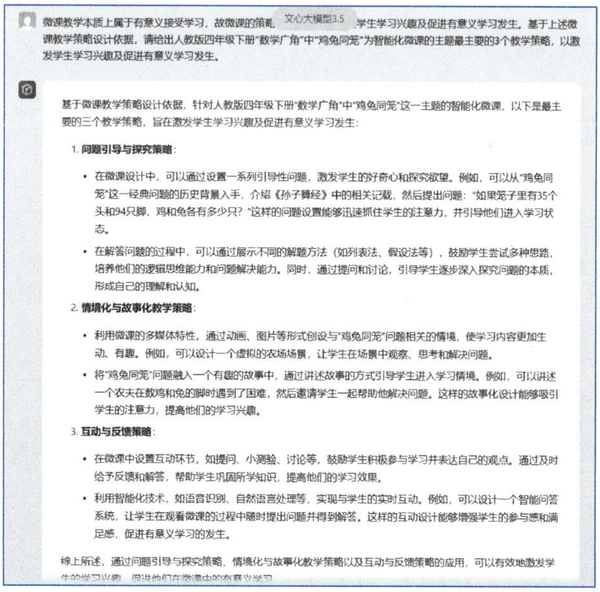


图4-8　基于文心一言大模型设计微课教学策略

最后，以文心一言为例，进行微课教学设计方案生成。如按照如下内容，生成一份“鸡兔同笼”教学设计方案：

“假设我是一名小学四年级的数学老师，现在需要一份“鸡兔同笼”微课教学设计方案。

教学策略：问题引导、情境化、小组合作等策略。

教学时间：10分钟。

教学目标：

1. 了解“鸡兔同笼”问题，知道“鸡兔同笼”问题的特征；

2. 会用假设法解决“鸡兔同笼”问题的过程，初步形成解决此类问题的策略；

3. 了解数学文化，感受古代数学问题的趣味性，激发学习兴趣；

教学重点：掌握假设法解决“鸡兔同笼”问题。

教学难点：理解假设法的算理，能运用假设法解决数学问题。

输出要求：输出一份包含教学目标、教学重难点、教学过程、板书设计、课后反思等的教学设计方案。其中，方案中教学过程应包含激趣导学、探索新知、巩固练习、小结拓展等四个教学环节。”

大模型会根据输入生成相应的《鸡兔同笼》教学设计方案，表4-5即为文心一言按上面内容输入所得到的教学设计方案实例。

表4-5 基于文心一言生成《鸡兔同笼》教学设计方案

| 小学四年级数学《鸡兔同笼》教学设计方案 |
| --- |
| 一、教学目标 |
| 1. 了解“鸡兔同笼”问题的背景及特征。<br>2. 掌握假设法解决“鸡兔同笼”问题的步骤，形成初步解题策略。<br>3. 感受古代数学问题的魅力，激发对数学文化的兴趣 |
| 二、教学重点与难点 |
| 1. 教学重点：<br>掌握假设法解决“鸡兔同笼”问题。<br>2. 教学难点：<br>理解假设法的算理，并能灵活运用 |
| 三、教学过程 |
| （一）激趣导学（约2分钟）<br>• 故事引入：简短讲述“鸡兔同笼”问题的历史背景，如古代数学家如何遇到并尝试解决这一问题，激发学生好奇心。<br>• 提出问题：直接展示问题：“一个笼子里有若干只鸡和兔，从上面数有35个头，从下面数有94只脚，鸡和兔各有多少只？”<br>（二）探索新知（约4分钟）<br>• 情境化展示：使用动画或图片展示“鸡兔同笼”的情境，帮助学生直观理解。<br>• 问题引导：引导学生思考“如果笼子里全是鸡，脚的数量会是多少？如果全是兔呢？”<br>• 假设法讲解：详细讲解假设法的步骤，先假设一种极端情况（如全是鸡），然后根据实际情况调整假设，直到找到正确答案。<br>• 示例演示：通过具体例子演示假设法的应用过程。<br>（三）巩固练习（约2分钟）<br>• 快速练习：提供一道与例题相似的“鸡兔同笼”问题，要求学生尝试用假设法解决。<br>• 答案揭晓：快速公布答案，简要解释解题过程，鼓励学生对比自己的答案和思路。 |

续表

| |
|---|
| （四）小结拓展（约 2 分钟）<br>• 知识总结：回顾假设法解决“鸡兔同笼”问题的步骤和要点。<br>• 数学文化：简要介绍“鸡兔同笼”问题在数学史上的地位和影响，激发学生对数学文化的兴趣。<br>• 课后作业：布置一道稍难的“鸡兔同笼”问题作为课后作业，鼓励学生小组合作解决，并在线上平台分享解题过程和思路 |
| 四、板书设计 |
| • 微课主题：鸡兔同笼。<br>• 教学目标：了解特征、掌握假设法、感受数学文化。<br>• 教学重点：假设法解题。<br>• 教学难点：理解假设法算理。<br>• 教学过程：激趣导学→探索新知→巩固练习→小结拓展。<br>• 板书内容：<br>假设法步骤：假设极端情况；根据实际情况调整；找到正确答案。<br>示例问题：展示并标注解题过程 |
| 五、课后反思 |
| • 回顾微课的教学效果，评估学生对假设法的掌握情况。<br>• 分析学生在练习中的表现，特别是理解假设法算理方面的困难。<br>• 思考如何进一步激发学生的学习兴趣，提高微课的互动性和趣味性。<br>• 根据反思结果，调整和优化后续微课的教学设计，如增加更多互动环节、提供更丰富的数学文化背景等 |

由表4-5所示，基于大模型生成的教学设计方案整体结构完整，但在教学过程实施细节设计上可能存在不够具体、与实用或与实际教学情境不符的地方，如导入环节不够吸引人、板书不够具体等，教育者可继续向大模型提出修改需求，模型会根据要求对多媒体课件进行调整和优化，直至输出一个既符合教学要求，又能有效激发学生学习兴趣，同时便于实施的有效教学设计方案。

### 4.4.3　智能化微课开发

智能化微课开发是一个将精心策划的智能化微课教学设计方案转化为实际可操作、能够高效支持教学和自主学习活动的微课产品的过程①。智能化微课开发主要包括多媒体课件制作和视频录制。多媒体课件制作是将教学设计方案的教学目标、教学重难点及教学过程的文本描述进行可视化表达，并考虑版面、色彩和动画等。视频录制是指通过录屏或拍摄的方式，将基于多媒体课件的教学整体过程数字化，并进行简单的剪辑和后期制作，生成微课视频。

#### 1. 多媒体课件制作

仍以人教版四年级下册“数学广角”中“鸡兔同笼”教学设计方案为例，进行智能化微课开发。本节以Gamma（中文版）为例，它支持教育者通过笔记、大纲或其他教学设计文本，快速生成多媒体课件。基于Gamma的课件自动生成主要分为以下四步：

第一步，教育者可以下载Gamma应用或直接在线登录其官方网站。在主页面上，单击“新建AI”按钮，进入多媒体课件生成界面，如图4-9所示。

①谢虎，库天梅，刘小波，等. 基于知识地图的高校实验室安全教育微课体系构建[J]. 实验室研究与探索，2024，43（4）：235-240.

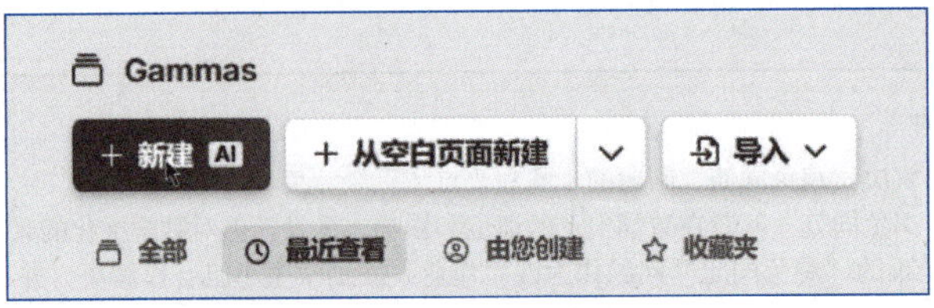


图4-9　进入多媒体课件生成界面

第二步，选择生成功能后，单击生成“演示文稿”按钮，将教学设计方案中的主题及教学过程文本粘贴到输入框中，设置生成多媒体课件的张数、字体、文字呈现方式（简体中文、英文等），单击生成大纲按钮，得到多媒体课件大纲之后，再单击“继续”按钮，系统会自动生成对应的多媒体课件，如图4-10所示。

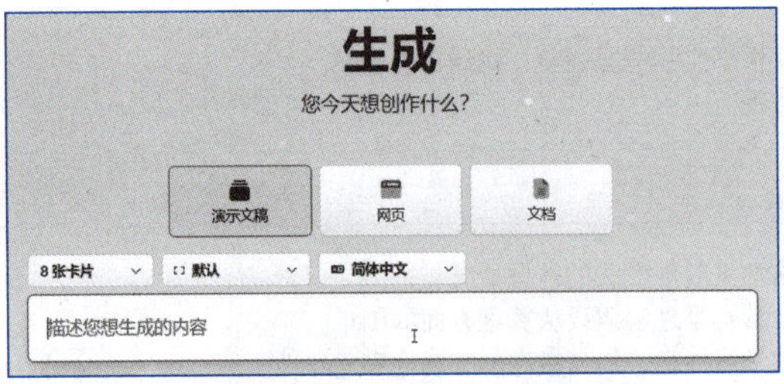


图4-10　多媒体课件基本参数设置和生成

第三步，生成后的多媒体课件会根据文本内容自动排版，包含合适的主题、标题、要点和配图。生成多媒体课件后，单击“演示”按钮，可继续向人工智能提出修改需求，系统会根据要求对多媒体课件进行调整和优化，如图4-11所示。教育者可以通过此功能快速调整内容布局、修改文字、插入图片或图表，使多媒体课件更加契合教学需求，提高开发效率。

第四步，导出多媒体课件时，单击页面上的“导出”按钮即可完成导出操作，如图4-12所示。此功能支持多种格式的输出，方便教育者根据不同的教学场景保存和分享多媒体课件。

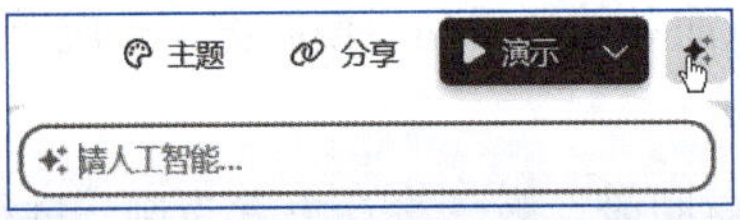


图4-11　与人工智能对话修改多媒体课件

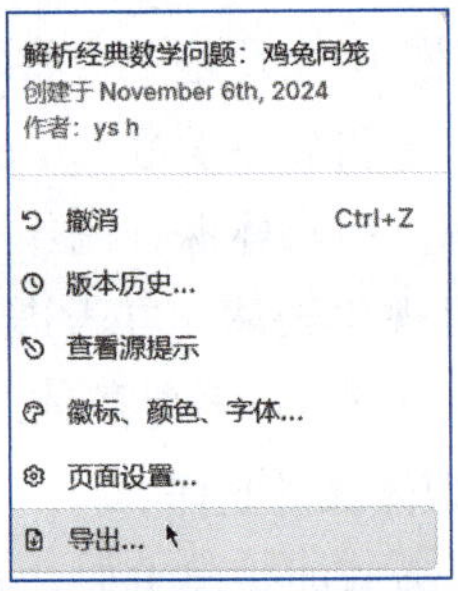


图4-12　导出多媒体课件

## 2. 视频录制

生成多媒体课件后，教育者可以根据需要对课件进行调整，并在此基础上制作微课视频。微课视频的制作也可以在智能化工具辅助下完成，常用的工具如万彩图影大师或秀展网等，这两款工具都支持通过导入多媒体课件快速生成微课视频。

本节以万彩图影大师为例，快速生成微课视频。基于万彩图影大师自动生成微课视频分为以下四步：

第一步，导入“鸡兔同笼”多媒体课件。

第二步，导入多媒体课件后，教育者可以根据需要添加字幕、背景音乐或旁白，进一步丰富微课视频。为每张多媒体课件添加字幕时，首先选择合适的语音角色和数字人，然后设置转场方式，以确保每个幻灯片的切换自然流畅，如图4-13所示。

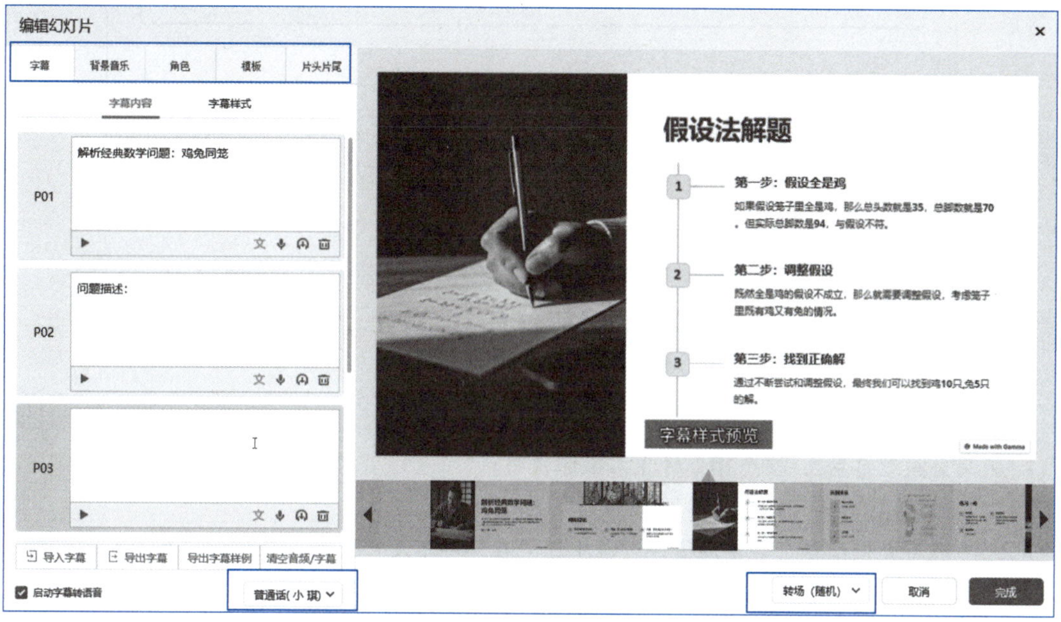


图4-13　添加字幕，选择角色、转场方式

第三步，系统会自动将字幕与选定的语音角色匹配，并应用到每张多媒体课件中，如图4-14所示。

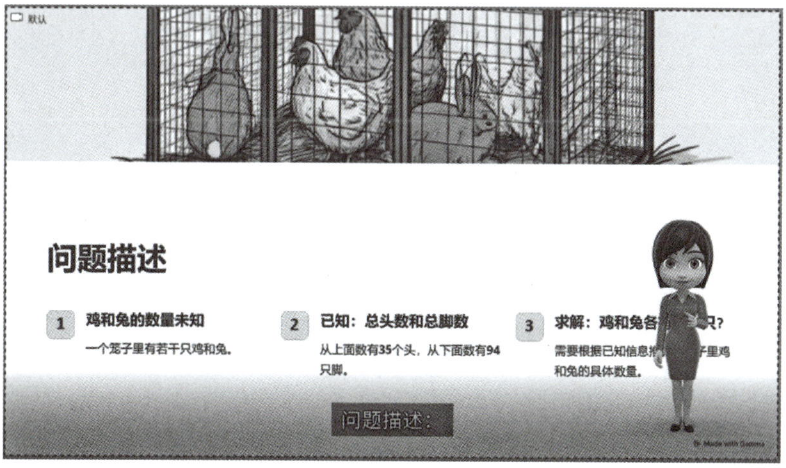


图4-14　生成字幕和角色

第四步，完成视频制作后，单击“发布”按钮即可进行发布，如图4-15所示。这一步允许将微课视频下载到本地或上传至平台，方便分享给学习者。

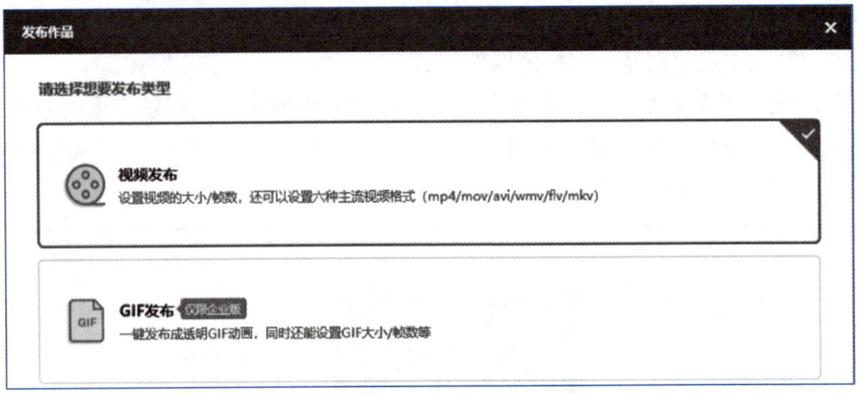


图4-15　视频发布

## 练习与思考

### 一、实践题

采用大模型自动生成1个10分钟左右微课视频。

### 二、论述题

思考现有大模型在自动生成微课过程中还存在哪些不足？未来，应该如何改进？

# 第5章 智能教育技术的应用环境

随着人工智能、大数据、云计算等先进技术的飞速发展，智能教育技术逐渐渗透在教育教学的各个环节中，而智能教育技术的应用环境更是一切的基础。本章主要从智慧教室、智慧微格教学系统、智慧校园、智能虚拟环境等应用环境方面介绍智能技术在教学、学习和管理等方面与教育的融合。

## 内容导图

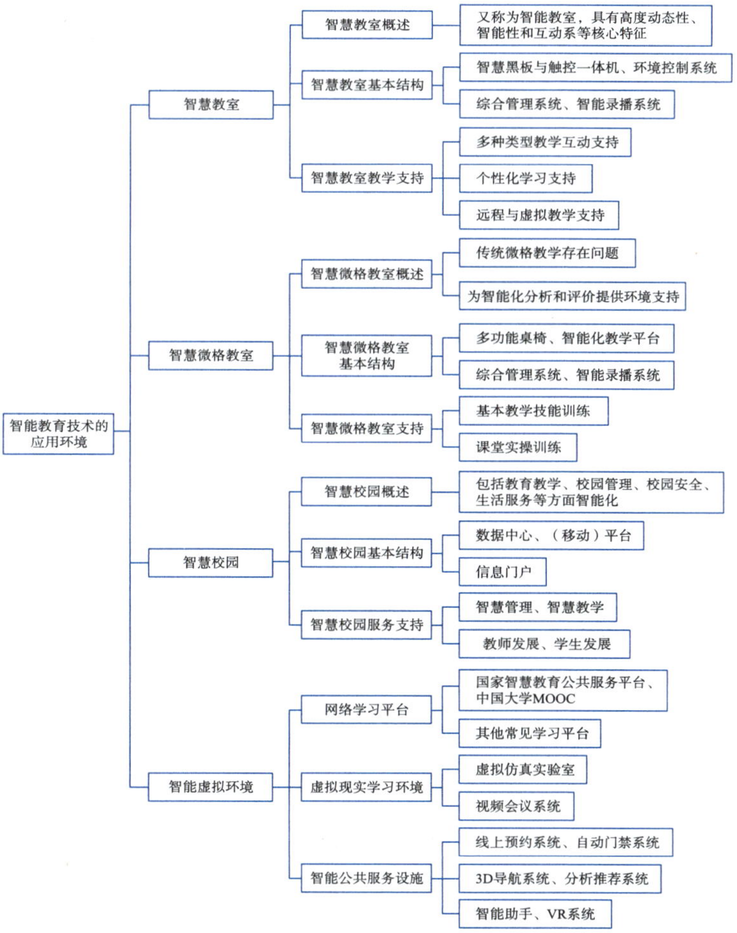

## 学习目标

1. 理解智慧教室、智慧微格教室、智慧校园、虚拟仿真环境的含义及作用。
2. 能够设计出智慧教室、智慧微格教室、智慧校园的轮廓图。

视 频

智慧教室

# 5.1 智慧教室

智慧教室是可以支持智能化技术使用的教育空间，主要支持智能化方法对教学环境、教学内容、教学方法、教学管理等方面的提升。它以提高教学效果和培养创新能力为核心，为学习者提供个性化、智能化的学习体验。本节主要是从智慧教室的基本概念、结构及教学支持等方面进行详细阐述。

## 5.1.1 智慧教室概述

教室作为线下教育的主要场所，其核心功能是为传授知识和促进学习提供环境。随着新一代信息技术覆盖到教育领域，传统教室存在的一些问题和局限性已经阻碍了智能化技术应用带来的教育效能提升。

一方面，传统教室只能支持较为单一的“以教师为中心”教学模式，静态课堂环境在空间使用中有较大局限，无法基于学习者个体差异和互动性开展教学；另一方面，传统教室内的教学资源和工具使用受限，不能支持新兴资源和工具，也无法基于多样化和个性化的学习需求进行教学。

“互联网+教育”国家战略的快速推进给教育行业带来了深刻影响，它重塑了教育理念和教育形式，也促进了新型课堂教学环境的出现。智慧教室作为课堂教学环境的新形态，成为教育领域的研究热点之一。智慧教室又称智能化教室，是物联网、云计算、大数据和人工智能等新兴信息技术应用于线下教育环境的产物。智慧教室的核心在于其高度的动态性、智能性和互动性。如黄荣怀等将智慧教室视为实现教学内容优化呈现、学习资源便利获取[①]、课堂教学深度互动的新型教室，聂风华等指出智慧教室旨在为教学活动提供人性化、智能化的互动空间[②]。关于智慧教室的建设，尚未形成一套统一建设标准，因此各校所建的智慧教室略有不同。图5-1所展示的是某高校智慧教室的实例。

图5-1 智慧教室

①黄荣怀，胡永斌，杨俊锋，等. 智慧教室的概念及特征[J]. 开放教育研究，2012（2）：22-27.

②聂风华，钟晓流，宋述强. 智慧教室：概念特征、系统模型与建设案例[J]. 现代教育技术，2013（7）：5-8.

在智慧教室中，教学和学习活动不再受限于传统的教学模式，呈现出了丰富的多样性。智慧教室的空间设计相对传统教室更加灵活，可移动的桌椅和多视屏的环境。可以快速重组，以适应诸如项目式和问题导向式的分组分类教学需求；智慧教室融合物联网技术，可以基于传感器指令对教室环境，如灯光、温度、通风等，进行智能控制，为学习者创造合适的学习环境；通过智能化设备和系统，教育者可以实时掌握学习者的学习进度和能力，提供个性化的教学内容和方法；学习者可以通过智能设备随时随地获取学习资源，参与互动式学习活动，实现自主学习和协作学习；课堂的实时录制媒体为教学反思和评价提供了资源支持，对录制课堂的智能化分析提高了课堂教学质量、推动了教育水平提升。

智慧教室将传统教室融入智能化技术，不仅提高了教学效率和质量，也极大地丰富了教学形式和内容。智慧教室是智能化时代下教育创新的环境基础，它推进了教育个性化、智能化和便捷化发展。随着技术的不断进步，智慧教室将继续发展，为师生提供更加优质和高效的教育体验。

## 5.1.2　智慧教室基本结构

通常情况下，智慧教室由可移动的多功能桌椅、智慧黑板、触控一体机、智能录播系统等部分组成，它提供包括多媒体教学、智能中控、在线巡课、精品录播、远程互动、物联控制、分组教学、IP提醒、信息发布、平台集中管控、人脸考勤、学情分析等多种教学业务应用，常见的主要组成如下：

### 1. 智慧黑板与触控一体机

智慧黑板与触控一体机融入传感器技术和一定程度的智能化响应，以通过触控实现传统教学黑板和智能电子黑板之间的无缝切换，将传统教学黑板变为可感知的互动黑板，通过内置的智能化控件实现一定程度的智能操作，以作为新形态教学实践的重要支撑。

智慧黑板和触控一体机集成了黑板、计算机、投影系统、显示系统、声音系统等教育环境设备，基于多点触控输入指令，操作简便、界面友好。它可以支持新形态教学中的可视化互动、数字化演示、多媒体演讲、触控式操作、手写式输入等功能，使用工具或手指、鼠标等通过触摸显示屏操作应用程序；可以对展示的图像或文本内容自由进行批注；嵌入投影和会议功能，支持本地和远程会议；可以在一定程度上与操控者进行智能化的交互响应，具体如图5-2所示。

图5-2　智慧黑板与触控一体机

### 2. 环境控制系统

智慧教室中的环境控制系统基本包括照明、空调、门窗等控制组件（见图5-3）。照明控制组件由灯光控制器、光照传感器、人体传感器、窗帘控制模块和配套控制软件构成；空调控制组件由电源控制器、温湿度传感器、$CO_2$传感器和配套控制软件构成；门窗组件由磁模块及配套软件组成。

照明组件通过人体传感器来判断教室的课堂状况，并相应控制灯光和窗帘实现合适的光照强调；空调组件通过温湿度传感器监测室内温度、湿度与$CO_2$浓度，并实现室内温湿度和$CO_2$浓度的自动控制；门窗组件基于磁模块检测门窗开关状态，基于课堂设置完成对智慧教室使用情况的自动监视。

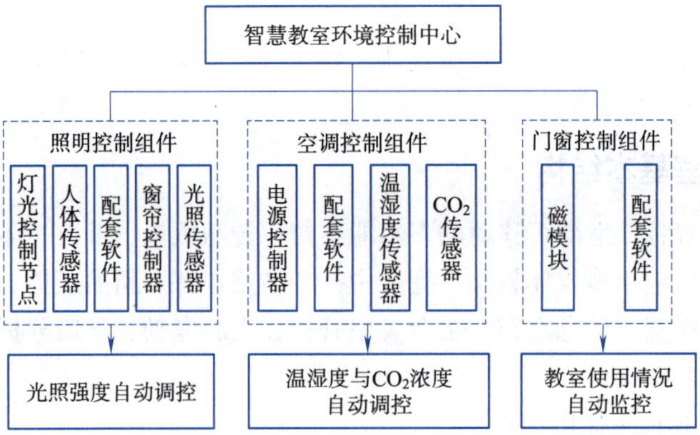


图5-3　环境控制系统框架图

### 3. 综合管理系统

综合管理系统（见图5-4）由人员管理组件、文件管理组件、高性能计算设备组成。人员管理组件由硬件设备和配套控制软件组成，以实现对智慧教室中人员的身份识别；文件管理组件由文件传输设备与配套控制软件组成，以支持文件动态传输、显示与修改功能；高性能计算设备由图形计算单元GPU或云端计算服务节点组成，以用于支持智慧教室中的智能系统扩展与附加计算任务。

智慧教室可以使用RFID考勤机通过RFID标签（校园一卡通）对教育者和学习者进行身份识别；或集成视觉监控通过视频与用户预存照片对教育者和学习者进行身份识别；并支持远程对考勤情况进行监控、统计以及存档打印等。智慧教室中的学习资源可以通过文件管理组件动态发放与回收；学习资源支持多人异步批注与统计可视化，以实时记录学习效果；并支持远程对学习情况的监控、统计以及存档打印等。高性能计算设备通过本地或云算力以支持各系统的智能化计算服务。

### 4. 智能录播系统

智能录播系统（见图5-5）是教育数字化的重要组成基础，它采用高度集成化设计，支持教学的全景和特写画面采集，支持局部特写、课堂信号同步采集，内嵌视觉跟踪组件、智能导播组件、高清录播组件、在线直播点播组件等。嵌入视觉跟踪组件的智能摄像机可以实现画面自动跟踪、切换，再结合高清视音频处理技术即可无感录制课程过程，不仅提高了课程视频制作效率，还支持实时直播、后期点播等播放服务，为教育数字化发展积累了宝贵的视频资源。

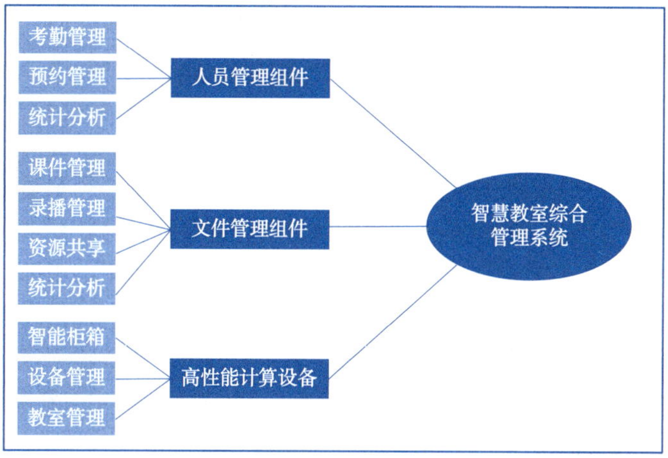


图5-4　智慧教室综合管理系统

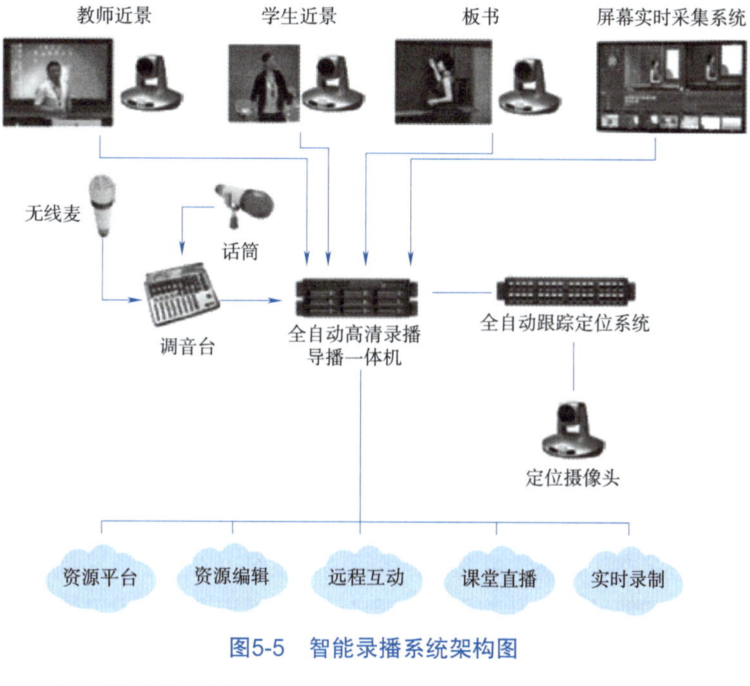


图5-5　智能录播系统架构图

一个典型的智能录播系统包括：

（1）智能摄像机

智能摄像机集机械、电子、控制、通信和多媒体技术于一体，可以对拍摄对象实施智能化跟踪拍摄，根据需要进行缩放和聚焦，做到对目标的准确定位拍摄。它基于视觉感知技术通过上下左右转动以跟踪目标，通过调整焦距来改变视角和目标图像大小。譬如，当出现讲授环节时，画面聚焦在讲授者身上；当出现书写行为时，画面定位在板书上；当学习者回答问题时，画面聚焦到对应学习者身上。这样可以更加准确地多角度展现课堂教学流程结构，对课堂教学的录播才更有意义。

（2）智能导播组件

智能导播组件根据课堂活动发生的重心进行教育者、学习者、全景以及计算机、一体机等更多的界面切换，以准确聚焦课堂活动。教育者进行主导活动时，镜头跟踪教育者行为；

当黑板、计算机或一体机行为起主导作用时，镜头切换到对应设备界面；当学习者活动起主导作用时，镜头切换到学习者行为。通过对课堂行为的智能分析与精确识别，以实现自动准确的课堂导播切换，为观看者提供高水平视觉体验。

（3）数据压缩与传输

智能录播系统采集的原始视音频数据量很大，而智能录播的一个重要功能是要实现同步直播，边拍摄画面、边压缩信号，同时把数据信号向网络直播。这就要求高水平的数据压缩和传输技术，好的压缩技术能够使压缩比最大，而保持画面高水平的服务质量。因此智能录播系统需要基于对采集音视频的协同压缩，通过高效定位、剪裁和编码技术，以实现对课堂的实时录制与播放。基于协同分发、同步备份、批量上传等多种传输策略，可以有效保障所录制多视角课堂视频的顺利传输，以用于教研交流、在线教学以及学习资源保存。

### 5.1.3 智慧教室教学支持

智慧教室是教育智能化发展的重要环境载体，它通过传统教室对智能化技术应用的适配性改造，以建立更适合新时代教育模式的教学环境。智慧教室的教学支持主要包括以下几个方面：

#### 1. 多种类教学互动支持

互动式教学是智慧教室支持的核心教学活动。通过智能化教学设备和管理系统，教育者可以与学习者进行更加高效的多种类互动。例如，使用智能黑板或交互式电子白板代替传统黑板，允许教学参与者协同进行书写、绘画、擦除以及实时调用多媒体资源；通过调整学习社区，可以支持多种如小组讨论、协作学习等互动方式；支持通过随机互动、在线测试、实时反馈等形式与学习者进行互动，提高学习者的参与度和兴趣。

#### 2. 个性化学习支持

学习者个性化学习需求是智慧教室支持的核心学习活动。智慧教室环境支持基于多学习数据构建学习者的多元画像，以作为辅助学习的数据支持；智能化学习平台和管理系统可以基于多元画像，提供学习者学习状况的详细反馈；画像和反馈可以帮助教育者了解学习者的学习特点，调整学习策略，提高学习效果；学习辅助系统可以基于学习者画像，为学习者提供定制化的学习计划和辅导；学习者可以根据自己的学习进度和知识建构水平，选择适合自己的学习内容和难度。

#### 3. 远程与虚拟教学

远程与虚拟化教学是智慧教室支持的核心教学形式。智慧教室的远程虚拟课堂环境支持教育参与者在不同地点进行实时教学互动，共享教学资源，不仅为学习者提供了更多的学习机会，也为教师提供了更广阔的教学空间。智慧教室的虚拟实验室环境支持学习者在特定学科，如科学、工程等大规模仪器设备或复杂机理的实验实训中，进行虚拟仿真实验操作，既增强学习的趣味性和互动性，还可以帮助学习者更好地理解复杂的概念和原理。

总之，智慧教室的应用大大拓展了教学的可能性，促进了教学方法和学习方式的变革，是推进教育现代化、实现教育公平的重要途径。智慧教室各项功能的合理运用，可以提高教学质量和效率，培养学习者的创新和实践能力。教师应了解并适应智慧教室环境，提升专业能力和适配性，为学习者的成长和发展提供支持。

## 练习与思考

### 一、简答题

简述智慧教室的含义及作用。

### 二、论述题

基于智慧教室的特征，设计一个理想智慧教室的轮廓图，并重点说明其具有哪些功能及运用哪些技术能够实现折现功能。

# 5.2　智慧微格教室

视 频

智慧微格教室

微格教学是师范生培训教学技能的核心方式。智慧微格教室是一种将智能化技术与传统微格教室相结合的新型教学技能实训平台。智慧微格教室以微格教学为核心，借助新一代信息技术方法，以实现对师范生教学技能的客观评价。本节主要从智慧微格教室的基本概念、结构及应用支持等方面进行详细阐述。

## 5.2.1　智慧微格教室概述

微格教学又称微型教学，它是以现代教育理论为基础，利用先进的媒体信息技术，依据反馈原理和教学评价理论，分阶段系统培训师范生教学技能的活动[1]。微格教室就是专门用于培训师范生教学技能的环境，可训练诸如语言、演示、板书、变化、导入、讲解、提问、强化、练习指导、结束、课堂组织等课堂教学基本技能。

在智能化时代，微格教室环境主要存在以下问题[2]：

①师范教育课程中，智能技术应用技能培养不足，更多偏重于传统教育教学技能的传授，而对融合智能技术的教育教学技能培养关注较少。

②师范技能培养训练过程，无法根据师范生自身发展水平动态设定培养目标，因材施教的精准化培养水平有待提升。

③对师范生的个性化指导服务供给能力不足，有经验的资深教学法师资匮乏，限制了对师范生教学技能进行个性化指导的供给规模。

④对师范生教学技能培养质量的评价机制不完善，缺乏对师范生教学技能全过程、系统性的培养质量评价，无法针对教学技能培养中多源数据的采集、分析与应用，对师范生教学技能培养进行高效的质量评估、科学监管和动态预警。

随着智慧教室环境的发展，传统“录播—点播—交互”形式的微格教学也随之与智能化技术进行融合，产生了新型的智慧微格教室。智慧微格教室融合了物联网与人工智能等新兴技术，集成了触控录播、远程互动、实时导播、音频处理、自动追踪、全向拾音等智慧教室功能，实现了师范生特写、讲台特写和教室全景之间的画面切换，为师范生教学技能训练的智能化分析与评价提供环境支持。智慧微格教室既可有效提升师范生教学技能训练效率，也可以辅助指导者的教学指导工作，还可以提供客观性的教学技能质量评价。

①吴焕庆，荆宝坤. 基于知识建构的数字化微格教学模式构建研究[J]. 电化教育研究，2018，39（5）：93-98.

②柳立言，曹生林，吴向文. 微格教学中反馈策略对师范生教学反思能力培养的影响研究：基于多模态数据循证的视角[J]. 教师教育研究，2023，35（4）：41-49.

## 5.2.2 智慧微格教室基本结构

智慧微格教室由实训教学环境和智能化微格实训分析平台两部分组成。实训教学环境是智慧教室的微缩版，主要提供了包括多功能桌椅、智能化教学平台、综合管理系统、智能录播系统在内的智能化系统；智能化实训分析平台则基于外部计算设备及存储资源进行部署，满足学校师范生教学技能实训分析的常态化开展。一个典型的智慧微格教学系统的架构和组成如图5-6和图5-7所示。

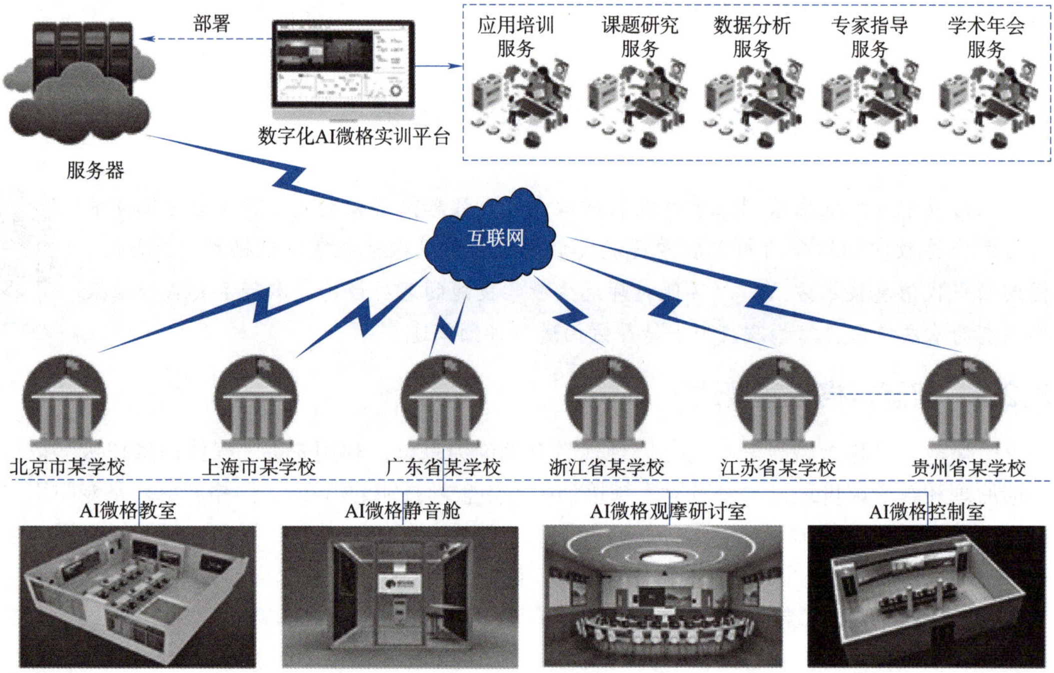


图5-6 智慧微格教学系统架构设计

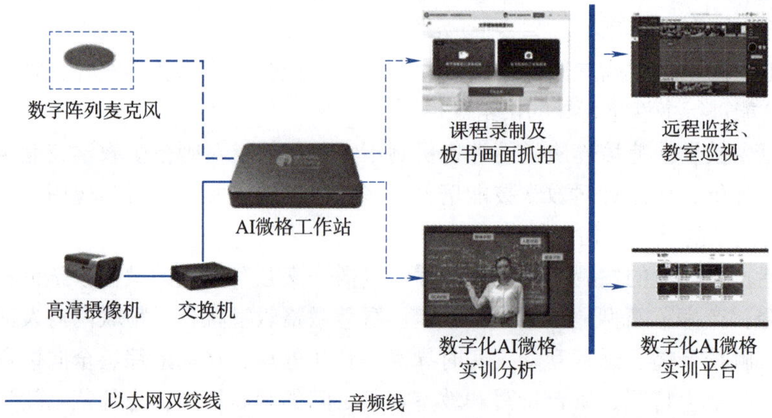


图5-7 智慧微格教学系统组成

## 5.2.3 智慧微格教室支持

智慧微格教室支持多模态智能辅助功能，使用视频、语音、图像等课堂信息联合训练并诊断师范生基本教学技能和综合教学能力。

### 1. 基本教学技能训练支持

基本教学技能包括师范生的肢体姿态动作、表情状态、语言表达、板书技能等，智能辅助模型可以通过课堂录播自动采集课堂信息，通过诊断和评测模型计算师范生基本教学技能水平。师范生完成微课练习后，即可获得课堂录像及数字化技能水平数据。

基本教学技能的智能化实训，可以帮助师范生精准诊断自身基本教学技能水平，智能化提升“自我评价、自我反思、自我改进”的能力，达到为师范生个性化提升基本教学技能的目的，也有效缓解了当下师范专业中教学法的指导师资供给资源不足的现状，如图5-8 ~ 图5-11所示。

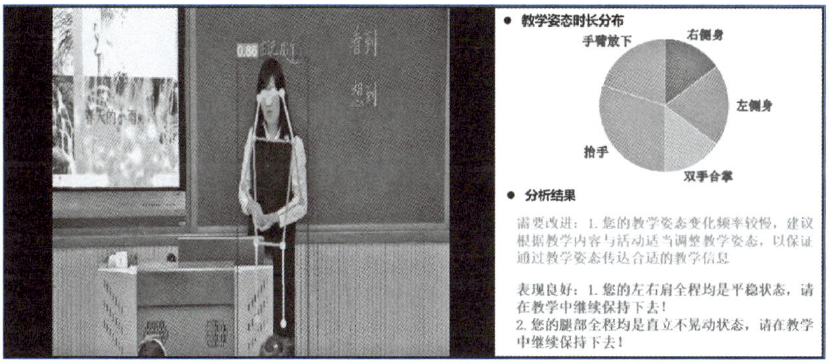


图5-8　智慧微格教学系统中肢体姿态语言分析

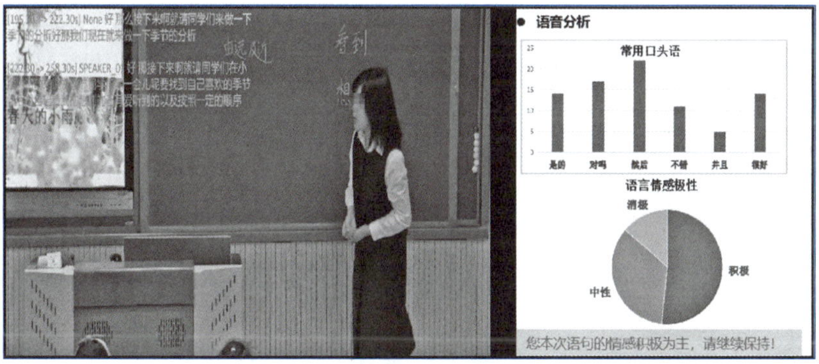


图5-9　智慧微格教学系统中语言表达分析

图5-10　智慧微格教学系统中表情应用分析

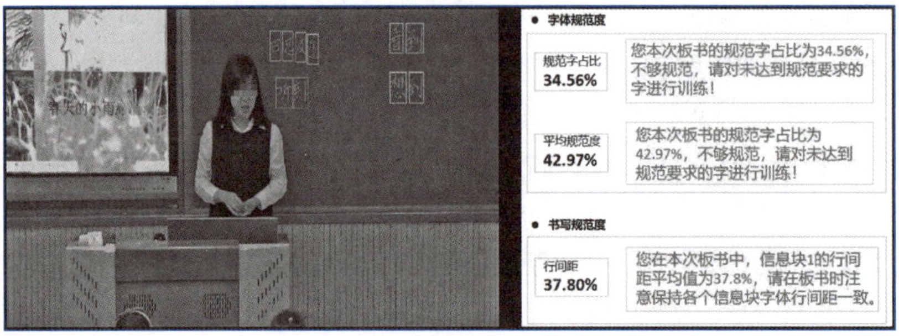


图5-11　智慧微格教学系统中板书策略分析

### 2. 课堂实操训练支持

智慧微格教室支持基于微格教学视频、语音等多模态数据，进行课堂实操训练并诊断。辅助模型针对微格课堂中师范生的教学行为进行智能分析，具体如图5-12所示，分析数据包括教学行为数据及行为分布、课堂教学S-T曲线、教学模式Rt-Ch分析数据、课堂表现度、课堂参与度、课堂关注度、教学行为时序、课堂对比分析和教师周期行为分析等。师范生完成实习课堂教学后，即可获得课堂录像及AI课堂教学质量诊断报告，为师范生的教学反思、教学改进、指导者的教学指导提供数据支撑。

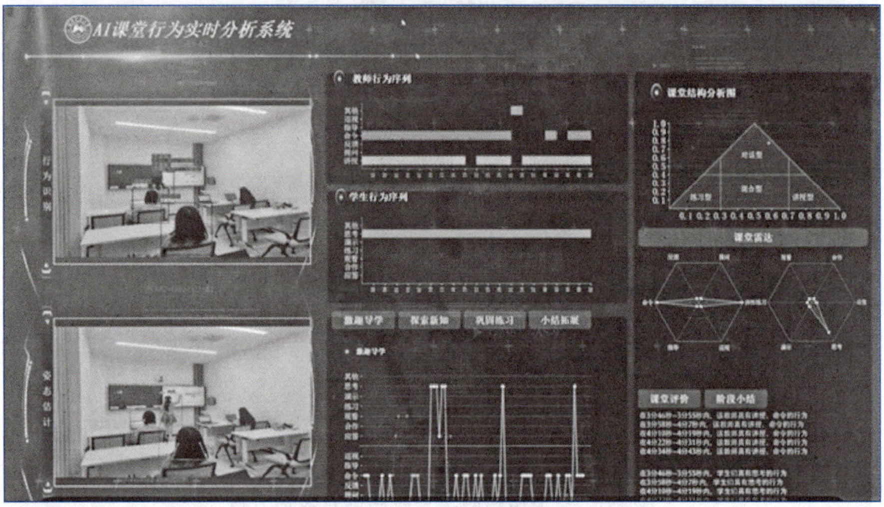


图5-12　AI课堂行为实时分析系统

## 练习与思考

### 一、简答题

智慧微格教学的含义及作用是什么？

### 二、论述题

基于智慧微格的特征，设计一个理想智慧教室的轮廓图，并重点说明其具有哪些功能及运用哪些技术能够实现功能。

# 5.3　智慧校园

智慧校园是利用新一代信息技术，对校园内的教育教学、管理服务、生活娱乐等各个方面的智能化管理与应用。它以加强教学质量、提高管理水平、完善学习机制为核心，构建一个数字化、网络化、智能化的校园环境。本节主要是从智慧校园的基本概念、结构及服务支持等方面进行详细阐述。

视 频

智慧校园

## 5.3.1　智慧校园概述

校园包括了学校的物理环境、教育环境、文化氛围以及相关人员的日常生活。传统模式下的校园教育责任重大、工作繁重。随着新一代信息技术的发展，使用智能化算法应用于校园教育活动的行动应运而生，这就是智慧校园。

智慧校园是指将新一代信息技术应用于学校教育教学、教育管理服务等方面，实现教育教学资源的数字化、网络化、智能化和个性化，所形成的一种新型现代化校园。智慧校园不仅包括教育教学的智能化，还包括校园管理、校园安全、生活服务等多个方面的智能化。

在教育教学方面，智慧校园通过云计算平台、在线教育平台、数字化教室等的建设，实现教育教学资源的共享和配置优化。教师可以通过各类学校的数字化平台进行在线教学、作业管理、课外答疑等工作；学习者可以通过平台进行在线学习、课程资源获取、学习管理等。同时，智慧校园还可以为教育者和学习者提供个性化学习方案，根据学习者的学习情况和需求，为教育者和学习者推荐适合的学习资源。

在教育管理服务方面，智慧校园通过物联网平台、大数据平台、监控系统等的建设，实现校园教育服务智能化，提升校园教育管理服务效率和安全保障能力。例如，智能化教学服务系统，可以根据需要自动匹配教育场景；视频监控、门禁、报警等系统，可以实时监控校园内的人员活动情况，描绘人员行动轨迹，保障学习质量与安全。

总之，智慧校园充分利用新一代信息技术带来的便利性，打通校园内的数据壁垒，从教育教学、管理服务、生活设施等多个方面对传统校园进行改善，提高工作效率、降低工作成本、加强工作质量。

## 5.3.2　智慧校园基本结构

智慧校园的典型特点是：以新一代信息技术为核心技术；技术与校园深度有效融合；以提高教学、管理、服务效果为目的；对教育教学、教育管理和生活服务进行有效辅助；是一种环境全面感知、智慧型、数据化、网络化、协作型的教学、科研、管理和生活服务一体化环境。

如图5-13所示，智慧校园是以传感器和终端为感知节点、以（移动）互联网和物联网为骨架、以多种类的业务服务系统为组成、以门户平台为接口、以数据中心为大脑的校园服务系统。系统采用整体弹性构架设计，即将所有的计算设施集中于数据中心管理，根据各业务系统使用情况动态分配算力；建立统一的数据规范和格式（基础软件服务层），完善数据标准体系；以用户隔离、界面友好、功能齐备、信息打通为目标，归一化表现层布局与展现形式。

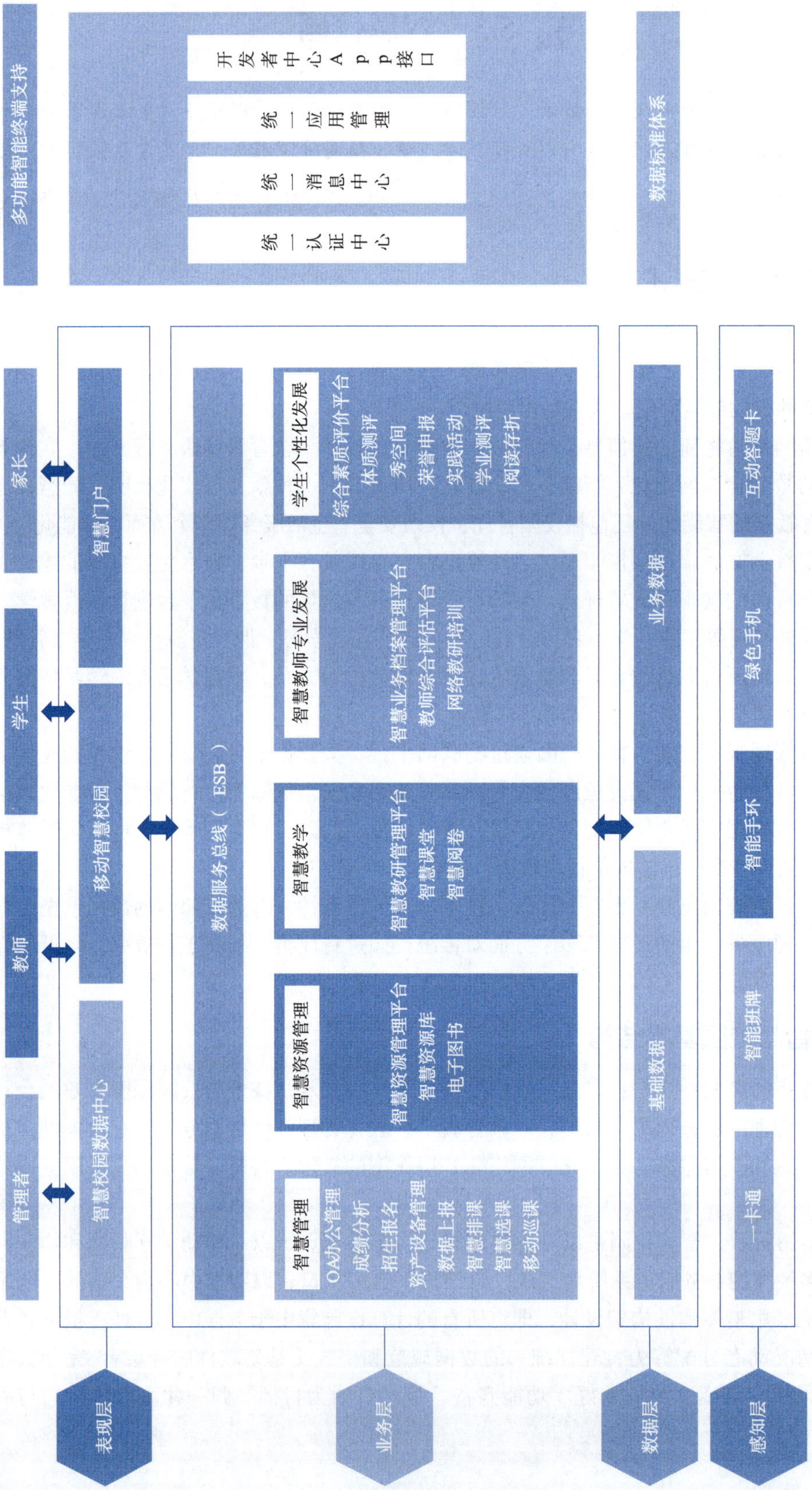


图5-13 智慧校园解决方案逻辑架构图

业务层具体功能将在后续章节中详细介绍，表现层关键性组件如下所示。

### 1. 数据中心

智慧校园数据中心是智慧校园建设的核心，是支持智慧校园运行的基础框架，是智慧校园的大脑，具体如图5-14所示。智慧校园数据中心集成了各应用系统公共运行所需的算力与环境，为其提供底层数据与集成服务。数据中心为各类业务系统调用算力和数据，支持门户平台与使用者的即时交互，为智能化教育提供了算力保障和服务支持。

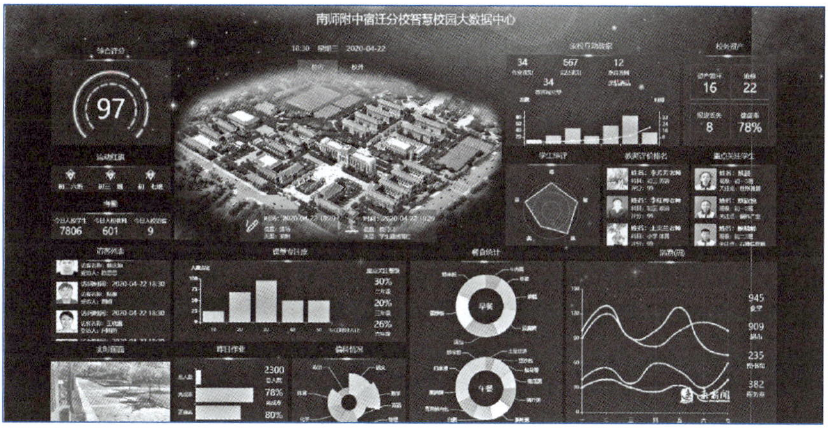


图5-14　某中学的智慧校园数据中心

### 2.（移动）平台

智慧校园（移动）平台，是一个集校园服务云平台、智能学习终端、客户端于一体的综合性服务展示平台，可以包括相应的网络App、软件小程序等，具体如图5-15所示。智慧校园平台使教育和管理不再局限于线下固定校园和家庭中，而是随时随地融入生活。通过智慧校园平台，学校可以发布校园动态，开展线上管理和公告；教育者可以进行在线的学习者与教育资源管理；学习者可以进行在线学习，也可以进行在线教育社区活动；家长可及时了解学习者的学习动态，深层次参与学习者的学习活动。

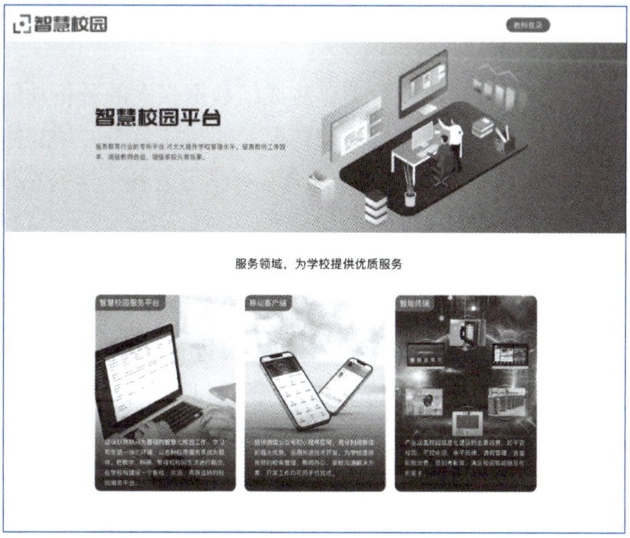


图5-15　智慧校园平台

### 3. 信息门户

智慧校园信息门户对外向公众提供各种服务、展示校园风采、传递校园动态；对内集成学校各类业务应用系统与数据资源，为各类用户提供标准数据格式的统一服务入口，用户则根据其不同的权限登录和访问系统，进行相应操作，具体如图5-16所示。信息门户是具备良好兼容性、功能模块化、应用智能化、优秀用户体验的门户系统。其中集成的智能化工具，可以让教育者、学习者、人工智能工具随时随地的进行互动，有效推进学习效能的提升。

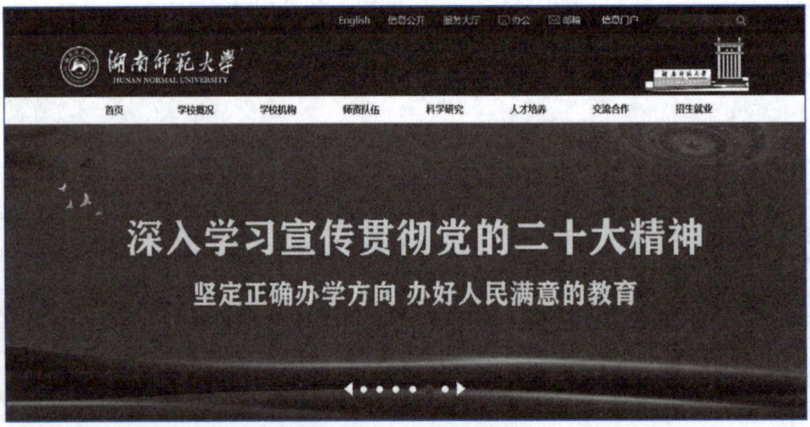


图5-16　高校信息门户

## 5.3.3　智慧校园服务支持

智慧校园的业务层集成了多个用于进行教学、学习和教育管理的组件，智能化组件的合理运用极大地提升了教育和学习效能。

### 1. 智慧管理

智慧管理平台大致分为办公管理和教育管理两类。OA办公、资产设备管理、数据上报、招生报名等属于办公管理类别，在这里不做讨论；下面详细介绍成绩分析、智慧排课、智慧选课等组件。

（1）成绩分析

成绩分析系统可以提供强大的成绩管理、对成绩数据强大的分析功能。它可以方便学习者和相关人员在线查询学习者的历史详细成绩情况；同时应具备“增长率”计算、体现“标准分”，纳入学校现行的成绩统计模式；可以综合掌握学习者各个学科在多个维度的学习进展情况，具体如图5-17所示。

（2）智慧排课

通过设置相关的排课规则和限制条件，智慧排课系统即可通过智能优化算法进行自动排课，也可以通过直接拖动教师或课程到指定的课表进行排课，具体如图5-18所示。智能算法可以自动提醒排课冲突，使课表的编排更加合理和人性化；也可以基于教育者和学生画像进行分级授课的“走班制”模式。系统可以按需生成教育者和学习者需要的各种课表，可以方便地在线实时查询、导出、打印，同时提供日常调课管理及相关信息的统计等功能。

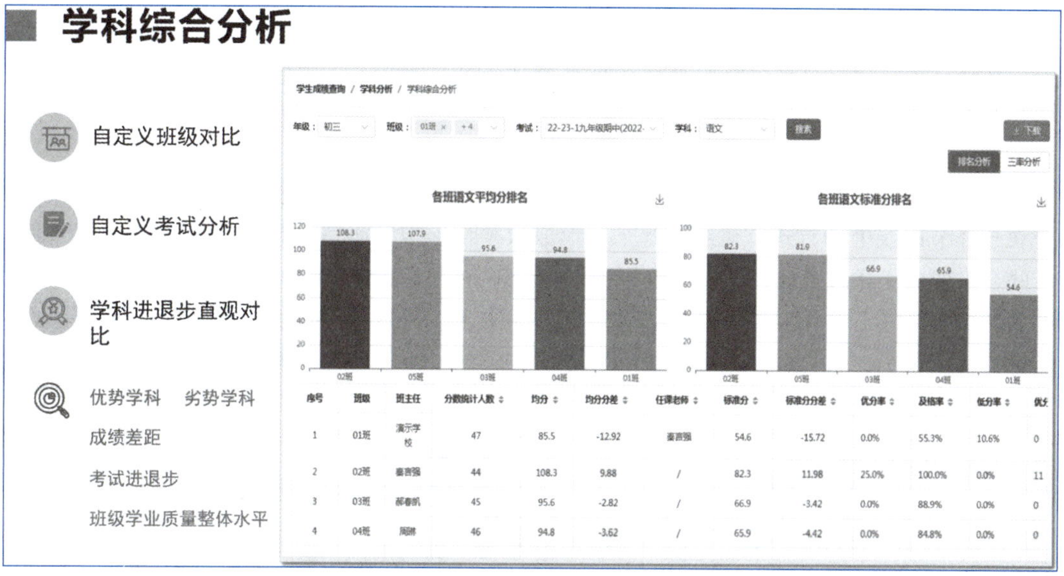


图5-17　某校发成绩分析系统

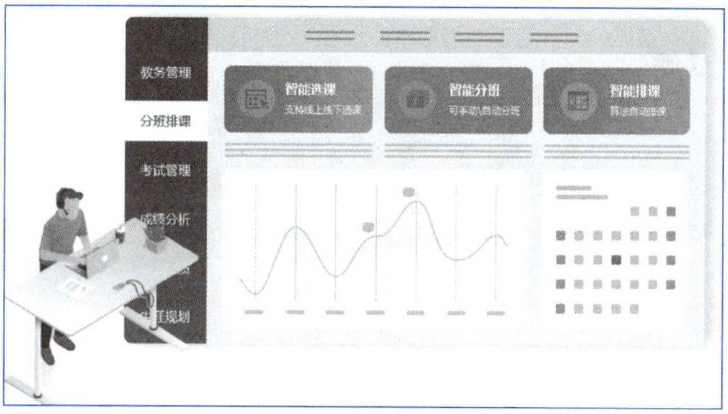


图5-18　智慧排课系统

(3) 智慧选课

智慧选课系统是以科学管理方法为基础，结合学校管理特点，适应新课改课程建设和教学体系要求的信息化管理软件，具体如图5-19所示。系统能在学习者选课时间、选课条件的约束设置下，基于学习者画像进行推荐选课；也可以对学习者所选课程基于课程人数、授课时间等约束条件进行审核，便于对教育者、学习者和班级进行管理。

图5-19　智慧选课系统

## 2. 智慧教学

智慧教学平台包含智慧教研管理、智慧课堂、智慧阅卷三个组件，主要目的是使用互联网和人工智能技术提升教学质量。

（1）智慧教研管理

智慧教研管理组件整合了多种教学服务，将教学准备、教学实施、教学评价等常规的各个教学环节以线上的方式有机组织起来，形成数字化虚拟教研室，具体如图5-20所示。即多校联合组建数字化教育社区，各学校将校本资源库在社区中进行共享，以实现校际教学协作。智慧教研管理充分利用互联网和智能化教育教学平台，为教师寻求了一个更大的数字化教育社区，群策群力，提升社区内整体教育教学质量，是一个集备课、实施与评价三位一体的共享教学平台。

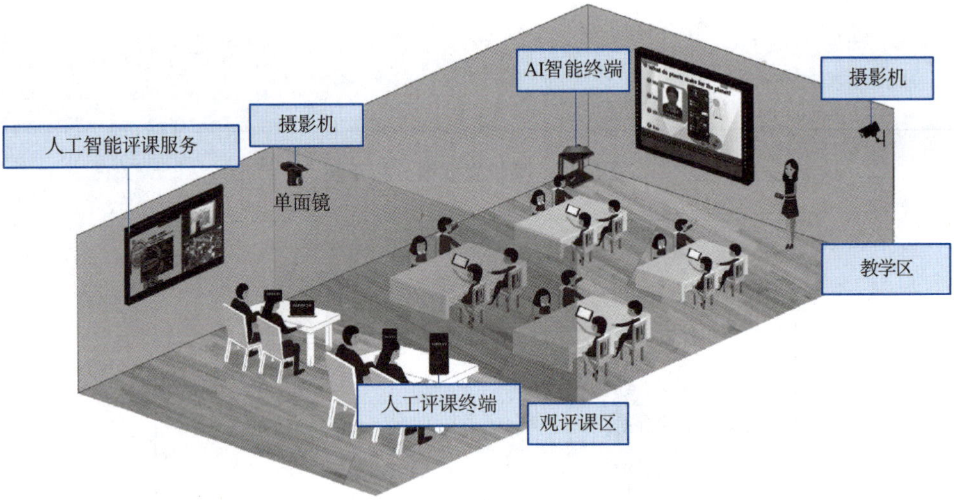


图5-20　智慧教研管理系统

（2）智慧课堂

智慧课堂组件即结合智能化学习平台和移动平台端工具，通过互联网、物联网、大数据等新一代信息技术打造的智能、高效的课堂学习辅助平台，具体如图5-21所示。智慧课堂组件可以及时传递学习者终端数据、实时获取学情信息，学习者可以随时接受教育资源推送和学习信息引导、自主完成建构式学习。智慧课堂全面变革了传统线下课堂教学模式，构建了智能化时代的混合协作式教与学的新模式，也能很好地融合翻转课堂模式和新型学本课堂模式。

（3）智慧阅卷

智慧阅卷组件属于智能化教学辅助模块，如图5-22所示，主要由可视化答题卡编辑、答题卡扫描、网上阅卷、阅卷进度管理、评卷质量控制、样卷抽取管理及异常卷处理等功能组成，用于协助完成对学习者的学习评价。目前高精度的客观题自动阅卷算法相对较为普及，但主要用于涂卡式评阅，即主要针对选择题；填空题的自动辅助评阅需要NLP算法在文字、公式、语义表示等方面的进一步发展；主观性试题的智能化辅助评阅功能有赖于人工智能，特别是大模型技术的进一步完善。

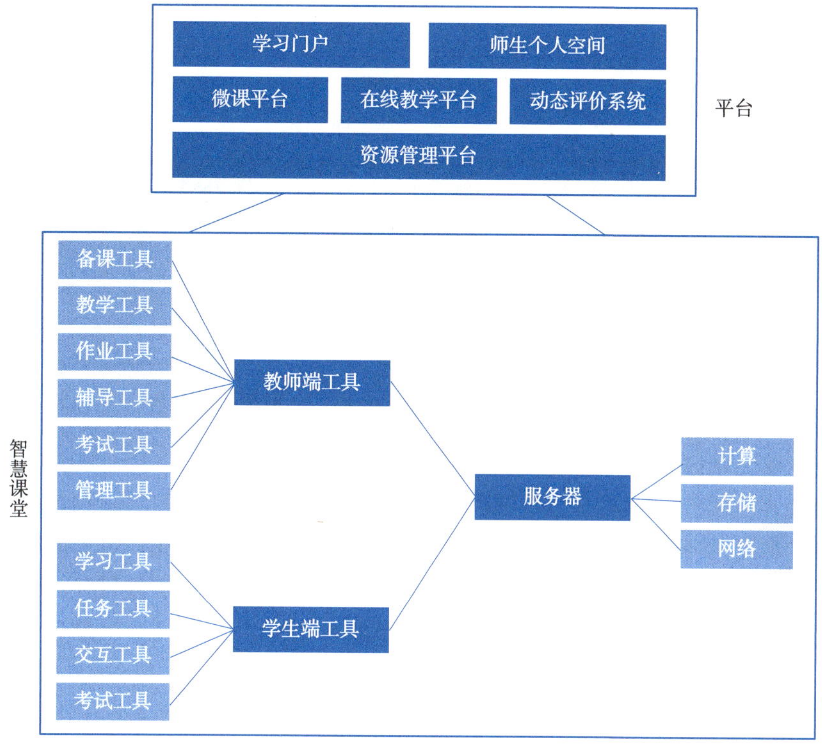


图5-21　智慧课堂

图5-22　智慧阅卷系统

## 3. 教师发展

梅贻琦先生说过“所谓大学者，非谓有大楼之谓也，有大师之谓也”，教师专业发展是学校发展的基础，促进了个人、学校乃至社会的发展。智慧教师发展平台主要由教师业务档案管理、教师综合评价、在线教研培训三个组件构成。国家中小学智慧教育平台中设置了教师研修专栏，助力教师发展，具体如图5-23所示。

（1）教师业务管理

教师业务管理组件主要是实现对教师综合信息的统计管理，包括了教师的个人情况、教学、教研、科研等基本信息组成的工作档案。业务管理组件可以让教师了解自己的工作成果和提升方向；让管理部门动态了解教师全方面的准确资料；为教师的培养、选拔、任用和综合评价提供准确依据。

图5-23　国家中小学智慧教育平台中的教师研修专栏

（2）教师综合评价

教师综合评价组件基于教师的业务档案信息，从教师的育人、教学管理、教学质量、业务学习及课堂教学等考核项出发，通过评价项的动态设置，支持自我评价、同行评价、领导评价、学习者评价等多维度评价方式。综合评价组件以教师个人发展为目标，以评促建、以评促改、以评促管、以评促强，推进教师全方位发展。

（3）在线教研培训

教师在线教研培训组件，打破了传统的线下教研培训方式，使教研培训工作可以不受时间、地点的影响，随时随地根据工作需要在线开展。它方便了教师的日常教研培训活动，教师的个人教研工作、教研小组的互相学习与集体备课、教师的公开课评鉴等，都可以通过在线教研来实现。在线教研培训组件提供定制评价模板，可以通过多维度评价帮助教师提升业务能力。

### 4. 学习者发展

促进学习者综合素质的全面发展是教育的根本，而不仅是学业成绩。因此学习者发展平台不仅包含学业测评，还包括了综合素质评价、体质测评、实践活动等多个组件，推动学习者全面发展。目前，人人通平台（App）已实现了学生学业成绩测评与分析、综合素质评价等，具体如图5-24所示。

图5-24　人人通App学生端

（1）学业测评

学业测评包含学习者各学科的历史详细成绩。学习者、教育者等相关人员可以通过云平台统计和分析学习者相关学业成绩的详细情况和发展趋势，为学习者的学业发展提供数据依据。

（2）综合素质评价

综合素质评价记录学习者除学业测评外的其他社会服务与课外活动，并以此为依据评价学习者全方位综合素质。综合素质评价可以帮助学习者客观全面地认识自我、规划人生，也能辅助学校切实转变人才培养和选拔模式。

（3）体质测评

与国家体制健康数据上报平台数据同步对接，依照教育部提出的《国家体质健康标准（2014年修订）》文件，科学有效地记录、分析、统计学习者的体质健康情况。系统提供国家评分标准，基于实际评测数据自动转换，并提供各项数据分析。

（4）实践活动

目前的人才培养目标已经从知识本位（知识和技能的掌握）转变为了能力本位（核心素质的培养），团队合作、跨学科思维、实践能力已经成为新的人才培养目标。因此引入实践活动平台记录学习者的各类实践与评价信息，有助于加强对学习者的核心素质培养，更贴合当前的人才培养目标。

## 练习与思考

**一、简答题**

智慧校园的含义是什么？有何作用？

**二、论述题**

基于智慧校园的特征，设计一个理想智慧校园的轮廓图，并重点说明其具有哪些功能及运用哪些技术能够实现这些功能。

## 5.4　智能虚拟环境

智能虚拟环境利用新一代信息技术模拟现实场景和建构虚拟场景，为学习者提供沉浸式学习平台和体验。它既可以通过虚拟现实、增强现实等技术，将抽象的理论知识转化为直观的虚拟场景，让学习者在虚拟环境中进行探索和实践，降低学习者对知识的建构难度；又能够建立虚拟学习空间，使用智能化技术对公共服务学习平台进行智能化赋能。本节主要是从网络学习平台、虚拟现实学习环境、智能公共服务设施等方面详细阐述智能虚拟环境在教育中的应用。

视频

智慧虚拟环境

### 5.4.1　网络学习平台

网络学习平台是一种基于互联网的教育技术工具，它为学习者提供了在线学习资源和交互式学习体验。随着国家数字化教育战略的实施，众多网络学习平台如雨后春笋般涌现，它们不仅提供了丰富多彩的教育资源，而且覆盖了从基础教育到成人教育的广泛领域。

这些平台上的课程和资源，从小学到大学的学科课程，到职业技能的提升，再到健康生活方式的指导以及各种爱好的交流，几乎囊括了所有年龄段的学习需求。更值得一提的是，这些极具价值的资源大多都是免费提供的，为广大学习者打造了一个知识的宝库。

### 1. 国家智慧教育公共服务平台

国家智慧教育公共服务平台是国家教育公共服务的综合集成平台，于2022年3月上线运行。平台聚焦学习者学习、教师教学、学校治理、社会赋能、教育创新等功能，是促进教育公平和质量提升、缩小数字鸿沟、推动教育服务共同富裕的有效支撑；是为构建国家网络化、数字化、个性化、终身化教育体系迈出的重要一步。平台主要包括国家中小学智慧教育平台、国家职业教育智慧教育平台、国家高等教育智慧教育平台、国家24365大学生就业服务平台等四个子平台。其中，“国家中小学智慧教育平台”是在原“国家中小学网络云平台”基础上升级而成，丰富了原有专题教育和课程教学资源，并新增加了课后服务、教师研修、家庭教育、教改实践经验等内容，资源还在不断丰富扩充，如图5-25所示。

图5-25　国家智慧教育公共服务平台

### 2. 中国大学 MOOC

中国大学MOOC是由网易与高等教育出版社携手推出的在线教育平台，承接教育部国家精品开放课程任务，向大众提供中国知名高校的MOOC（massive open online course，大规模在线开放课程），具体如图5-26所示。在这里，每一个有意愿提升自己的人都可以免费获得更优质的高等教育。MOOC是一种任何人都能免费注册使用的在线教育模式，它有一套类似于线下课程的线上学业评估体系和考核方式。MOOC平台上的每门课程定期开课，学习过程包括多个环节：观看视频、参与讨论、提交作业，穿插课程的提问和总结性考试等。

图5-26　中国大学MOOC

### 3. 其他常见学习平台

有代表性的譬如“学习强国”和“学堂在线”。“学习强国”学习平台是由中共中央宣传部组织建设，立足全体党员、面向全社会的优质平台，于2019年1月上线。它由PC端、手机客户端两大终端组成，聚合了大量可免费阅读的期刊、古籍、图书和公开课、慕课、课件音视频等资料，打造了一个创新性的学习生态，以满足广大群众的移动学习需求。学堂在线是由清华大学研发的中文MOOC平台，是教育部在线教育研究中心的研究交流和成果应用平台，于2013年10月10日正式启动，面向全球提供在线课程，具体如图5-27所示。还有许多的专业在线学习平台，本书就不再一一赘述。

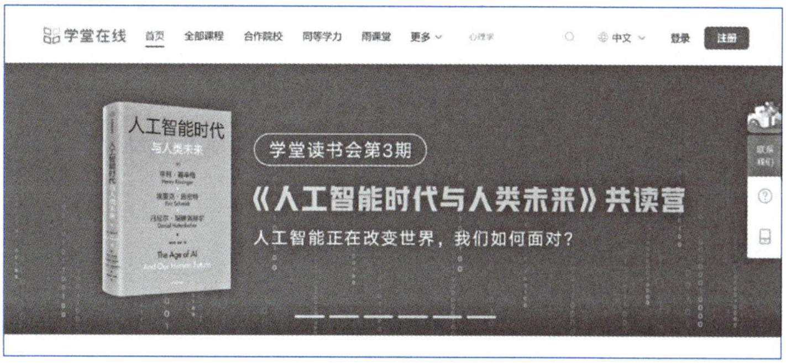


图5-27　学堂在线

## 5.4.2　虚拟现实学习环境

虚拟现实学习环境利用虚拟现实技术（virtual reality，VR）模拟实际场景构建教育环境。它通过模拟真实场景或创造虚构情境，使学习者能够在沉浸式的环境中进行学习和实践。这种学习环境具有强烈的交互性、真实感和沉浸感，能够提高学习者的学习兴趣和参与度，促进深层次的学习和理解。

### 1. 虚拟仿真实验室

虚拟仿真实验室是虚拟现实学习环境的重要应用，它具有虚拟真实场景、移动学习、实时交互、低成本等优势，让“网上做实验”和“虚拟做真实实验”成为现实。它可以有效解决由于复杂机理带来的实验抽象性，以及由于实验环境设备受限带来的资源稀缺性。“国家虚拟仿真实验平台”是目前虚拟仿真项目最多、门类最全的国家级实验平台，如图5-28所示。目前许多学校也已经建立了相应学科的虚拟仿真实验中心（实验室）。

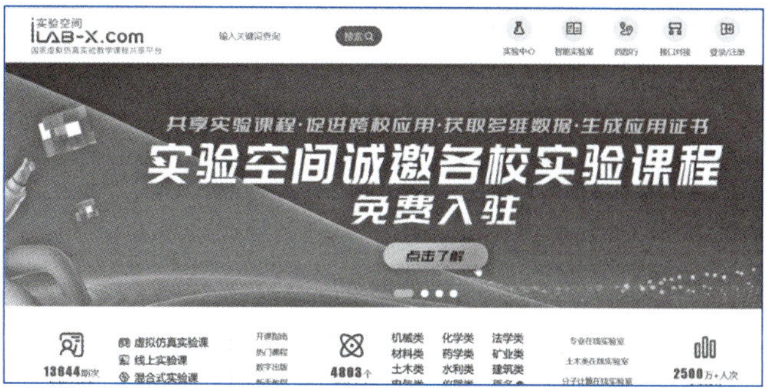


图5-28　国家虚拟仿真实验平台

### 2. 视频会议系统

视频会议系统是指两个或两个以上不同地点的群体，通过网络会议平台和多媒体设备，实现即时且互动的线上沟通，以实现会议目的的系统设备。它由软件和硬件两部分组成。其中软件系统保证了会议系统的服务功能，如交互、数据同步传输、协作处理等；硬件系统保证了会议系统的服务质量，如实时性、同步性等。在线教育中，视频会议系统具有许多独特的优势，因打破地域限制、实时互动、移动学习等特点而深受学习者欢迎。常见免费开放的视频会议系统有：腾讯会议、腾讯课堂、钉钉、QQ、微信、学习强国等。

## 5.4.3 智能公共服务设施

随着新一代信息技术的发展，图书馆、科技馆、博物馆等公共服务设施也在科技的赋能之下不断向智能化升级转型。智慧图书馆、博物馆和科技馆采用科技赋能的方式，更能激发学习者的学习兴趣。智能公共服务设施通常引进智能化设备和RFID技术，以智能化方法进行管理。其“智能”主要通过以下几点体现出来。

### 1. 3D 导航系统

3D导航系统是一种利用三维技术和相关算法来实现精准导航和寻路的系统，如图5-29所示。

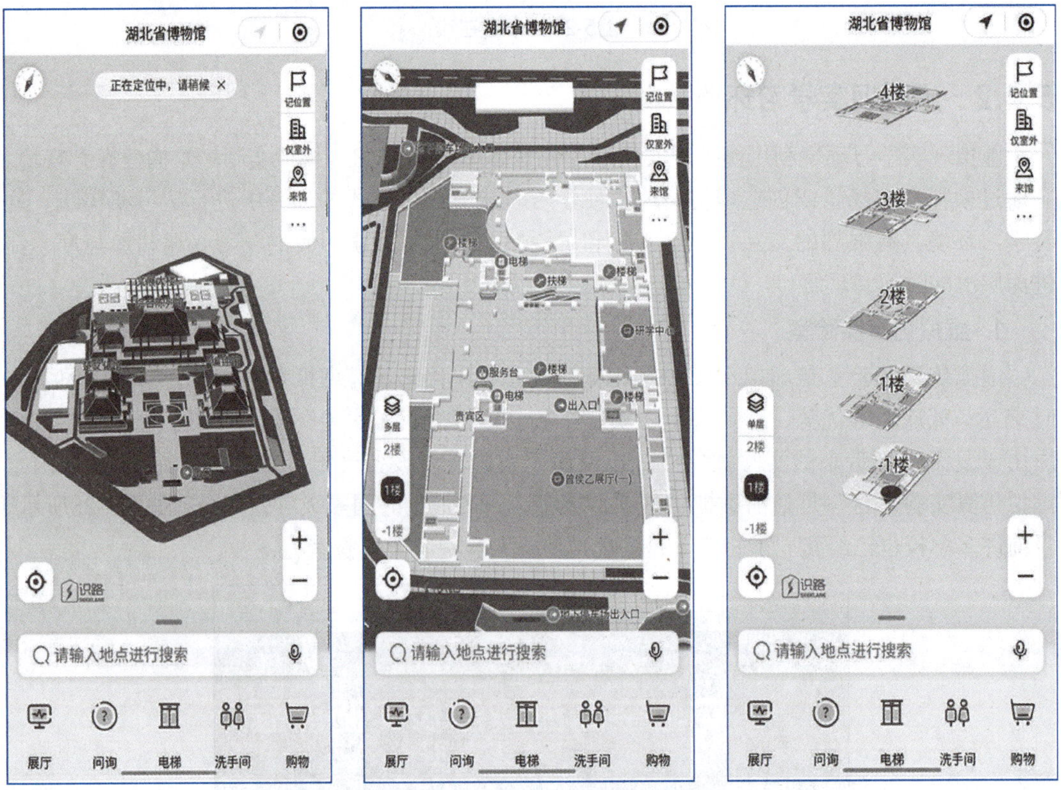


图5-29 某博物馆的3D导航系统

该系统主要包括云服务器、管理后台、移动设备（用户终端）和蓝牙信标四大部分，实现博物馆、纪念馆、文化馆及科技馆、图书馆室内外导览的无缝对接，支持地图导航、3D导航、跨楼层导航、AR实景导航、路线导航等多种方式，参观者能够实时获取自身当前所处位置，了解周边展品及配套设施方向，快速找到参观最佳路径，有效解决了二维地图难以直观呈现跨楼层建筑、展品分布及空间结构等问题。

### 2. 分析推荐系统

分析推荐系统基于用户兴趣和偏好，通过分析其历史访问记录，为用户推荐相关知识和同好人群。该系统主要包含数据收集与处理、推荐算法系统、推荐结果生成与展示以及用户反馈与迭代优化等多个部分。在实际应用中，分析推荐系统可以通过多种方式为博物馆、纪念馆、文化馆及科技馆的参观者提供建议，如根据其以往的参观记录，推荐当前展览中可能感兴趣的展品或特别活动，有效解决参观者在选择展品和活动时的困惑和迷茫，还能够促进参观者之间的交流与合作，提升场馆整体吸引力和影响力。

### 3. 智能助手

智能助手是一种基于人工智能技术的软件或系统，旨在为用户提供便捷、高效、个性化的服务和支持。其通常由语音识别模块、自然语言处理模块、对话管理模块、知识库与推理引擎以及用户界面模块等几个关键部分组成。智能助手（如AI数字人一体机、机器人、小程序讲解等）已在众多博物馆、纪念馆、文化馆及科技馆得到广泛应用，能够有效缓解讲解员不足问题，提升参观者体验及促进文化传播与教育，具体如图5-30所示。

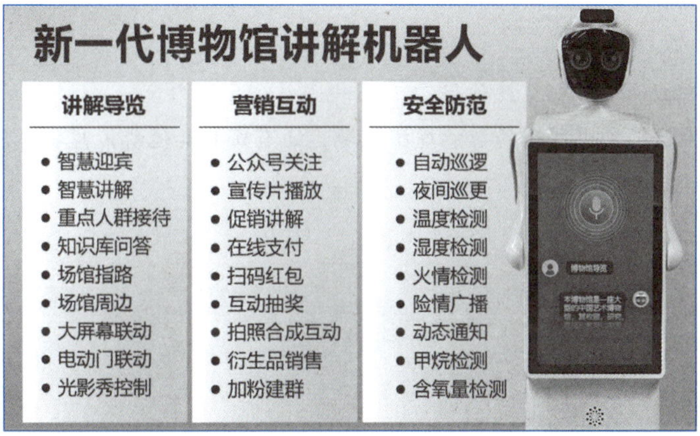


图5-30　博物馆讲解机器人

### 4. VR 系统

VR系统又称为虚拟现实系统，是计算机、图像处理与模式识别、语音和音响处理、人工智能、传感与测量、建模与仿真、微电子等技术综合集成的产物。该系统由以高性能计算机为核心的虚拟环境处理器，以头盔显示器为核心的视觉系统，以语音识别、声音合成与声音定位为核心的听觉系统，以方位跟踪器、数据手套和数据衣为主体的身体方位姿态跟踪设备，以及味觉、嗅觉、触觉和力觉反馈系统等功能单元构成。国内诸多博物馆、纪念馆、文化馆及科技馆都在运用VR系统，为参观者提供人景交互的沉浸式观展体验，有效解决了传统参观空间限制、时间限制、互动不足、信息传递效率低等问题，还有助于参观者可以在不接触原物的情况下，近距离、全方位地观赏文物细节，有效减少了对文物的潜在损害，具体如图5-31所示。

图5-31　VR博物馆中的展品介绍

## 练习与思考

### 简答题

1. 简述智能虚拟环境的含义及作用。
2. 想一想，除了上文中所列的智能虚拟环境，还有哪些其他智能虚拟环境？

# 第6章

# 智能化技术在教学设计中的应用

随着新一代信息技术在各行各业的广泛应用，融合智能化技术以构建智能化新型课堂，探索信息化课堂到智能化课堂的更新路径，是推进智能时代人才培养和教学模式变革、促进教育数字化发展的重要抓手与落脚点。教学设计作为课堂内容和质量的基石，对其融入智能化方法的研究至关重要。智能化教学设计致力于为每个学习者提供个性化的学习方案。本章将从教学设计、信息化教学设计、智能化教学设计三个方面讲述教学设计的发展历程，以及人工智能如何助推教学设计。

## 内容导图

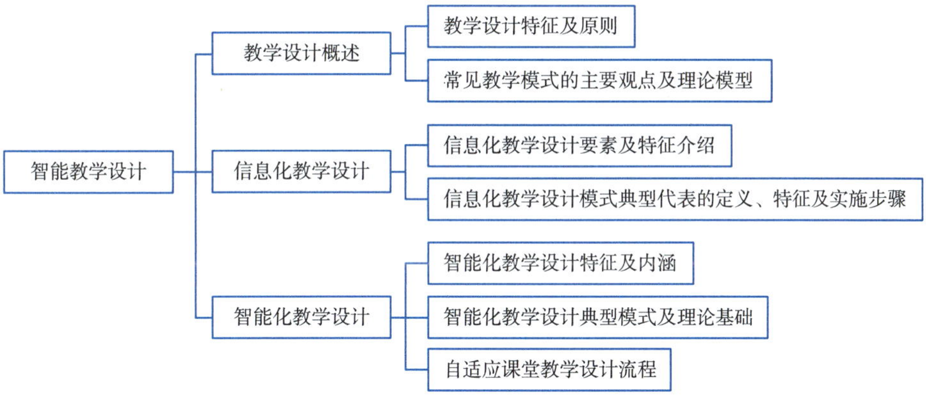


## 学习目标

1. 掌握教学设计、信息化教学设计以及智能化教学设计的基本特征及原则。

2. 了解“以教为主”和“以学为主”两类不同的教学模式主要观点，并能将理论模式与实际教学实践相结合。

3. 了解混合式学习以及问题驱动式学习的特征及流程并探讨这两者的异同。

4. 理解智能化教学设计模式，并探讨如何将这一理论应用于智能教育实践中。

5. 掌握自适应课堂教学设计流程，并熟练运用相关工具。

视 频

教学设计简介

# 6.1 教学设计概述

教学设计是一项系统性工程，是教学工作中不可缺少的重要环节，是教育者进行有效教学的路标，也是连接教学理论与实践的桥梁。对教学设计进行研究具有重要的现实意义和理论价值，有助于提高教学质量、适应教育改革需求、促进教育者专业发展、解决教学问题以及推动教育教学理论的发展。

## 6.1.1 教学设计简介

教学设计是教育技术学领域的术语，又称“教学系统设计”，是教学过程中确定如何实施以及评价的重要环节。国内外教育技术学专家针对教学设计给出了许多观点，但多集中在2010年之前。

如何克抗[①]认为教学设计是“运用系统方法，将学习理论与教学理论的原理转换成对教学目标（或教学目的）、教学内容、教学方法和教学策略、教学评价等教学环节进行具体计划、创设教与学的系统‘过程’或‘程序’，而创设教与学系统的根本目的是促进学习者学习。”；乌美娜[②]认为教学系统设计是“运用系统方法分析教学问题和确定教学目标、建立解决教学问题的策略方案、试行解决方案、评价试行结果和对方案进行修改的过程。”；《教学设计原理》[③]认为教学设计是“一个系统化规划教学系统的过程。教学系统本身是对资源和程序作出有利于学习的安排。任何组织机构，如果其目的旨在开发人的才能均可以被包括在教学系统中。”综合学者们的观点可以看出，虽然细节各有不同，但整体上都有“目标—理论—方法”这一流程的相同之处。但目标本质上应该与学习者有强关联性，即目标需要依据学习者学习状态而制定，也应属于教学设计的范畴。因此，本书对教学设计的定义如下：“教学设计是指为了促进学习者的学习效能，运用系统方法，依据学习与教学原理，对教学全环节进行设计，以创设教学系统的过程。”

用工程的最优化观点来看，教学设计的本质是一个通过迭代式教学系统构建以最优匹配学习需求的设计过程。即为了达到最优匹配学习需求的目的，而完成“厘清环境因素—分析学习者状态—拟定教学目标—制定评价标准—设计教学方法”的一系列优化过程。因此，教学设计必须具备以下特征和原则。

### 1. 教学设计特征

（1）目标导向性

教学设计环节围绕教学目标展开，教学评价与过程的设计明确体现出与教学目标的高度相关性，使教学目标分解和落实到具体的教学活动和评价中。

（2）系统整体性

教学设计需要创设的是一个教学系统整体，因此在进行设计时明确体现出了各个具体环节的相容性。将课程内容选取、教学次序安排、教学策略运用以及教学评价方法各个环节中均相互衔接，以形成一个有机整体。

（3）科学性

教学设计的过程中明确体现出对教育学、心理学等相关理论的使用。教学设计的理念、

①何克抗，郑永柏，谢幼如．教学系统设计[M]．北京：北京师范大学出版社，2002.

②乌美娜．教学设计[M]．北京：高等教育出版社，1994.

③加涅，韦杰，戈勒斯，等．教学设计原理[M]．皮连生，王小维，庞维国，等，译．华东师范大学出版社，1999.

方法、技巧等均符合教育学和心理学的基本规律。

（4）艺术性

教学设计虽然按照最优化原则设计，但是并非机械地按照预设方案执行，而是需要教育者在充分了解学习者需求和特点的基础上，灵活运用教学策略，创造性地解决教学中可能出现的问题。

### 2. 教学设计原则

教学设计需要遵循以下几个基本原则：

（1）系统性

教学设计是一项系统工程，需要考虑教学目标、教学内容、教学方法、教学评价等多个方面，并确保各环节的输入输出相互匹配，形成一个有机的整体。

（2）程序性

教学设计需要按照一定的程序和步骤进行，从学习者分析、教学目标确定、教学评价制定、教学内容选择、教学方法的设计逐步推进，确保教学设计按程序执行。

（3）可行性

教学设计应该充分考虑到实际可行性，包括教学环境、教学资源、学习者能力、教学时间等，确保教学设计能够在实际教学中得到贯彻和执行。

（4）迭代性

教学设计应该是一个持续反馈迭代的过程。通过教学评价等方式收集反馈，并据此对教学设计进行及时的调整和完善，以逐步提高教学效果。

此外，要始终认识到教学设计是为学习者服务的。因此教学设计要充分考虑学习者的知识体系，以适配学习者为前提开展设计；此外教学设计要根据学习者实际情况拟定教学目标，灵活选用教学方法和媒介，以确保教学的针对性和有效性。

## 6.1.2　教学设计模式

视 频

教学设计模式

常见的教学设计模式分为“以教为主”和“以学为主”两类。

### 1. 以教为主

“以教为主”的教学设计模式是经典教学设计模式之一，适用于传授客观事实、矫正行为、处理简单的认知加工任务（如记忆规则、识别基础事物的联系、做出匹配和区分）以及学习动作技能。此外，它对于培养问题解决技能也颇为有效。其代表性的模式为“肯普模式”和“史密斯-雷根模式”。

肯普模式（见图6-1）是一个全面且系统的教学设计框架，它采用环形结构来展现教学系统设计模式。其中，确定学习需求和学习目标为设计核心；环形结构中未通过有向弧线相连，体现了教学设计的灵活性；“形成性评价”“总结性评价”和“修改”环节在环内呈现，强调了教学设计与实施的不断迭代优化。

“史密斯-雷根模式”（见图6-2）是结合了教学设计模式与认知学习理论而提出的。该模式充分展现了“联结-认知”学习理论的核心思想，在国际上享有广泛的声誉和影响力。

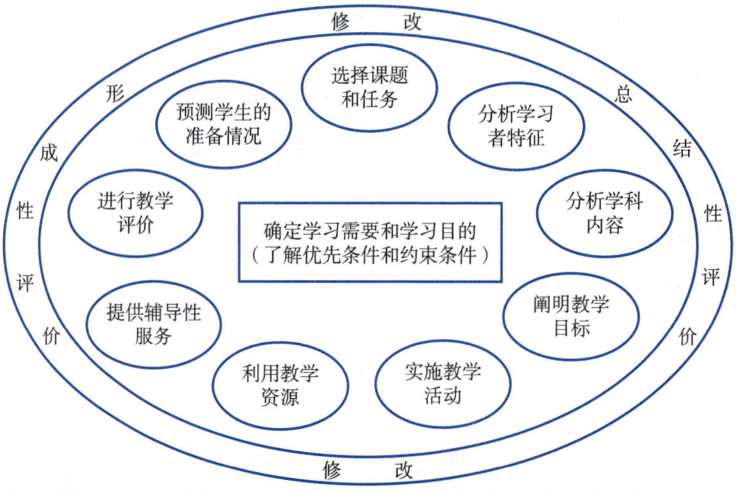


图6-1 肯普模式

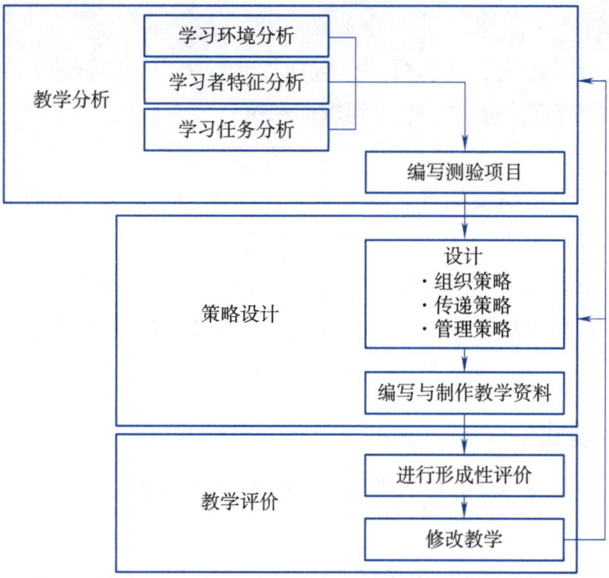


图6-2 史密斯-雷根模式

以教为主的教学设计模式核心理念是通过教育者的“教”来促进和实现“刺激-反应”联结，是典型的以教育者为中心（即“以教为主”）、基于行为主义学习理论的教学系统设计模式。即使将“教学分析”加入对学习者能力水平、学习动机、认知策略和认知结构等心理因素，也无法充分发挥学习者在学习过程中的主动性、积极性。

### 2. 以学为主

自20世纪90年代起，随着多媒体和网络技术的广泛普及，以及建构主义学习理论的流行，“以学为主”的教学设计开始成为主流，也被称为建构主义教学设计。它重视“情境”和“协作”在教学中的作用，强调学习者的主动性与建构性，有利于创造型人才的培养。因此近年来备受关注与重视。

基于建构主义理论，“以学为主”的教学设计主要通过对教学目标和学习内容的深入分析，提出问题、项目和案例来设定学习“焦点”，围绕它展开学习情境创建、学习资源整合、学习策略制定、认知工具选择以及管理与帮助等系列教学过程，并通过教学评价进行反馈迭代，如图6-3所示。

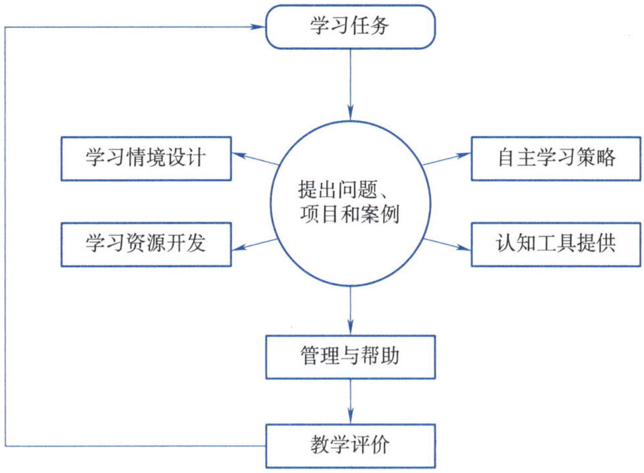


图6-3 “以学为主”的教学设计模式

“以学为主”教学设计的主要环节如下所示。

（1）学习任务

建构主义教学设计中，学习任务占据了核心地位。它为学习者设定了清晰的学习目标和任务，使学习者能够围绕具体问题的解决来进行学习。学习任务是具有连续性和复杂性的问题，能够在学习的时间和空间维度上得以展开。为了完成这些任务，学习者需要在真实的情境中，通过自主建构的方式来学习和探索。

（2）学习情境设计

建构主义强调学习者应在真实的情境中进行学习，以缩小与实际问题解决之间的差距，尤其重视培养学习者的知识迁移能力。学习情境设计旨在为学习者提供完整且真实的问题情境，从这样的情境出发开展教学活动，可以激发学习者的学习需求，推动他们进行自主学习和合作学习。

（3）学习资源开发

建构主义学习理论强调，学习者在理解问题的背景、含义，提出问题解决假设，以及构建求解模式时，需要大量相关信息和预备知识。因此，在以学为主的教学设计中，必须为学习者建立丰富的学习资源库，提供必要的知识和信息支持。这些支持可以提高学习者的自主学习能力和问题解决能力，促进了学习者的深度学习和发展。

（4）认知工具提供

认知工具是支持学习者进行自主学习和自主探究的重要工具与手段，它们的主要目的是帮助和促进学习者的认知过程，使学习者能够高效地获取、分析、存储和加工信息与资源。这些工具在提高学习者的学习效率、培养自主学习能力和促进合作学习方面发挥着重要作用。

（5）自主学习策略

自主学习策略的目的在于确保学习者在学习过程中的主导地位。学习策略的选择不仅应紧密围绕知识内容的特性来展开；还需深入考虑学习者的认知能力、认知结构和学习风格等智力要素，以及学习动力、情感状态等非智力要素。知识内容特性与学习者个人因素均对学习策略的选择和实施效果具有重要影响。

（6）管理与帮助

学习者是教学过程中的核心主体，而教育者承担着控制、管理、帮助和指导的职责。不同学习者的学习路径和困难各不相同，教育者需要给予个性化反馈和指导；学习者自主学习过程偏离教学目标时，教育者应给予积极启发和引导；教育者应组织协作交流，引导学习者的学习过程朝着有利于深化意义建构的方向发展。

（7）教学评价

建构主义理论认为评价应综合考虑学习者在学习任务完成过程中的整体表现和参与度。学习是自我建构知识意义的过程，在评价时不应使用总结性评价方式，而应侧重于使用自我分析和元认知工具。这样的评价方式更能反映学习者的真实学习情况和能力，有助于促进学习者的自主学习和深度学习。

## 练习与思考

**论述题**

1. 总结“以教为主”的教学设计和“以学为主”的教学设计的异同，并思考它们的优缺点。

2. 说明举例在“以学为主”的教学设计模型中可以采取哪些教学策略？

3. 史密斯-雷根模式中的组织策略、传递策略和管理策略在实际教学实践中该如何体现？

视 频

信息化教学设计简介

## 6.2 信息化教学设计

在信息化时代，信息技术深刻影响了社会的各个领域，其中教育领域也不例外。为了适应时代变革，如何将信息化技术融入教学设计成为当时重要的研究内容。信息化教学设计对于适应信息化时代的发展需求、提高教学效率和质量、培养学习者的信息素养和创新能力以及推动教育信息化的发展都具有重要的意义。目前多数学者也认为智能化教学设计是信息化教学设计的延续。

### 6.2.1 信息化教学设计简介

当教学设计开始注重“以学为主”，建构主义理论就开始成为教学设计的基础，它以学习者为中心，注重发挥学习者的主动性和积极性。教育者在预设学习环境中（注重情境、协作与会话），引导学习者探索、发现和学习；学习者运用所学知识解决实际问题，实现对知识的深度理解和应用。

信息化教学设计是典型的“以学为主”的教学设计过程。黎加厚认为，信息化教学设计是运用系统方法，以学为中心，充分利用现代信息技术和信息资源，科学地安排教学过程的各个环节和要素，以实现教学过程的优化。这个定义表明了信息化教学设计在教学设计定义之上发展出来的两个要素：

### 1. 以学为中心

教育者从知识传授者转变为学习者学习过程中的引导者和促进者，其工作重心更多地放在帮助学习者发现和解决问题，以及促进学习者自主学习；学习者从被动接受知识转变为信息加工和知识建构的主体，主动探索、发现和学习新知识，从而不断提升自己的认知能力和实践能力。教学过程也不再是单向的讲解和传授，而是通过情境创设、问题探究、协作学习和意义建构等多种方式，构建以学习者为主体的互动过程。媒体的作用也不再仅仅是教育者讲解的演示工具，而是成为学习者主动学习、协作探索、意义建构和解决实际问题的有力认知工具。这种过程强调学习者的参与和体验，鼓励他们在实践中学习和成长。

### 2. 充分利用信息技术与资源

信息化教学设计具备五大基本特征，即教学内容多媒体化、教学资源网络化、教学过程个性化、教学活动合作化和学习者学习自主化。

#### （1）教学内容多媒体化

借助文字、图像、音频、动画、视频等多种媒体形式以及超媒体技术，将教学内容以形象化和结构化的方式呈现。通过多媒体技术将文字描述、图表展示、声音解说以及动态和静态图像等元素融合于一体，形成丰富多样的教学内容。教学内容多媒体化推动了信息化教学一体化设计，丰富了信息呈现方式的多样性，利用虚拟学习环境，增强了学习者的学习体验和沉浸感。

#### （2）教学资源网络化

得益于信息技术的推动，教育资源在全球范围内得以更加合理和充分的分配，教育要素在网络间流动更加迅速，异地教育交流变得更为日常化。这种趋势打破了传统教学的时空界限，使教学活动更为灵活多样。

#### （3）教学过程个性化

信息化教学设计可以针对学习者的个体差异、学习需求以及知识能力，灵活选择教学策略，提供个性化的教学支持。教学系统能够实现真正意义上的因材施教，让每个学习者都能得到适合自己的教学设计，从而提升学习效能和个性化发展。

#### （4）教学活动合作化

在信息化环境下，利用网上合作、小组合作以及与计算机合作等多种形式开展学习活动的合作化成为教学活动的常态。信息化技术为学习共享提供了极大的便利，合作化学习活动能够锻炼学习者的思维能力、沟通能力和包容能力，促进其全面发展。

#### （5）学习者学习自主化

以学为主的理念强调学习者的自主学习，信息技术在支持自主学习方面起到关键作用。丰富的信息化资源为学习者自主学习提供了便捷条件；而以翻转式学习为代表的自主化学习模式，使学习者能够自主规划和调整学习计划与目标。

综上所述，信息化教学设计基本特征相互关联、相互促进，共同推动教育发展。展望未来，信息化教学设计的教学内容多媒体化和教学资源网络化都将朝着智能化方向迈进，并在智能化学习环境中，通过教学过程个性化、教学活动合作化、学习者学习自主化，全方位提升学习者的学习效能，为教育发展开辟全新的道路。

## 6.2.2 信息化教学设计模式

随着信息技术引入教学设计，设计模式也发生了自线下向线上、自个体向群体的转变，本节分别介绍两种信息化教学设计模式的典型代表。

视频

信息化教学设计模式

### 1. 混合式学习

混合式学习，又称线上线下混合式学习，是指将在线学习与线下教学相结合的一种学习方式。混合式学习主张根据系统论的观点和绩效方法，将传统与在线学习手段适当融合，利用信息化教学设计优化体验。混合式学习是信息化教学设计区别于传统教学设计的重要实践形式，它通过有组织的学习绩效指标来评估和优化学习过程，使学习者达到更佳的学习效果。

对于混合式学习，不同的学者均给出过相近的定义。

李克东教授指出，混合式学习是在对网络化学习进行深入反思后，在教育领域、特别是教育技术领域中逐渐流行起来的一个术语。它的核心理念是将线下教学和线上学习两种模式有效地整合，旨在降低成本的同时提升教学效果，从而实现更高效的学习方式。[①]

何克抗教授强调，混合式学习的核心在于融合传统学习方式和数字化、网络化学习的各自优势。这意味着，在学习过程中，既要充分发挥教育者在引导、启发和监控教学过程中的主导作用，又要突显学习者作为学习主体的主动性、积极性和创造性。只有当这两者得到有机结合，实现优势互补，才能取得最为理想的学习效果[②]。

综合两者的定义可以看出，混合式学习是网络化学习的进一步拓展。在深入地反思了网络化学习的弊端后，混合式学习使用传统线下学习中的教育者模式引入无序的网络化学习，通过网络化学习引导学生的主体地位，通过教育者模式进行教学活动监控，避免网络化学习可能带来的目标偏离，一个典型的混合式学习实施流程如图6-4所示。

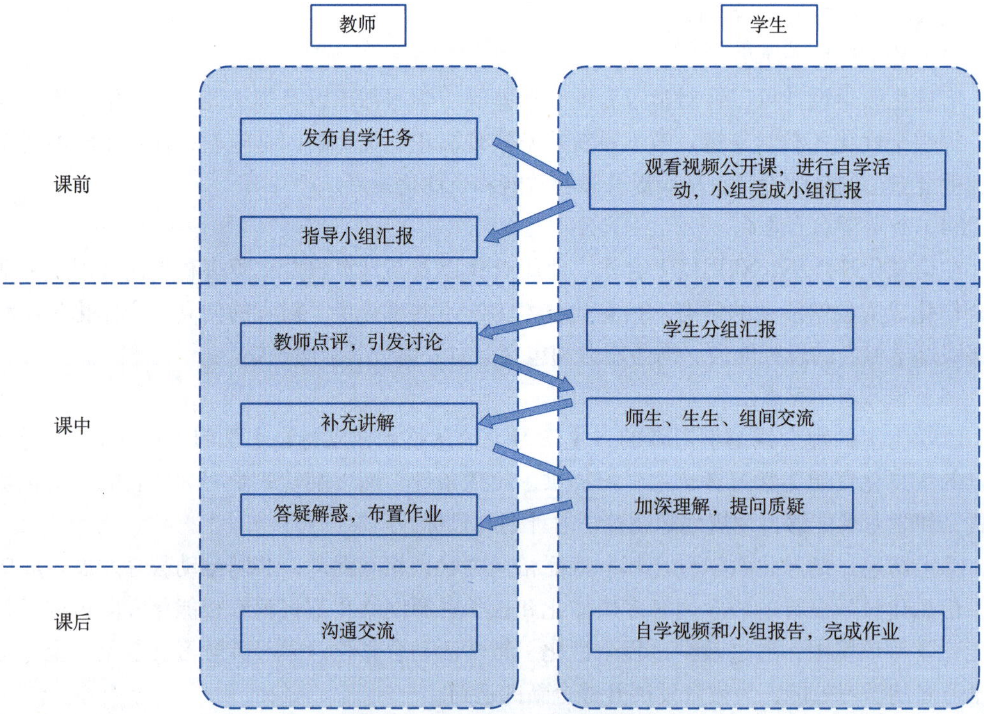


图6-4　混合式学习实施流程图

①李克东. 混合学习：理论与实现研究[J]. 电化教育研究，2005（7）：5-13.

②何克抗. 混合学习：概念、策略与实践[J]. 开放教育研究，2004，10（3），11-19.

事实上，混合式学习涵盖了多个方面。

①混合式学习可以利用多种网络技术，如虚拟课堂直播、协作学习、流媒体和文本等，以达成特定的教学目标。

②混合式学习结合了多种教学理论和技术，如建构主义、行为主义和认知主义，以及传统教育技术和信息化教学技术，共同追求最佳的教学效果。

③混合式学习涉及多种形式的教学活动，将基于媒体或网络的教学与面对面的教育者教学方式结合。

④混合式学习强调教学设计与具体工作任务的融合，以促进学习效果。

混合式学习的特征主要体现在以下几个方面：

(1) 以学习者为中心

混合学习强调学习者在学习过程中的主体地位，教育者主要起到引导作用。这种教学模式注重学习者的个性化需求和主动性，旨在通过引导学习者积极参与和探索新知，提高其问题解决能力和综合应用能力。

(2) 学习形式综合运用

混合学习同时结合了线上学习、线下课堂教学以及面对面交流等多种学习形式的优势。这种多样性、综合性的学习方式可以为学习者提供丰富多样的学习环境、资源和形式，以满足学习者多样化的学习需求和风格。

(3) 系统化教学设计

混合式学习形式复杂，因此尤其强调对教学过程的系统性规划和设计，包括学习目标、内容、资源、实施、评价等全环节的设计。这种系统性的教学设计有助于确保混合式学习活动的连贯性和有效性，提高学习者的学习效能。

(4) 教学评价变革

混合式学习的目标和评价主要关注学习者能力，即学习者是否可以将所学知识和技能应用于实际工作和生活中；同时也关注绩效改进和价值创造，即是否提高了学习者的学习效能和工作效率，是否为企业和社会创造了更多的价值。

### 2. 问题驱动式学习

问题驱动式学习，亦称为PBL（problem-based learning），是一种与传统教学方式差异性较大的学习方法。PBL强调围绕专业领域内的具体问题展开学习，而非传统的“理论知识—问题解决”模式。在这种模式下，问题成为学习的起点和核心，学习者作为学习的主体，主动探索解决方案。教育者在其中的角色至关重要，既是问题的提出者，也是课程的设计者，更是学习者学习成果的评估者。

PBL能够显著提升学习者的学习主动性，使他们更积极地参与到教学过程中，激发他们的求知欲和思维活力。然而，它也对教育者的综合素质提出了较高要求，教育者需要具备出色的课堂掌控和引导能力，以确保教学活动的顺利进行。

业内存在许多关于PBL不同角度的观点，有学者认为PBL的核心在于以”真实世界”中的问题为中心，通过小组合作探讨和自主学习来解决问题，标准化PBL教学模式应包括问题设计、小组讨论、自主学习等步骤[①]。还有学者从心理学角度研究了PBL在认知过程、协作学

①BARROWS, H. S. Problem-based learning in medicine and beyond: A brief overview[J]. New Directions for Teaching and Learning，1996（168），3-12.

习等方面的影响，认为PBL能够促进学习者的批判性思维、问题解决等高阶能力的发展①。

简言之，PBL是一种以学习者为中心，围绕实际问题展开学习的教学方法。它强调学习者的主动性和参与度，旨在提高学习者的思维能力和解决问题的能力。同时需要教育者具备较高的专业素养和教学能力，以引导学习者有效地进行学习，一个典型的问题驱动研究型学习实施流程如图6-5所示。

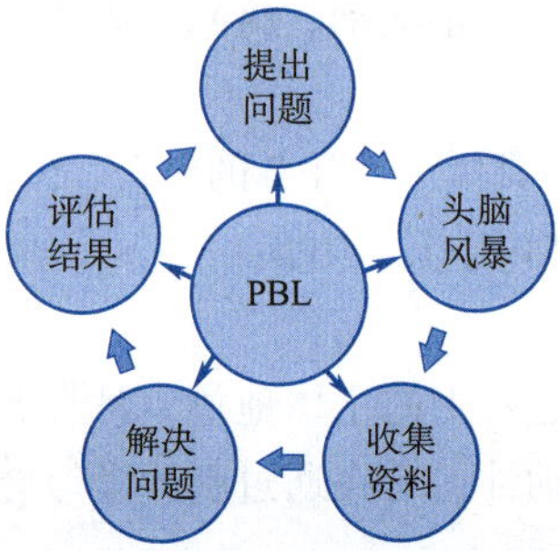


图6-5　问题驱动研究型学习流程实施图

PBL通常具有如下特征：

（1）问题性

PBL要求以具有研究引导作用：能够引导学习者通过多角度思考、实验验证或理论推导，更全面深入地认识所研究事物本质的问题为出发点，学习的主要目的和主要过程是解决问题。

（2）主体性

PBL强调学习者的主体性。学习者不仅是问题的提出者，也是问题的解决者。这种教学模式鼓励学习者以研究性学习、探究性学习、合作性学习和自主性学习等多种方式参与学习，充分发挥主动性。

（3）真实性

PBL中的问题应是与社会实际和学科知识相结合的真实性问题。这样的问题能够激发学习者的学习兴趣和动力，培养学习者的逻辑思维能力和实际应用能力。

（4）建设性

问题的选择应有多种解决方案，有利于学习者从不同的路径去思考解决问题。这有助于培养学习者的创新思维和解决问题的能力。

（5）教育者角色转变

PBL中的教育者角色从传统的知识传授者转变为学习者学习的引导者和指导者。教育者以“导演”的身份参与学习者的学习过程，帮助学习者主动获取新知。其实施步骤通常包括以下几个环节：

①利用信息化手段创设问题情境。

利用信息化教学设计中的多媒体、网络等技术手段，为学习者创设真实、生动的问题情境。这些情境可以引发学习者的好奇心和探究欲望，从而激发他们主动提出问题和寻找答案的积极性。

①HMELO-SILVER C E. Problem-based learning: What and how do students learn?[J]. Educational Psychology Review, 2004，16（3），235-266.

②设计具有层次性和结构性的问题。

在PBL中，教育者应结合教学目标和课程内容，设计一系列具有层次性和结构性的问题，引导学习者逐步深入探究，培养他们的思维能力和解决问题的能力。

③利用信息化资源支持学习者的自主探究。

PBL中强调对信息技术资源的有效利用，教育者可以为学习者提供丰富的在线资源，如数据库、电子图书、网络课程等，支持他们的自主探究和问题解决过程。

④构建线上线下相结合的问题探究平台。

通过结合信息化教学设计，教育者可以构建线上线下相结合的问题探究平台。学习者可以在线提交问题、查看答案、参与讨论，同时也可以在线下进行实践活动和实验操作，形成线上线下相互补充、相互促进的问题探究模式。

⑤培养学习者的合作与分享精神。

PBL中学习者之间的合作与分享是非常重要的。信息化教学设计允许学习者利用网络平台进行在线协作和分享，从而培养他们的合作精神和团队协作能力。

总之，PBL的实施步骤是一个以学习者为中心、以问题为导向的过程。通过问题的提出、分析、解决和评价，学习者能够更加主动地参与到学习中来，提高自己的思维能力和解决问题的能力。而教育者在这一过程中则扮演着引导者的角色，帮助学习者有效地进行学习。

## 练习与思考

**一、简答题**

1. 信息化教学设计的特征是什么？用实际教学举例如何体现这些特征？

2. 混合式学习和问题驱动式学习为两种不同的信息化教学设计模式，它们之间是否存在一定关联性？

**二、论述题**

混合式学习中提到教学评价变革，那么在现有教育背景下，如何实现教学评价的变革？

## 6.3　智能化教学设计

随着新一代信息技术迅速发展，教育智能化已经成为推动教学变革的核心力量。智能化技术改变了传统教育模式，也促进了个性化和高效率的教学变革。本章从智能化教学设计简介到具体的设计模式，再到教学资源的个性化推荐与自适应课堂教学方案的制定与生成进行介绍，提供了一系列创新的思考和实践策略，为一线教育者和读者揭示如何在教育实践中有效整合和应用这些先进的技术工具。

视频

智能化教学设计简介

### 6.3.1　智能化教学设计简介

基于对教学设计和信息化教学设计概念的分析，本书对智能化教学设计的定义如下：“智能化教学设计是指运用新一代信息技术，挖掘学习者的学习需求和知识背景，自动化设计符合其学习特征的系统性教学过程和资源，以促进学习效能”。由此定义可知，智能化教学设计强调大数据驱动的学习者特征挖掘，以及基于特征的智能化学习路径和资源创建，两者协同提高教学设计对学习者的针对性和效果。

相对于传统信息化教学设计，智能化教学设计的核心在于其能够实现高度的个性化和智能化。通过大数据挖掘算法分析学习者的行为数据、学习进度以及反馈，可以更好地调整教学内容和方法，为学习者提供定制化、符合其学习水平的教学设计。此外，智能化教学设计还涵盖了学习环境的智能配置，包括通过VR和AR技术创建的沉浸式学习环境体验。下面从特征与内涵两个维度对智能化教学设计进行介绍。

### 1. 智能化教学设计特征

智能化教学设计作为现代教育领域的一大创新，不仅改变了传统的教学模式，还赋予了课堂新的活力和可能性。智能化教学设计主要有以下特征：

#### （1）精准化学习特征分析

智能化教学设计主要依托于大数据挖掘下学习者的学习特征分析。在对学习者学习数据的精准分析基础上，才能有的放矢地进行教学各环节和资源的设计。通过对学习者在学习平台的互动、测试、讨论以及其他活动的分析，智能化教学设计算法可以及时根据学习特征，调整教学策略，以及提供必要的个别指导。

#### （2）智能化辅助教学设计

新一代信息技术的发展是智能化教学设计的基础。人工智能、机器学习、VR/AR、云计算、大数据等技术的应用使教学设计更加丰富和生动、学习体验更加沉浸，从而推动了教学设计的进一步发展。以新一代信息技术辅助教学设计，以推动学习效能的提升，是智能化教学设计的标志性特征。

#### （3）客观性评价与反馈

智能化教学设计不仅融入教学过程全环节，还融入了教学评价与反馈。除了传统的主观性评价外，智能化算法能够设计对学习效能和教学进程的自动化客观性评价算法。智能化算法基于预设的指标点对学习效能的达成度自动进行客观性评价，根据学习特征为教育者提供迭代改进的教学设计，以优化学习效能。

#### （4）个性化学习路径设计

智能化教学设计能够通过深入挖掘每个学习者的学习历史、能力水平、兴趣爱好以及个人学习风格等历史数据以计算其学习特征，并基于特征制定个性化的学习路径。个性化学习路径设计基于学习者自身特征设计教学过程，并根据反馈结果智能调整教学内容和难度，可以使学习活动更加符合学习者的个人需求。

### 2. 智能化教学设计内涵

智能化教学设计的内涵是多维度且复杂的，它从教学内容的智能化设计到学习环境的智能化管理，以及学习过程中的资源创设与数据分析，涉及教学设计的各个维度。这种设计不仅是智能技术在教学设计的简单应用，更是在新兴人工智能技术冲击下的一种全新教育思维方式，其目的是更好地适应新时代的教育需求，促进学习效能。

#### （1）个性化与精准化

个性化与精准化是智能化教学设计实施的重要目的。针对学习者的个体差异和学习需求，提供个性化的学习路径和资源推荐，实现精准化教学，能够更好地提升学习效能。通过对学习特征的分析，系统能够根据学习偏好和潜在问题提供针对性的教学支持，如为每个学习者定制个性化的学习计划和作业，确保每个学习者都能得到适合自己的教学支持。同时，系统还能根据学习者的学习进度和反馈，实时调整学习计划，确保教学的精准性。

（2）动态性与自适应性

动态性与自适应性是智能化教学设计实施的基本保障。学习是一个系统过程，只有根据实时的学习进度和反馈，动态调整教学计划和资源，才能确保教学内容自适应地匹配学习者的学习状态。同时，系统还能根据学习者的学习表现，自动调整学习难度和目标，以满足学习者的个性化需求。如发现学习者在学习路径上存在困难时，可以立即推送相关的解释和习题，帮助其及时解决问题。同时，系统还能根据学习表现自适应调整学习难度，以激发学习者的学习动力和潜力。

（3）交互性与协作性

智能化教学设计降低了教师进行教学设计和生成教学资源的工作量，但是提高了对教学进程互动和协作的要求。一方面，智能化教学设计需要学习者与智能平台之间的交互以完成相关数据采集；另一方面，智能化学习平台的辅助使教学中大范围学习者之间的实时交流和讨论成为可能。因此，教学设计要充分在智能化算法辅助下，利用交互和协作的学习方式，以激发学习者的学习积极性和动力，提高学习效能。

（4）优化性与持续性

智能化教学设计的最终目的是通过教学设计和学习资源生成，以优化学习效能。学习效能的提升是评价教学设计质量的第一标准。由于学习过程的动态性和系统性，智能化教学设计应具备持续优化性，即支持对学习效能的持续评估和教学设计的持续改进。通过收集学习反馈信息，教育者可以不断优化教学方法与资源以适配学习者；同时，智能化教学设计可以根据互联网自动更新和调整数据库，以确保教学设计和资源具备强时效性和相关性。

## 6.3.2　智能化教学设计模式

视 频

智能化教学设计模式

智能化教学设计是一个深度整合了教学设计理论、智慧教育理论与新一代信息技术的系统性、综合性的过程。它按照教学设计理论，将设计过程分为分析、设计和评价三个部分，并注重发挥学习者的主动作用；按照智慧教育理论，尊重个体差异进行个性化培养，强调智能协调和AIGC赋能，注重伦理保护；在教学设计各环节中使用新一代信息技术辅助设计，以优化教学设计过程和学习效能。

### 1. 阶段性智能化教学设计

图6-6即为一个典型的智能化教学设计分阶段模式图。由此可知，一个典型的智能化教学设计模式在分析、设计和评价阶段应完成的内容如下：

（1）教学分析阶段

教学分析是系统设计的基础，好的分析能够准确提取并匹配特征，能够指导教学设计过程。在教学分析中，一方面基于大数据算法挖掘学习者在智能学习平台中的学习痕迹，以分析学习者的学习特点、能力和兴趣等特征；另一方面基于知识图谱和NLP等方法在当前教育体系中选择匹配学习者特征的知识模块。两方面协同分析得到具体的学习目标和任务。

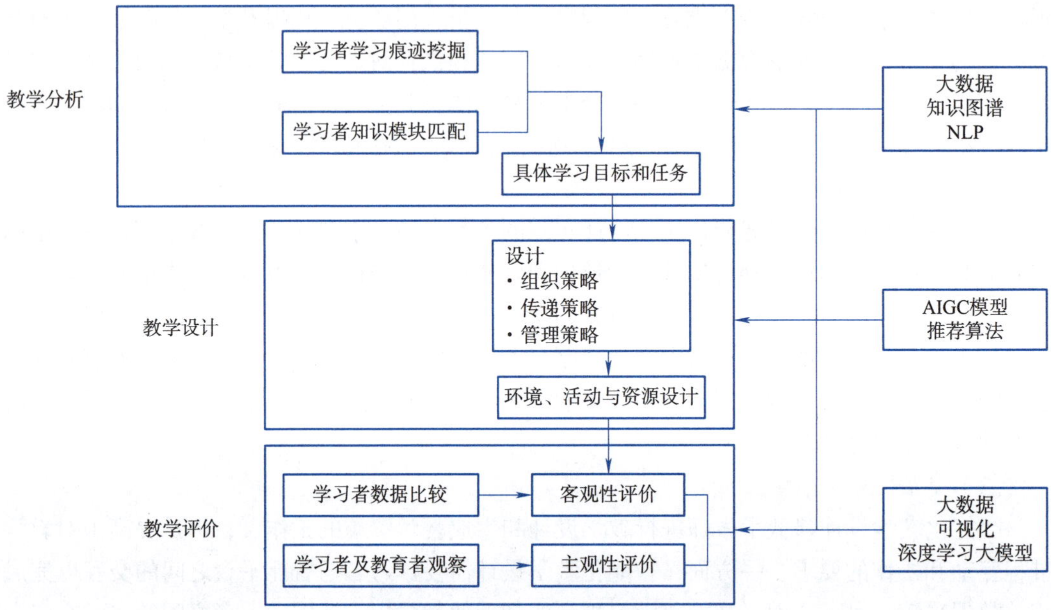


图6-6 智能化教学设计模式图

（2）教学设计阶段

教学分析阶段得到具体的学习目标和任务后，就进入了具体的教学设计阶段。在教学设计中，主要强调结合新一代信息技术方法，特别是AIGC模型，进行教育者指导下的策略、环境、活动和资源设计。其中策略设计直接对应学习任务和目标；环境和活动的设计基于具体策略生成；资源设计匹配策略、环境与活动，四部分相互联系，形成一个完整的系统工程。

（3）教学评价阶段

教学评价设计是教育过程质量评价的依据，也是指导教学系统设计迭代更新的依据。智能化教学设计的评价主要从两个方面进行：一方面是基于大数据分析，将学习过程中的学习者数据比较学习目标与任务，以得到教学完成度作为客观性评价；另一方面通过学习者对教学过程的体验和参与性，以及教育者对教学过程的观察作为主观性评价。两者协同指导教学设计迭代修改，并反馈到教学分析，形成闭环。

### 2. 智能教育设计模式基础

图6-6体现了智能教育设计模式的三大基础：即以教学设计理论为基础，以智慧教育理论为指导，与新一代信息技术融合。

（1）以教育设计理论为基础

教学设计理论认为教学设计为由分析、设计、评价三部分组成的自组织系统，加入建构主义思想后进一步强调学习者的主动参与程度，整合信息化后更进一步提出与信息化的融合。

虽然深度融入了新一代信息技术，呈现出人工监督的自动化实施特征，但智能化教学设计模式仍然很明确地将教学设计分为由分析、设计、评价三部分组成的自组织系统，只是与传统教学设计存在较大差别。

①教学分析。

与传统教学分析不同，一方面受VR和AR技术的影响，绝大部分学习环境可以通过智能化技术生成，环境分析已经不再是智能教学分析的要素；另一方面学习任务是动态受学习者学习特征影响的，教学分析的目的从测试项目生成转变为对学习者具体的学习任务和目标生成，进一步体现出建构主义和人本主义思想。

②策略设计。

与传统策略设计不同，智能策略设计以学习任务和目标作为输入，基于多学习者的学习任务与目标安排教学组织形式，依据不同组织形式和学习任务设定对应的教学环境、教学资源和内容传递形式，并最终生成完整的教学过程和资源。策略设计的目的从单一教学资料生成转变为对每个学习者的个性化教学过程生成，基于匹配的教学过程和资源推进了学习者的主动参与意愿。

③教学评价。

与传统教学评价不同，智能教学评价已经从定性评价逐步转变为定量与定性的结合评价。基于学习任务和目的生成的教学资源反馈与基于学习过程的学习者状态信息反馈，作为定量评价依据；再结合教学中不同个体的主观性评价联合作为教学评价结果以指导教学设计迭代改进。同时迭代主体从整体模块转变为各模块的输入，使教学设计中的每个环节都构成了闭环，极大加强了智能化的融合程度。

### （2）以智慧教育理论为指导

按照智慧教育理论，尊重个体差异进行个性化培养，强调智能协调和AIGC赋能，注重伦理保护；在教学设计各环节中使用新一代信息技术辅助设计，以优化教学设计过程和学习效能。智能化教学设计以智慧教育理论为基础，突出显示了多元合作的个性化学习、教育协同与AIGC赋能，同时尤其注重教育伦理保护。

①多元合作的个性化学习。

智能化教学设计在多元合作的个性化学习中，体现了知识跨界、场景多元、合作学习、重视实践以及个性化学习体验等特点，为学生提供了更加丰富、灵活和高效的学习路径。智能教学设计强调知识的跨界融合，通过智能教学平台，将数学、物理、计算机科学、艺术等多学科知识有机整合，形成跨学科的教学内容，培养学生的综合素养和跨学科解决问题的能力；利用虚拟现实、增强现实等技术，创建沉浸式学习场景，结合线上学习资源和线下实践活动，形成混合式学习模式，并通过这种多样化的学习场景，激发学生的学习兴趣和动力，提高学习效能。智能化教学设计还鼓励学生之间的合作学习，注重学生实践能力的培养，将学生分成小组，共同完成学习任务和项目；并以项目为驱动，通过设计实践活动和项目，让学生在实践中学习和应用知识。此外，智能化教学设计通过大数据分析和人工智能技术，利用智能推荐算法，根据学生的学习行为和表现，为其推荐适合的学习资源和路径；针对不同学生的需求和兴趣，设计定制化的教学内容；为每个学生提供个性化的学习路径和资源，满足学生的个性化需求。

②教育协同与AIGC赋能。

智能化教学设计的教育协同特征主要体现在三个方面：学校协同中，智能化教学设计可以构建数字化沟通空间，实现家校信息的即时互通，确保学生信息及时反馈沟通；学校与社会协同中，学校可以利用智能技术，如云端课堂、网络学习空间等，与社会资源（如行业专家、社区、企事业单位等）进行连接，丰富课堂教学内容，推进实现立德树人；系统内部协同中，通过智能平台，教师可以更好地组织教学内容，学生可以更加自主地学习，教学资源也可以得到更加高效的利用。

在AIGC赋能中主要体现了人机与算法协同。例如，AIGC通过算法对学生的学习行为、兴趣偏好等数据进行分析，为教师提供个性化的教学建议，同时也为学生提供个性化的学习推荐。这种协同方式，使得教学更加精准、高效。机器可以通过对学生面部表情和学习行为的综合分析，精准地识别学生的学业情绪，为教师提供情绪管理方面的支持。这种方式有助于教师更好地了解学生需求，提供更有针对性的教学。

③教育伦理保护。

智能化教学设计在教育伦理保护中的体现，尤其是在隐私保护、公平与权益、师生自主权以及可持续发展等方面，是一个多维度且复杂的过程。

首先，隐私保护是至关重要的。这主要体现在对智慧教室中产生数据的处理和管理上，包括数据收集与存储、数据的访问权限以及数据脱敏与匿名化。

其次，智能化教学设计应确保教育过程中的公平性和权益保护，应确保智能教学系统中的算法公正无偏见，避免基于种族、性别、社会经济地位等因素的歧视；定期对算法进行审查和评估，确保其符合公平性和伦理标准。通过数据分析，智能教学设计应关注教育资源的均衡分配，识别并解决教育资源分配中的不公平现象。

再次，智能化教学设计应充分尊重师生的自主权。鼓励教师和学生进行主观评价，以补充智能教学系统提供的客观数据。建立多元化的评价体系，包括学生自评、互评和教师评价等，以全面反映学生的学习情况。

最后，智能化教学设计应注重可持续发展，不断迭代改进以适应学习者的特征和教学设计的需求。不仅要对学习者特征分析和教学设计进行更新迭代，最重要的是要注重技术的更新与升级，跟踪智能技术的最新发展动态，确保智能教学系统能够持续满足教育教学的需求，并推动教育教学的创新和发展。

（3）与新一代信息技术融合

智能化教学设计可以理解为传统信息化教学设计基于新一代信息技术支持的延伸。在以智能化技术为代表的新一代信息技术的驱动下，智能化教学设计可以根据学习者的学习需求和能力分析，提供匹配的学习内容和目标，设计个性化教学资源和自适应策略，并辅助设计评价方法。

在教学分析阶段，智能化教学设计通过大数据、知识图谱、NLP等技术，对学习者的学习情况和个性化需求进行挖掘分析，为学习者提供与学习内容相匹配的学习目标和任务。

在教学设计阶段，智能化教学设计通过AIGC工具制定个性化的教学策略，以满足学习者的学习需求和提高学习效果。其中包括根据学习者的能力水平、学习风格和兴趣爱好，调整教学环境、教学方法和学习资源，以提供针对性和个性化的教学指导。

在教学评价阶段，智能化教学设计通过大数据分析与可视化工具，对学习者学习过程中的主客观学习数据进行综合辅助评价。客观评价为学习者学习结果与目标和任务的匹配评价，主观评价为学习过程性评价，主客观综合辅助评价用于迭代改进教学设计过程。

智能化教学设计通过学习资源推荐和自适应教学设计制定，为学习者提供个性化的学习体验和教学支持。通过技术支持和数据分析，教育者能够更好地了解学习者的学习情况，提供有针对性的学习资源和教学设计。智能化教学设计有助于提高学习者的学习效果和教学质量，推动教育个性化和差异化的发展。

## 6.3.3　自适应课堂教学设计流程

本节给出了自适应课堂教学设计的关键流程。可以看出，智能化教学设计相对于传统教学设计而言，既方便了教育者，又使学习者得到了良好的学习体验，同时提升了学习效能。

视 频

自适应课堂教学设计流程

### 1. 个性化学习分析

智能化教学设计通过收集和分析学习者的学习数据、兴趣爱好、学习风格等个体差异信息，为每个学习者提供个性化的学习体验。在获取学习者的学习需求和水平后，从知识库中生成匹配的教学内容与目的，以提高学习效能。以下是在个性化学习需求分析中需要考虑的几个重要方面：

（1）学习风格分析

了解学习者的学习风格可以帮助教育者选择适合的教学策略和资源。传统方法是使用学习风格调查表，例如Kolb的学习风格问卷或VARK学习风格问卷[1,2]，以帮助教育者设计符合学习者学习风格的教学活动；智能化教学分析可以根据历史数据采用如推荐系统等智能化方法分析学习者的学习风格要素，根据学习者的学习行为和偏好生成个性化的学习风格建议。

（2）学习水平分析

评估学习者的学习水平有助于了解其知识水平和学习需求。传统方法包括课堂表现观察、作业和测验成绩评估以及标准化测验，时效性差且主观性较强；智能教学分析可以基于提供学习者的学习活动和学习情况，进行智能化学习水平分析，客观地得到学习者的学习程度和知识水平。智能教学分析帮助教育者更全面地了解学习者的学习能力和水平，以辅助制定个性化的学习内容和目标。

（3）学习目标分析

了解学习者的学习兴趣和目标可以帮助教育者提供相关的学习资源和活动。传统方法是通过学习者的兴趣调查或讨论问卷来了解他们对不同主题或领域的兴趣；智能化教学分析可以利用学习者的学习痕迹和反馈分析其兴趣目标，以推荐相关种类的学习资源和建议的学习策略。

（4）特殊需求分析

对于有学习障碍或特殊需求的学习者，教育者可以借助智能化方法评价或与学习者、家长和专家的沟通来了解其特殊需求，并通过智能化教学设计为这些学习者提供个性化的资源和策略支持，例如，语音识别、字幕和可调节的学习节奏等，以满足学习者的特殊学习需求。

通过应用上述分析方法，教育者根据这些需求设计个性化的教学资源、策略与评价，以提升教学过程的鲁棒性和学习者的学习效能。

### 2. 自适应课堂教学策略生成

教学策略是基于教学分析后设计教学系统，并体现在实体教学方案中的过程。智能化技术对自适应课堂教学策略设计主要提供了以下几方面的支持：

（1）辅助数据分析

一方面，智能化教学分析能够自主收集学习者的学习数据，如访问情况、试题作答情况

① 李婷婷，周丽萍，黎明. 大学生学习风格调查与分析：基于Felder-Silverman及Kolb量表[J]. 中国教育信息化，2019（15）：24-28.

② 张华亮. 基于成人高校学生VARK学习风格的因材施教策略分析：以管理专业案例教学设计为例[J]. 成人教育，2020，40（2）：71-76.

等学习水平和习惯等，通过数据挖掘算法，可以揭示学习者的学习水平与偏好；另一方面，智能化教学评价可以自动批改学习者的作业和测试，以提供实时的量化学习效能评价，既能满足评价的实时性以及时进行策略改进，又能解放教育者的注意力，使其有更多时间关注学习者的个性化需求。

（2）辅助教学策略调整

一方面，根据学习者的学习数据分析，智能教学策略设计可以辅助教育者动态调整教学内容和目标以匹配对学习者的学习评价，确保教学方案灵活适应每个学习者的学习水平；另一方面，智能教学策略基于学习者的学习数据分析，可以为教育者提供关于学习者表现、强项和弱点等方面的深入辅助评价，帮助教育者制定更加有效的教学策略。

（3）教学资源生成

一般而言，智能教学策略设计首先用于辅助教育者生成和筛选适合的教学资源，这些资源可以随着教学进程发展而动态更新，始终保持与学习者的学习需求相匹配；其次，教学资源的筛选也包括使用适合的互动学习工具进行教学，如智能虚拟助手和模拟对话系统等，这些工具可以增强学习者的学习体验，提高学习参与度；再次，利用NLP等技术匹配学习者学习水平与偏好，可以帮助教育者更好地组织学习内容和结构，增强学习效能；最后，AIGC还可以辅助生成/优化教学设计方案，使教育者可以将更多精力用于引导和组织课堂。

事实上，智能化教学策略设计全面包括了对组织、资源、传递、环境的设计。其中，教案是教育者在深入钻研教学内容、全面了解学习水平，经过周密策划而设计的、关于教学活动的具体实施方案，是教育者进行是教学实施的依据，是实际教学中教学组织、资源应用和环境设置的“说明书”。

传统课堂教学方案设计中由于学习者数量与教育者不匹配，故多以群体为单位进行总体学情分析、采用统一的教学计划和内容。由于每个学习者都有自己的学习风格、兴趣和节奏，因此这种方式难以满足个性化教学的需求，无法完成以学习者为中心的教学目标。

随着智能化技术的发展和教学理念的持续更新，教育者和学习者越来越需要个性化的教学设计来促进学习者的主动和深度学习，这要求教育者在设计教学方案时必须考虑学习者的个体差异，提供更加灵活和适应性的教学方法，由此，自适应教学方案设计成为教育领域的一个重要发展趋势。

表6-1介绍了一些常见的AIGC辅助教案生成/优化工具。

表6-1　常见的教学设计策略生成/优化工具

| 工具 | 简　介 |
| --- | --- |
| 文心一言 | 已经全面开放，注册即可使用。通过与它进行对话，不仅能够快速生成教学设计方案的草稿，还能提供针对性的改进建议 |
| 笔灵 AI | 已经集合了200+的写作场景，包括了AI工具里面最实用的文案改写、续写、小红书笔记生成、爆款标题、报告总结、带货文案等内容 |
| 讯飞星火 | 可作为教学辅助工具，不仅为教育者提供额外的解释、教学资源、案例分析和相关资料，还助力教学设计方案智能编写 |

自适应教学方案设计可以根据学习者的个性化需求和特点，灵活调整教学内容、方法、

节奏和资源，它可以帮助学习者在自己的节奏下学习，确保学习的自组织性，同时也可以为有特殊需要的学习者提供额外的支持和挑战。具体的教学设计案例将在后续第8~10章具体介绍。

## 练习与思考

### 简答题

1. 请论述人工智能技术在教学设计方面的优势及应用。
2. 请你利用VARK学习风格问卷对自己的学习风格进行诊断。
3. 请你利用上述教案生成工具，就某一信息课进行教案生成。

# 第 7 章 智能化技术在课堂教学中的应用

随着新一代信息技术的飞速发展，其在教育领域的应用也日益广泛。对于教师而言，如何将人工智能等新兴技术有效地融入课堂教学中，推动教学创新和提高教育高质量发展，已经成为当前时代面临的重要议题。本章将从课堂教学实施和课后能力巩固两个方面，阐述智能化技术如何助力课堂教育，促进学习者高水平的课堂学习效能。

## 内容导图

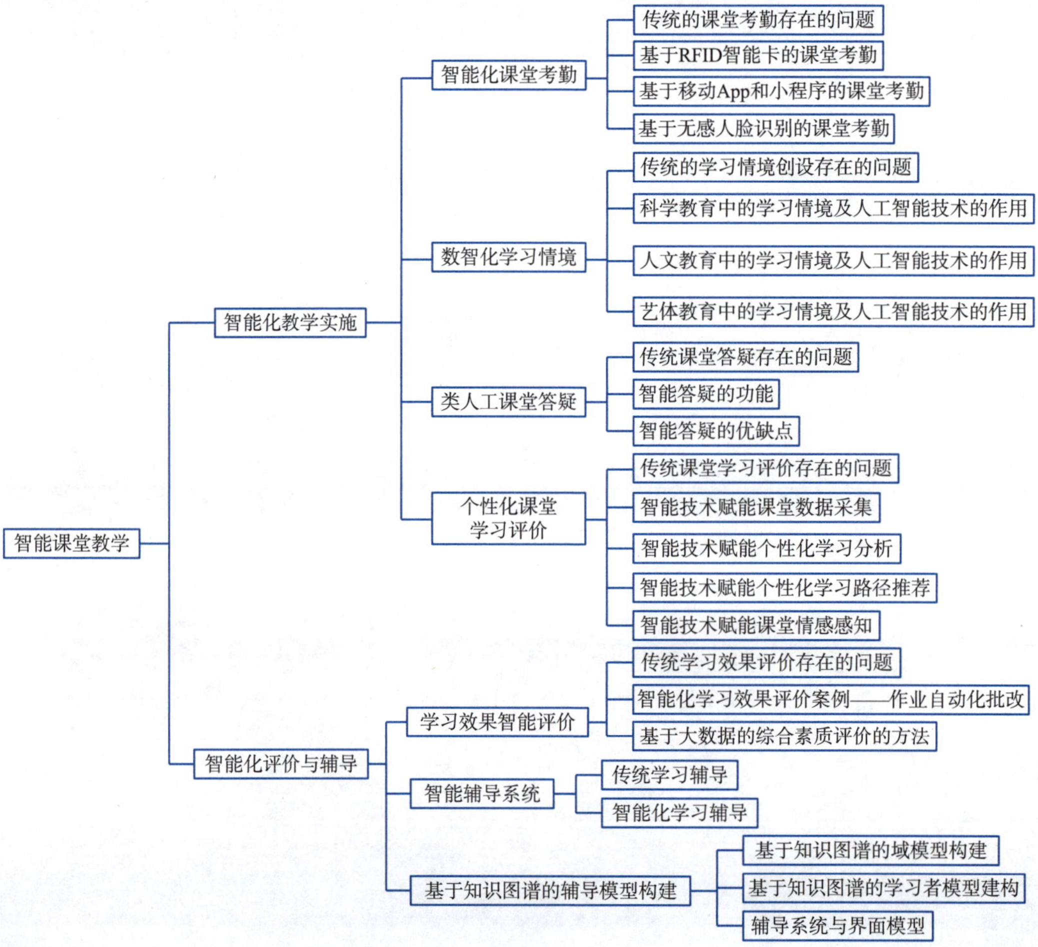

## 学习目标

1. 理解智能技术如何赋能课堂教学实施和学习效果评价和学习辅导。
2. 能够运用简单的人工智能技术赋能课堂教学实施。
3. 掌握多种智能化评价方式，熟悉智能辅导系统。

# 7.1　智能化教学实施

视 频

智能化教学实施

本节将重点关注智能技术如何赋能课堂教学实施。我们将探讨智能技术在课堂管理、学习情境创设、探究式学习答疑等教学环节中的作用和具体实施途径。通过深入了解这些内容，我们能够更好地理解智能技术在课堂教学领域中的应用意义，以及它们对未来课堂教学模式的潜在影响。

## 7.1.1　智能化课堂考勤

课堂考勤狭义上是对学习者课堂出勤情况进行考察管理的制度，按学习者参与学习的时段分为迟到、早退、旷课、请假等情况；广义上是对学习者参与课堂学习情况的评价[①]。广义考勤在后续章节中给予介绍，本节中主要介绍狭义的课堂考勤。

课堂考勤是学习者进行课堂学习的基础，也是学习者完成课堂学习参与的前提。考勤管理作为学习管理中的重要环节，对于课堂实施情况和学习者的学习效能起到了至关重要的影响。

传统的考勤管理靠人工统计完成，在过程和结果分析中存在诸多问题。例如，考勤数据的准确性和实时性不高，考勤所需的人力和时间成本高，基于单次考勤的管理效率低下等问题均有所出现。因此，如何有效地解决这些问题，提高学习参与效率，成为当前教学实施中亟待解决的问题之一。

随着智能化技术的发展，一系列的生物识别或传感定位技术逐渐成熟和普及，如人脸识别、指纹识别、智能卡也已经广泛应用于智能化课堂考勤管理场景，以下是一些具体实例：

### 1. 基于 RFID 智能卡的课堂考勤

无线射频识别即射频识别技术（radio frequency identification，RFID），是一种智能化技术。它利用RF对记录媒体（即智能卡）进行读写，通过非接触式双向数据通信以识别目标[②]。通过在课堂安装的射频阅读器，学习者就可以使用智能卡进行课堂考勤，而感应式的射频阅读器向指定位置传输并保存学习者的考勤记录，如图7-1所示。这种方式方便快捷，且可以结合其他场景进行学习者的轨迹跟踪和行为分析。这种考勤形式操作快捷，准确率高，但需要有硬件设备（智能卡、阅读器）进行支持，且考勤形式不够灵活。

### 2. 基于移动 App 和小程序的课堂考勤

移动互联网正在改变人们的生活，移动App（应用程序）和小程序的出现极大丰富了智能手机的功能，也广泛应用于智能化课堂考勤中，如图7-2所示。

① 林年添，陈森，赵俐红，等. 以生为本设计课堂点名系统[J]. 现代教育技术，2015，25（7）：113-119.

② 王楚豫，谢磊，赵彦超，等. 基于RFID的无源感知机制研究综述[J]. 软件学报，2022，33（1）：297-323.

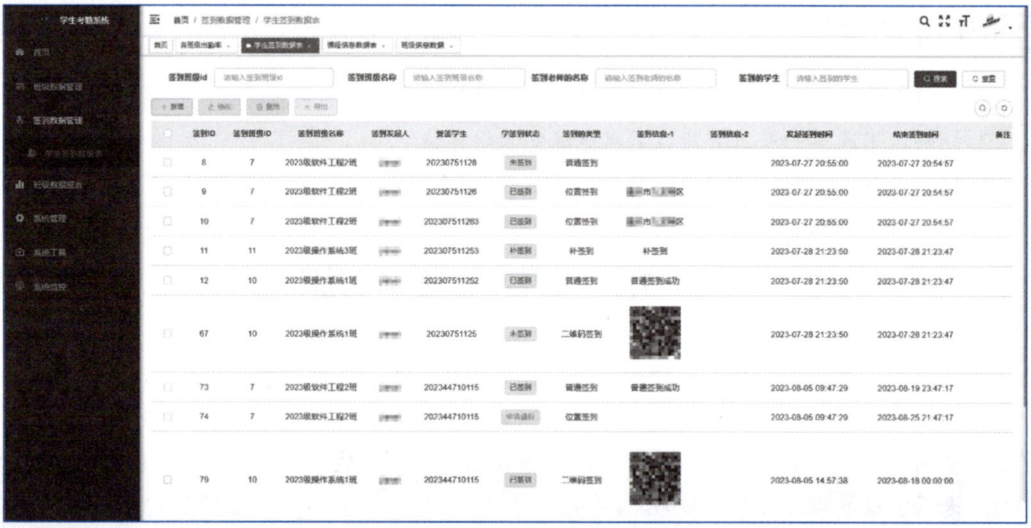

图7-1　智能卡考勤

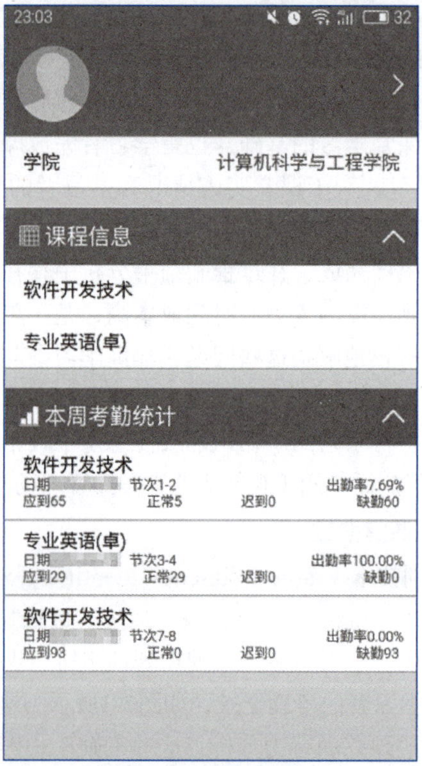


图7-2　考勤App

移动App是在移动操作系统如iOS、安卓、鸿蒙、塞班、微软等操作系统平台上，使用移动程序设计语言开发的、实现特定功能的程序；移动小程序则是一种不需要下载安装即可使用的特殊应用程序，用户扫一扫或者搜索即可打开应用进行操作，用后则自动清除，无须进行安装与卸载①。

① 郑玉玮，毕婧华. 移动应用程序在学习中的应用：学习领域的新革命[J]. 现代远程教育研究，2018（6）：105-112.

学习者可以通过移动App或者小程序进行签到、结合身份定位或者二维码扫描等方式进行课堂考勤。教育者在课堂上自动生成二维码，学习者通过移动终端扫码以进行定位与签到。这种考勤形式操作快捷，方便学习者进行操作，也方便课堂管理者实时监控出勤情况，但二维码生成和扫码需要占用一定的课堂时间，可能打乱课堂学习进程。

### 3. 基于无感人脸识别的课堂考勤

人脸识别是基于人脸特征进行识别的智能化技术，与指纹识别、虹膜识别一样，是生物识别技术的一种[①]。人脸识别指通过拍摄含有人脸的图像或视频流，并在其中检测人脸，进而对人脸进行脸部语义分析的一系列的智能化技术。通常也叫作人像识别或面部识别。

在安装好摄像头的教室内，定时抓拍正常授课中的课堂全景照片或记录视频，在图像或视频中动点扫描并识别人脸，在学习者无感知状态下快速准确地实现考勤签到，即为基于无感人脸识别的课堂考勤，如图7-3所示。考勤系统将学习者出勤信息实时回传至课堂管理者、学校管理者和相关人员处，以实现多端同步管理。基于人脸识别的课堂考勤使用灵活、不干扰课堂进程，方便快捷，其不足之处在于需要硬件设备（多高清摄像机）和场景（智慧教室）支持，前期投入较大。

图7-3　人脸识别

随着智能化技术的进步，学习者可以通过刷卡、App和小程序、人脸识别等多种方式进行考勤；系统可以实时记录学习者的考勤情况；学校和课堂管理者可以实时监控学习者的考勤情况，及时发现并处理考勤异常情况。智能化考勤提高了考勤的准确性与实时性，提高了课堂管理效率。除RFID外，其他多种考勤方式也在远程或移动教学中发挥了重要作用。

除此之外，智能化课堂考勤还可以结合学习者的课程、成绩、参与度等信息，实现全方位的学习管理。通过系统的数据分析和统计，教育者可以更好地了解学习者的学习情况，以为学习者提供更加个性化的教学服务。随着科技的不断进步，智能化课堂考勤将会在教育管理中发挥越来越重要的作用。

## 7.1.2　数智化学习情境

学习情境指为了特定教学目标而精心设计的包含一定学习元素和相关背景信息的学习任务、活动或问题场景[②]。学习情境具有真实性、驱动型、有效性、实践性等特点，可以有效降低学习目标的抽象程度。有效学习情境的创设对于提高学习效能和培养学习者综合能力具有重要意义。

传统的学习情境创设多以口述为主、实物为辅，相对比较简单。这种方式在较大程度上受到了时间和空间的限制，而且教育者和学习者之间基于情境的互动也相对受限。随着智能化技术的发展，尤其是AR和VR技术的应用，学习情境创设的方式和可能性得到了极大的拓展。

智能化技术极大地赋能了学习情境的创设，让课堂更加具有生命力。通过AR和VR技

① 徐振国，张冠文，孟祥增，等.基于深度学习的学习者情感识别与应用[J]. 电化教育研究，2019，40（2）：87-94.

② 田阳，万青青，陈鹏，等. 多空间融合视域下学习环境及学习情境探究[J]. 中国电化教育，2020（3）：123-130.

术，从静到动、从宏观到微观、从量变到质变的自然和社会科学发生过程能被“看得见、看得清”，自然科学与社会科学的现象和本质能被“可视化”。在此过程中，学习者也能够进一步感受人类对自然世界和人类社会认知过程。人类科技与社会进步很大程度上得益于对世界观测能力的进步，每一次进步都极大推动了人类社会的变革。一个典型的VR实验室结构如图7-4所示。

图7-4 VR实验室

### 1. 科学教育中的学习情境

虚拟现实等人工智能技术可以赋能科学教育，将复杂的科学过程具体化地展现给学习者，降低学习者的认知负荷。通过虚拟情境模拟进行复杂的科学实验，可以在提高安全性、降低成本的同时，加强教师对课堂的管理能力；通过人工智能技术对复杂科学问题进行可视化和具体化，可以提高学习者的学习效果、激发其学习兴趣，可以辅助教师更好地掌握学习者的学习情况。

### 2. 人文教育中的学习情境

虚拟现实等人工智能技术还可以赋能人文课程教学，打开学习者文化学习新视野。通过结合新数字平台、数字资源、数字工具，学习者可以在人文课程学习中，将作品嵌入到蕴含更丰富信息的时空维度，将自己代入作者人生轨迹，结合大历史、大文化背景，看到人文作品背后所映照的生命故事，全面而深刻地理解作品。再例如，人工智能诗词机器人可作为诗歌初学者的智能“助教”，吸引更多人走近诗歌、走近传统文化，成为诗词爱好者。

### 3. 艺体教育中的学习情境

虚拟现实等人工智能技术也可以赋能艺体教育，丰富学习者的艺术体验、表达与创意，强化学习者的体育素养和竞技水平。虚拟现实技术可以帮助学习者身临其境地体验不同类型的艺术作品和不同类型的体育运动场景。人工智能工具可以帮助学习者快速生成、分析艺术作品，也可以帮助体育学习者进行运动形态分析和虚拟竞技，并且为他们提供个性化的指导建议。

总之，基于VR和AR等智能化技术，可生成任意学科更加生动和具有情境感的学习情境，例如在虚拟情境中进行化学实验或物理实验，扮演历史人物并体验历史事件，进行故事创作等，在安全、低成本的同时，提高学习效果，激发学习者学习兴趣和创造力。与传统实验相比，虚拟情境中的教师可实时掌握学习者的实验操作情况，以更好地分析教学问题的所在。

## 7.1.3　类人工课堂答疑

课堂答疑是指在课堂教学过程中，学习者针对所学内容向教育者提出问题，教育者解答学习者问题的互动环节[①]。课堂问答是课堂教学的重要组成部分，是课堂互动的主要表现。课堂答疑有助于学习者实时解决在学习过程中遇到的困惑，加深对知识点的理解，同时也能促进师生之间的交流与沟通。课堂答疑的目的是提高学习者的学习效果，帮助学习者更好地掌握课程内容。通过答疑，教师可以及时了解学习者的学习状况，发现教学中可能存在的问题，从而调整教学方法和策略。

### 1. 传统课堂答疑

课堂答疑虽然是一种有效的课堂教学互动方式，但在实际教学中会遇到若干问题，譬如时间限制或问题难度差异。课堂教学时间有限，可能导致学习者提出的问题无法全部得到充分回答；学习者的问题可能涉及不同程度的难度，教师需要迅速判断并决定回答的优先顺序，这可能对某些学习者造成不公平。此外，答疑阶段可能由于学习者兴趣不同，而出现课堂参与度不高的情况。譬如在集体答疑时，教师为了照顾到大部分学习者的需求，可能难以对某些问题进行深入的探讨，使得出现学习者难以及时解惑的情况。

### 2. 智能辅助答疑

随着智能化技术的不断发展，智能实时答疑成为课堂教学领域不可或缺的基本应用。智能答疑不仅能有效解决传统课堂中存在的答疑任务量大、费时耗力的问题，同时也能解决对学习者答疑无法及时回应的问题。智能答疑系统的两个主要工作为：一方面利用人工智能和NLP等先进技术，接收学习者的问题；另一方面通过知识字典和大模型等技术提供各类的问题解答，以解决课堂答疑资源紧缺的问题。问题解答包括相关概念和技能的解释、示例演示、相关资源和资料的提供等方式，以帮助学习者解决疑问、加深对所学知识的理解。一个典型的智能答疑系统如图7-5所示。

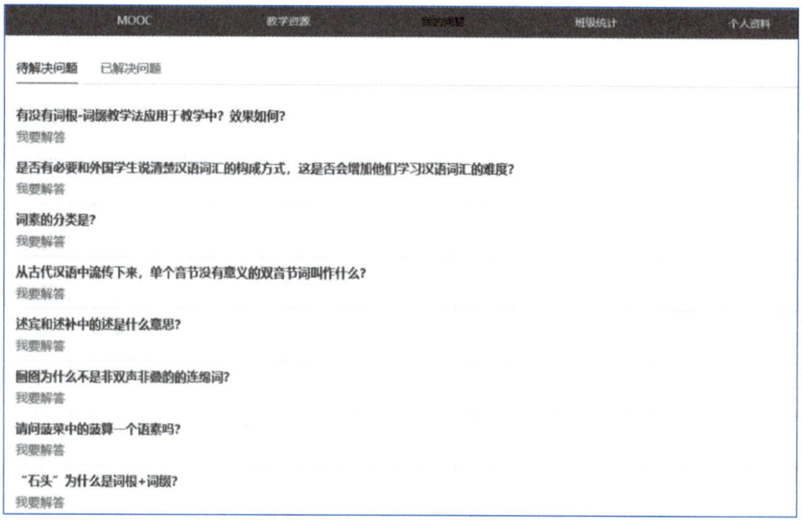


图7-5　答疑功能演示

① 冯丽霞. 答疑系统在网络教育中的应用研究[J]. 电化教育研究，2010（1）：65-67.

### 3. 智能辅助答疑的优缺点

值得注意的是，智能答疑不是针对提问直接给出标准答案，而是应该渐进式地引导学习者解决问题，并鼓励学习者进一步发问。随着大模型等智能化技术的应用，智能答疑系统的个性化功能和效率得到了显著提升。这些技术使得系统能够实时收集和分析大量的学习者数据，如学习进度、偏好、互动记录等，从而精准地识别学习者的问题、需求和难点。基于这些分析，智能实时答疑系统可以为学习者提供定制化的学习建议、个性化的学习路径，甚至是针对性的答疑、反馈和引导，极大地提高了学习效能。

通过深度学习和大规模数据训练，智能实时答疑系统能够根据上下文进行推理，提供恰当的回应，但仍存在一些局限性。一方面，回应的内容仍可能包含一定程度的偏见，需要持续投入努力来减少偏见的存在。另一方面，在面对复杂或模糊的问题时，可能无法给出完全满意的答案，这反映出其在深度分析和解读方面还有一定的提升空间。因此，在某些专业领域或复杂场景下，人类专家的介入和判断仍然是不可或缺的。

## 7.1.4 个性化课堂学习评价

课堂学习评价，即课堂学习效果分析，是对学习者在课堂学习过程中的学习行为和学习效果进行实时、系统的诊断与分析。这种诊断方式能够实时跟踪学习者的学习进度，识别他们在学习中的强弱点，以及对学习内容的反应程度。通过这种方法，教师能够更全面地了解学习者的学习成果和学习状况，从而及时调整教学方法和策略，以更好地满足学习者的学习需求，提高学习效果。

传统的课堂学习效果分析往往依赖于教师的经验判断。这种判断方式主观性较强，容易受到教师个人偏见和情感因素的影响。事实上，教师往往无法关注到全部学习者表现，导致分析结果存在偏差；同时，传统方式往往只关注表面现象，缺乏对学习者学习过程、思维方式和能力发展等方面的深入分析。由于数据采集和处理方式的限制，传统的课堂学习效果分析缺乏实时性和动态性。教师往往只能在课后或学期末进行基于考核的学习效果分析，无法及时了解学习者的学习情况并作出相应的教学调整。这种滞后性也会导致课堂中的学习问题得不到及时解决，影响学习者的学习效能。

随着智能化技术的进步，课堂学习评价得到了迅猛的发展和应用。课堂数据的采集实现了伴随式、自动化和多模态，为教育者提供了更加丰富、全面的学习者学习信息；进而，基于伴随式数据采集，可以分析并跟踪学习者的课堂学习行为表现和学习效能，从而构建出精准的学习者学习画像；最后，智能化技术可以分析学习者的个体差异和学习需求，辅助教育者为学习者提供个性化的学习建议；同时基于对学习数据的深度挖掘和分析，智能化技术可以辅助为每个学习者制定专属的学习计划，推荐适合他们的学习资源和路径。

智能化技术在支持课堂学习评价方面发挥了重要作用，主要体现在课堂数据采集、个性化学习分析、个性化学习路径推荐、与课堂情感感知几个方面。

### 1. 课堂数据采集

课堂数据采集一般有以下三种方式。

(1) 传统方式

即不使用技术手段，直接通过全人工课堂观摩的方式去记录学习者的学习情况，然后进行主观评分作为课堂学习评价依据。

（2）半自动辅助

通过使用辅助设备来记录学习者在互动过程中产生的一些课堂过程性数据。这类辅助设备需要教育者和学习者同时参与到数据生成之中，并将过程性数据作为课堂学习效果的参考。如课程平台App上的学习者签到、测验等。

（3）自动化采集

智能化技术可以辅助实现课堂学习行为的自动判断。如通过录播系统提取的视频行为分析与语音识别、根据课堂学习行为大数据以分析判断学习质量等。

课堂学习是一个复杂且严谨的过程，课堂教学过程中产生了大量的多维数据，全方位描述了课堂行为和过程。这些数据为诊断并改进课堂教学提供了数据基础，但是动态生成的多元课堂学习过程数据存在类别多、采集复杂等问题。因此，可以将基于智能化技术进行课堂数据采集的类别分为课堂行为数据、评价数据、情感数据、管理数据等。

①课堂行为数据。课堂行为包括教育者和学习者在课堂教学活动中的行为，即教育者或学习者发起的某种行为持续引起或促进其他相关课堂人员的响应过程。课堂行为既包含显性行为（登录、资源访问、检索、交互等），同时也包含隐性行为（学习动机、信息获取能力、学习态度、教学形态等）。

②课堂评价数据。课堂评价是课堂教学活动中的基本组成。评价的目标是课堂教学的反馈与持续改进，贯穿了学习全过程。课堂评价同时包含了过程性和结果性评价，其数据主要包含教育者评学、学习者评教、学习者互评等过程性评价数据，以及对课堂的结果性评价等。

③课堂情感数据。情感参与程度是影响学习效能的重要因素之一，参与程度的强弱直接对学习效能起到促进或抑制作用。课堂情感数据主要包含教育者情感、教育者态度、学习者情感和学习者态度等方面。课堂情感数据可以通过可穿戴设备（智能手环、手表等），通过实时记录课堂参与者的心率、脉搏、热量摄入等生理状态数据进行获取；也可以通过使用网络文本分析技术挖掘课堂评论文本信息进行获取；还可以利用人脸识别、情感识别等智能化技术采集课堂教学活动中的参与者表情言语和行为进行获取。

④课堂管理数据。有效的课堂管理反映了课堂与学习者在课堂教学活动中的状态，是顺利开展课堂教学活动的基石。课堂管理数据包含班级考勤、课堂异常表现、学习进度提醒等信息。其中班级考勤反映了学习者的基本参与情况；课堂异常表现通过对课堂无关行为的检测反映了课堂教学效果；学习进度提醒反映了教学实施与设计的拟合程度。

### 2. 个性化学习分析

个性化学习分析对学习者的课堂学习进行深入、具体且个性化的分析与评价，是验证教学设计与实施的重要环节。学习分析的目的在于通过充分挖掘每个学习者的量化学习数据，分析其独特的学习特点、需求和潜力，以提供针对性的个性化反馈和指导。

个性化学习分析通常会考虑多个量化学习维度，包括学习者的学习习惯、兴趣偏好、能力倾向、学科优势与劣势等。从教育者角度，通过对这些数据的综合分析，可以更准确地了解每个学习者的学习状况，发现其在学习中的问题和困难，从而为他们提供更具针对性的教学辅导；从学习者角度，个性化学习分析有助于学习者自我认知的提升，即通过了解自己的学习水平和特点以更清晰地认识其学习优势和不足，进而制定个性化的学习计划，提高学习效能。

一个典型的智能化学习分析系统流程如图7-6所示。

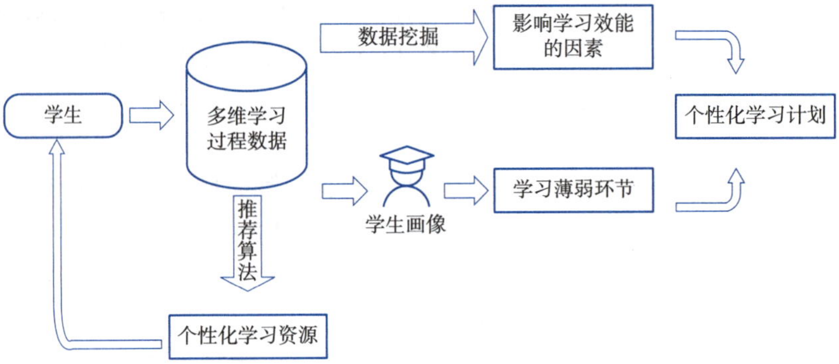


图7-6　智能化学习分析系统流程

图7-6中智能化学习分析流程如下：

①学习分析系统自动收集学习者的多维学习过程数据，包括作业完成情况、考试分数、在线互动次数、学习时间分布等；

②通过对学习者的学习数据进行挖掘分析，以得到潜在影响学习者学习效能的因素，可用指导教师教学管理与实施工作；

③基于学习者的多维度学习数据以构建其个性化的学习画像，清晰了解学习者的学习水平，以帮助识别其薄弱环节，制定针对性的学习计划；

④基于历史数据和推荐算法，以预测学习者的未来学习状态，并为其推荐个性化的学习资源，包括相关的学习资料、练习题或在线课程，以帮助学习者巩固知识、提升能力。

### 3. 个性化学习路径推荐

个性化学习路径推荐的目的是为学习者提供一条切实可行、高效科学的学习路径，使得学习者可以以最小的学习成本完成学习目标，从而达到更加科学合理的分配学习资源的目的。学习路径推荐根据目标学习者的先验特征与历史学习数据，挖掘出目标学习者的学习风格、学习动机等个性化特征，以提取学习者的个性化学习需求。进而运用数据挖掘和分析方法，有效发现学习者的潜在学习特征，为制定和实施个性化学习路径提供基础。一个典型的个性化学习路径推荐过程如图7-7所示。

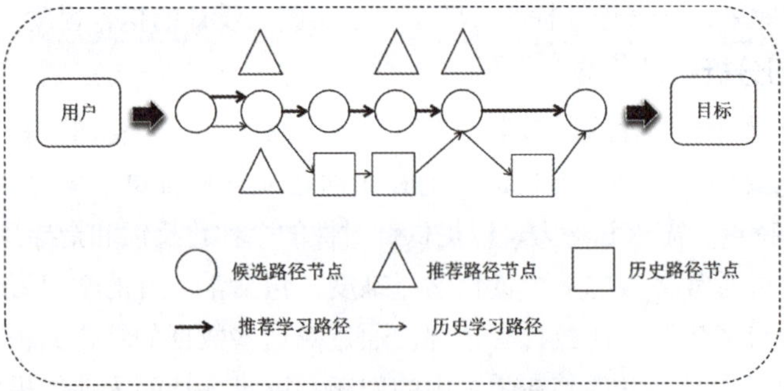


图7-7　个性化学习路径推荐

目前的学习路径推荐一般是针对某个具体细分的学习任务进行实施。首先分析该学习任务的特点；然后根据具体学习任务特点，结合学习者分类研究，以提取学习者的个性化特征；

进而，教育者根据所给定的学习路径设计出针对具体学习任务的教学设计；最后，根据教学实践结果评定学习路径的优劣。

两个典型的学习路径推荐案例如下所示。

（1）专家系统驱动的自适应学习路径推荐系统（ALPRS）[①]

该研究用于改善传统推荐系统不考虑学习风格的缺点，并基于学习风格提供更符合学习者需求的推荐课程。实践结果表明，学习风格会影响学习者对特定教材和学习结果的偏好以及对学习单元路径的选择。

（2）基于蚁群算法的自适应学习路径推荐[②]

该研究提出了一种新颖的两阶段概念图方法来构建适应性学习路径。获得的概念节点是基于学习者对于知识概念的熟悉程度，再通过蚁群算法构建的适应性路径，将新概念与原有概念相联系构建概念图，学习过程的有效性表现得到了明显改善。

### 4. 课堂情感感知

课堂教学的过程既是教育者向学习者传授知识的过程，也是课堂参与者之间情感交互的过程。学习者的课堂学习感受、知识建构与外显的面部表情及身体姿态具有较强的正相关关系。例如处于专注、轻松、正向的表情，身体坐直抬头听课，可以反映学习者积极地投入到课堂教学中，同时知识建构并未给学习者带来超额的认知负担，可以说明课堂教学效果良好；反之，当学习者处于迷茫、困惑、负面的表情，身体左右倾斜，视线未集中于黑板或书本，则反映学习者的课堂参与度较弱，知识自我建构过程中存在较大的认知负荷，学习效能较差。

智能化技术通过采集学习者面部及身体姿态数据，获取学习者情感特征反馈给教育者，以及时调整课堂教学内容与策略。课堂情感感知可以基于面部表情、身体动作、语音信息等信息融合获取学习者的情感特征进行分析，以针对性地对学习者开展指导，为精准全面地反映课堂教学效果提供数据支持。

例如，Alexandria等人发现，通过识别、收集及应用学习者的学习行为、面部表情等数据能有效地预测及调整学习者的学习结果[③]。该研究被应用在一套Java编程学习系统中，学习界面包含任务描述窗口、学习者的Java代码编写窗口、程序编译与执行输出窗口、辅导教师与学习者对话交流的文本窗口，借助该系统可实现师生同步交流，如图7-8所示。

图7-8中的系统在收集数据时采用了Kinect深度相机（检测姿势和手势）、一个集成的网络摄像头（观测面部表情）以及皮肤电传导手镯（检测皮肤电传导活动），每个学习者在学习之前和学习之后都要经过成绩测评。图7-9是应用摄像头所采集到的部分学生的面部表情图。

除了基于面部表情和手势的情感分析外，基于学习者的眼动数据跟踪也可以分析学习者的学习兴趣、内容偏好等。例如，Mathews 等开发了一个被称为EER-Tutor 的智能辅导系统用于获取开放学习者模型（open student model，OSM），学习者模型的形成依赖于系统对学习者眼动数据的跟踪。[③]图7-10为某位被试学生的眼动数据图，被试者对某一概念的凝视时间越长，节点颜色越深。

---

① SU CH. Designing and developing a novel hybrid adaptive learning path recommendation system (ALPRS) for gamificationmathematics geometry course[J]. EURASIA Journal of Mathematics Science and Technology Education，2017，13（6）：2275-2298.

② 李凤英，龙紫阳. 从自适应学习推荐到自适应学习牵引模型："智能+" 教育时代自适应学习研究取向[J]. 远程教育杂志，2020，38（6）：22-31.

③ 陈凯泉，沙俊宏，何瑶，等. 人工智能2.0重塑学习的技术路径与实践探索：兼论智能教学系统的功能升级[J]. 远程教育杂志，2017，35（5）：40-53.

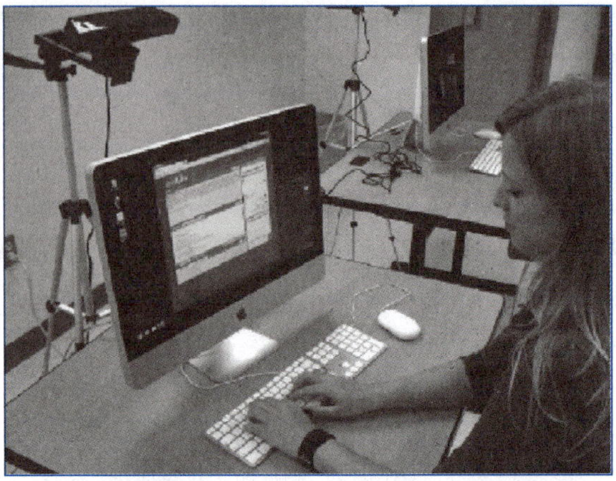

图7-8 收集学习者手势、面部表情的智能教学系统

（a）额头下压 （b）眼睑抬高 （c）嘴角下压 （d）嘴唇紧闭

图7-9 基于面部表情的情感识别

彩图

扫码看彩图

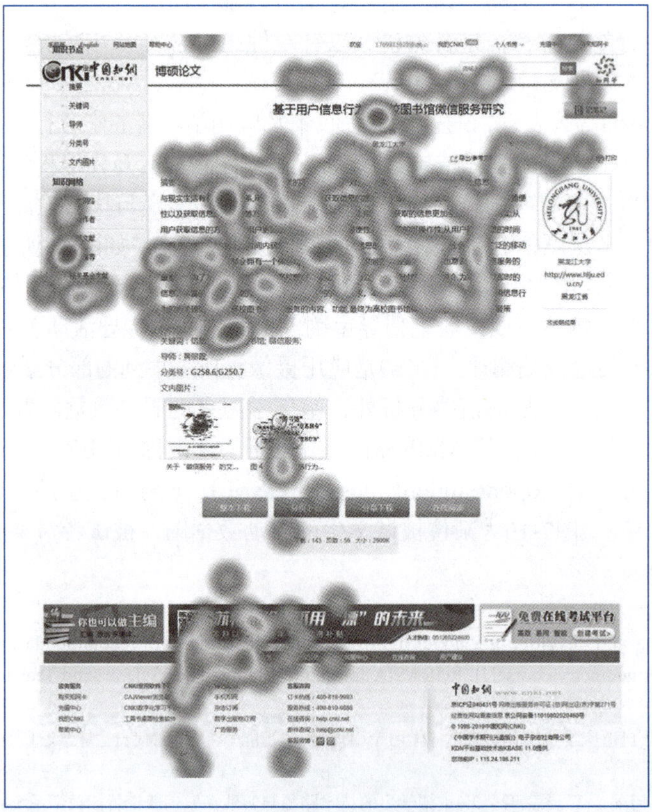


图7-10 学习者眼动数据跟踪结果

该OSM模型被定义为学习者如何看待其正在学习的知识，智能教学系统正是依据这个学习者模型来判别每个学习者的学习情况，然后做进一步的教学辅助。

## 练习与思考

**论述题**

1. 以智能化课堂考勤管理为例，讨论传统考勤方式和自动化考勤系统的优缺点，并提出至少两种改进传统考勤方式的建议。

2. 思考情境化教学对学习者学习的影响，提供一个情境并说明如何利用智能技术增强学习者对该场景的学习体验。

3. 类人工答疑在课堂教学中的作用是什么？请举例说明学习者在课堂上遇到问题时如何利用智能实时答疑系统进行解决，并分析其对学习者学习效率的影响。

4. 思考个性化课堂评价对教师的教学提供了哪些帮助？举例说明一种个性化课堂评价工具，并分析其如何帮助教师更好地调整教学策略。

## 7.2　智能化评价与辅导

视 频

智能化评价与辅导

智能化技术的应用不仅局限于课堂教学，还继续延伸至课后的评价和辅导环节。智能化技术赋能学习效果评价和学习辅导，能为学习者提供学习效果反馈和指导，促进知识建构与能力培养。本节将探讨智能化技术如何赋能课后的学习评价和辅导，包括教学效果智能评价、课后智能辅导系统以及辅导系统的构建三个部分。

### 7.2.1　学习效果智能评价

教育评价是教育发展的指挥棒，是撬动教育教学改革的杠杆支点。而课堂教学能力评价既是教育评价体系的核心范畴，也是引导促进教育者课堂教学能力提升的重要手段。近年来，各地中小学均在积极推动教育者的课堂教学能力评价改革。但课堂教学是一个相对复杂的过程，具有鲜明的整体性、动态性和协同性等特征，这无疑给学习效果评价带来巨大挑战。

#### 1. 传统学习效果评价存在的问题

传统的学习效果评价通常采用笔试客观评价和课堂观察评价等方法，而基于人工的方法均存在主观性较强、评价片面等问题。事实上，扩大客观笔试权重可能导致弱化教学实践能力和偏离以学习者学习效能导向；而扩大教师评审权重则可能导致对学习者的课堂学习效果评价存在个人色彩，或缺乏标准化和一致性；同时这些方式往往缺乏反馈和迭代改进机制，不符合成果导向和学习效能提升的指导思想。传统学习效果评价存在的常见问题如下：

（1）评价标准单一

传统学习效果评价方式主要以考试成绩为唯一标准，忽视了学习者的其他能力和素质，如创造力、批判性思维、团队合作能力等。这种评价方式容易导致学习者过度关注分数，而忽视了学习过程和个人发展。

（2）评价周期较长

传统学习效果评价通常在学期末进行，评价结果具有周期性和单次性，难以及时反馈学习者的学习情况，不利于教育者及时调整教学策略。同时，传统学习效果评价主要关注学习结果，忽视了学习过程中的表现和进步。这种评价方式不利于培养学习者的自主学习能力和探究精神。

（3）评价主体单一

传统学习效果评价主要由教育者进行，学习者和相关人员的参与度较低。教育者的个人偏好、经验和主观判断都会影响评估结果的客观性和公正性。这种评价方式容易导致评价结果的主观性和片面性，缺乏多元化的视角。

（4）反馈不及时

对学习效果评价结果一般要求在课后反馈给参与者，但有时也会在阶段性的多次教学后进行统一反馈。无论哪种形式，事实上都无法实时在课堂进行时给予反馈。这就会导致基于反馈的教学迭代改进存在时效性问题，影响学习效果评价的准确性。

（5）不适合大规模应用

当前学习效果评价以行为人的主观评价为主，评价过程复杂、评价结果缺乏一致性。因此只能采取抽样评价或者短期集中评价的方式，无法开展大规模随时随地的评价。这就会影响学习效果评价的全面性和指导性。

### 2. 智能化学习效果评价案例

智能化学习效果评价能够根据学习者对考核的应答情况，智能地评估学习者的学习成绩和能力水平。同时，系统还可以根据学习者的优势和不足，推荐适合其个性化学习的教材和课程，帮助学习者更好地掌握知识和技能。

一个典型的智能化学习效果评价案例是作业自动化批改。作业自动化批改是指利用人工智能技术，通过自动化和智能化的方式对学生的作业进行评估和反馈的过程。作业批改流程如图7-11所示，它借助智能化方法和工具，将传统的人工批改过程转变为自动、高效的智能化评估过程。这种评估方式既缩短了作业批改的时间，又节省了人力与物力。同时由于智能化算法的客观性，智能化作业批改保证了评估标准的一致性，消除了人为因素的影响。同时通过设计程序，可根据学习者的作业完成情况自动生成学习者个性化指导模式以辅助学习者学习。

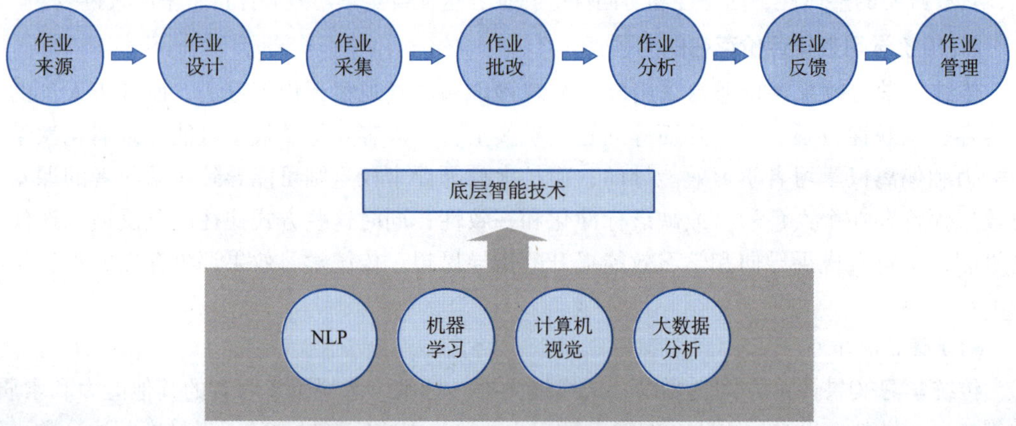


图7-11 作业自动批改流程

智能化学习效果评价涉及新一代信息技术中的多个关键领域，如NLP、机器学习、计算机视觉、大数据分析等。以下是这些技术在智能化评价领域发挥的作用。

（1）NLP

NLP技术在智能化评价中发挥着关键作用。它允许计算机理解和处理人类语言，使其能够分析学习者的文字表达。在文学、逻辑学、语言学等领域，NLP可以通过分析语法、词汇、逻辑结构等方面，进行作业的语义理解和评估。

（2）机器学习

机器学习是实现智能化评价的核心技术之一。通过对大量已标注作业样本的训练，模型可以通过监督、弱监督、无监督等不同学习方法建立作业评分模型。模型能够根据已知样本学习对未知作业提供准确评价，并可以对不同类型和难度的作业提供评价依据。

（3）计算机视觉

对于各类需要图像和图形辅助完成的科目作业，计算机视觉，特别是图像识别处理技术可以用于自动识别和解析学习者的手写或绘图内容。通过相应的机器学习模型，智能化评价系统可以有效地理解和分析作业内容，进而评价学习者的解题过程和正确性。

（4）大数据分析

大数据分析是使自动化评价向个性化学习辅助延伸的重要技术。通过收集和分析大量的学习者作业数据，系统可以基于横向和纵向比较，进行对学习者的更准确、个性化的学习辅助。大数据分析可以揭示学习者在不同知识点上的优劣势，为教师提供更有针对性的教学建议。

### 3. 基于大数据的综合素质评价的方法

随着智能化技术在教育领域的广泛应用，普遍认为对学习效果的智能化评价可以有效解决目前传统课堂评价的问题。为实现学生更全面、更综合的发展，充分利用智能技术，可以实现学生综合素质的智能化评价。

（1）个性化标准

相对于以往一把尺子评价所有学生的现状，智能化学习时代需要为每个学习者的学习制定一把适合的尺子，即制定个性化的评价标准。这需要针对多元化评价项目和内容，根据家校双方的共同要求，结合大数据测得的学习者个体实际情况，由参与教育的各方协商制定出适合个体的评价标准，如需要达到的能力要求、学习内容的规定、学习及练习时长，论文或作品提交的数量和质量等。该标准即是对学习者学习评价的依据。

（2）伴随式采集

相对于当前更多的是通过对学习者在线行为数据的采集，如鼠标点击、键盘敲击以及在线作答等途径实现的数据收集与采集，智能化学习评价则会在此基础上进一步采用无感伴随式数据采集与整理方式。无论是知识的学习、还是技能的练习甚至包括学习者社会实践或社区服务，均会针对过程，通过其随身携带的智能感应终端进行数据采集，即如学习或练习的时长、提交的论文或作品、实验过程或体验技能练习的全过程、社会实践或社区服务过程。上述信息能够在学习者无感的学习过程中被记录和采集到平台中来。需要注意的是，该信息的采集、管理和使用都要提前和学习者协商一致，需要签订伦理协议，以保护个人隐私不受侵犯。

（3）及时性报告

在智能化学习评价时代，形成性评价与总结性评价的区别正在逐步弱化和模糊，任何一个节点的形成性评价都可以是总结性评价；反之，任何一个阶段的总结性评价也都可以被看作该阶段的形成性评价。基于管理平台上内置的学习者评价标准，结合学习过程中伴随式采集的数据，平台及时对学习者学习的方方面面进行专项或综合分析，并向各参与方发送阶段性学习诊断报告。报告或提醒的内容，需包括学习者在该领域取得的成绩、存在的薄弱之处，需要改进的方法与路径、改进所需的材料与内容等。报告的内容既可以作为改进学习的依据，也可以作为鉴定性考核的依据，兼具形成性评价和总结性评价的功能。

## 7.2.2 智能学习辅导系统

随着“双减”政策的实施[①]，学习辅导在教育体系中的重要性愈发凸显。“双减”政策旨在减轻学生的学业负担和校外培训负担，同时有效降低家庭教育支出和家长精力负担[②③]。在此背景下，学习辅导不仅成为学校教育的重要补充，还帮助学习者巩固知识、提高学习方法，并为家长提供了解决孩子课后问题的有效途径。

学习辅导是指在正常授课之外，由学校或学习者主导的，用于满足学习者个性化学习需求的一系列服务。学习辅导是落实立德树人根本任务，切实解决双减后“放学早、接送难、无人管”的难题，减轻学习者作业负担、校外培训负担、家庭教育支出和家长相应精力负担的重要举措。目前，辅导服务受到了社会各界的广泛关注。

### 1. 传统学习辅导

学习辅导的定位不同于课堂教学。学习辅导不是要讲授新知，而是要指导学习者对当前知识进行深入建构，对学习有困难的学习者进行辅导答疑，对学有余力的学习者进行知识的深入关联学习，以满足学习者多样化的学习需求。虽然学习辅导的用意很好，也在一定程度上取得了成效，但也存在一些问题。

（1）活动内容单一

部分地区、学校活动内容单一，无法调动学习者的积极性。具体来说，不少学习辅导没能跳出课程教学的范畴，只是简单地延伸和加深课堂教学内容，无法满足学习者个性化学习需求。

（2）加重教学负担

学习辅导的开展，使得教育者在正常的教学任务后还要进行学习辅导活动的开展。教育者的工作量相对以往而言显著增加，在一定程度上加重了其负担和压力，相应的情绪和工作态度也会相对消极，不利于增强学习效能。

（3）质量无法保证

一方面，目前的学习辅导存在较大程度的资源不足问题，主要表现在人员、设施和资金等方面，导致了其服务质量难以保证；另一方面，学习辅导中教育者的专业水平存在差异，更多的低经验教育者可能参与其中，导致质量不高。

---

①中共中央办公厅，国务院办公厅. 关于进一步减轻义务教育阶段学生作业负担和校外培训负担的意见 [EB/OL].（2021-07-24）[2024-07-25]. http://www.moe.gov.cn/jyb_xxgk/moe_1777/moe_1778/202107/t20210724_546576.html.

②王欢. 推动“双减”落地 让教育回归本真 [EB/OL]. 中国教育报，（2022-02-25）[2024-07-25]. http://www.moe.gov.cn/jyb_xwfb/moe_2082/2021/2021_zl53/tsj/202202/t20220225_602229.html.

③焦点访谈. “双减”一年看变化 [EB/OL]. 央视网，（2022-09-24）[2024-07-25]. https://news.cctv.com/2022/09/24/ARTIom5CCRoiId3ocIvm3VNa220924.shtml.

（4）无法满足个性化需求

由于传统学习辅导中，辅导内容和形式相对单一，无法满足个别学习者的学习需求；同时教育者往往要对多个学习者开展辅导工作，无法针对性地提供个别辅导和支持。即使有“走班制”等新型的辅导策略，也会造成教育者无法在短时间内了解学习者的学习情况，也同样无法满足其个性化的学习需求。

（5）增加额外负担

学习者参与课外辅导需要额外支付时间和经济等成本，从而会增加其额外负担。在学习者时间、精力或经济条件受限的情况下，部分学习者在学习辅导中无法达到成本边际平衡，会产生与成本不匹配的额外负担。

### 2. 智能化课后辅导

伴随着人工智能技术在教育领域的快速发展，智能学习辅导逐步发展成为“人工智能+教育”领域的重点应用场景。在智能化学习辅导的情境下，学习者会就有疑问的问题同智能化辅导系统进行交流；系统对学习者的问题进行充分解读、理解后，智能生成辅导资源，以达到提高学习者学习效能的目的。

智能化辅导系统通常由四个基本组件组成①，域模型（domain model）、学习者模型（student model）、辅导模型（tuoring model）和用户界面模型（user interface model）。四个组件各自承担不同的角色，但彼此又相互协作，共同协作以实现智能辅导系统的核心目标，即确保每位学习者获得根据其需求和水平定制的教育支持。

（1）域模型

域模型用于表示课程或学科的知识结构和内容，包括概念、关系和信息的组织方式，以帮助系统理解学科的基本概念和学习路径。域模型为智能辅导系统提供了课程的框架和内容。基于域模型，系统可以确定学习者需要学习的内容和学习框架。域模型的设计影响了智能辅导系统如何教授和传达知识。

（2）学习者模型

学习者模型保存了学习者的学习信息，包括学习者的成绩水平、学习风格、兴趣和历史学习表现等，它帮助智能辅导系统了解学习者的学习状态与需求，以根据其成绩水平和学习需求定制辅导内容。系统根据学习者模型来决定提供提示、解释和练习题的难度和内容，以适应学习者的个性化需求。

（3）辅导模型

辅导模型是智能辅导系统的核心，根据域模型和学习者模型决定如何提供学习的辅导支持和反馈。辅导模型基于域模型和学习者模型的综合性结论，为学习者制定个性化的辅导计划。辅导模型负责确保学习者理解和掌握课程内容，并根据学习者的学习状态变化来调整辅导计划。

（4）用户界面模型

用户界面模型主要用于支持系统与学习者的互动，包括系统的用户界面设计，以及学习者与系统的互动方式，如问题回答、资源查看、互动练习的方式等。用户界面模型的设计直接影响学习者在学习辅导中的参与性，良好的用户界面可以提高学习者的互动和参与，使学习过程更加愉快。

---

①任明仑，杨善林，朱卫东. 智能决策支持系统：研究现状与挑战[J]. 系统工程学报，2002（5）：430-440.

### 7.2.3 基于知识图谱的辅导模型构建

利用知识图谱整合课程知识结构和内容模型，构建课程图谱，为智能辅导系统建立了课程框架和内容知识支撑，是构建智能学习辅导系统的关键技术之一。

#### 1. 基于知识图谱的域模型构建

知识图谱的两种基本形式为：实体结构，由实体E、属性A和属性值V组成，表示实体状态；关系结构，由头实体H、关系R和尾实体T组成，表示实体联系状态。对于课程而言，知识点是一门课程知识体系的基本组成单元，课程知识体系是由若干知识点连接而成。因此知识点可以作为课程知识体系的基础实体，从而以知识点实体及其之间的关系为基础进行课程图谱的构建。

但是，一方面仅依靠定义来解释知识点，既枯燥学习者又不易理解。另一方面，由于教材对于知识点间的关系不会给予特殊说明，直接去分析知识点之间的关系对于学习者的知识建构相对困难。为此，在课程知识图谱中进一步提出“例题实体”和“问题实体”，并与知识点实体建立一对多和多对一的关系。通过为知识点添加例题解答，即构建知识点相关的问题并给予相应答案，有助于学习者更好地建构相应知识，加强学习者的学习效能。

综上所述，以知识点实体、例题实体和问题实体为核心实体类型构建课程图谱实体，如图7-12所示。将知识点实体垂直域的例题实体与问题实体作为与知识点实体同一水平域的实体，在知识图谱基本框架上构建了扁平结构的课程图谱。

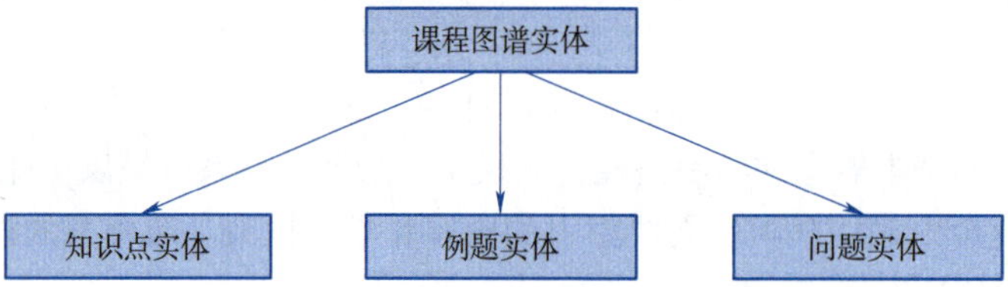


图7-12　课程图谱实体类型

具体而言，课程图谱的构建主要包括知识点实体的提取及其关系定义、问题实体的衍生以及例题实体的衍生。

（1）知识点实体提取及关系定义

以知识点实体为基础实体，自底向上构建课程知识体系，如图7-13所示。

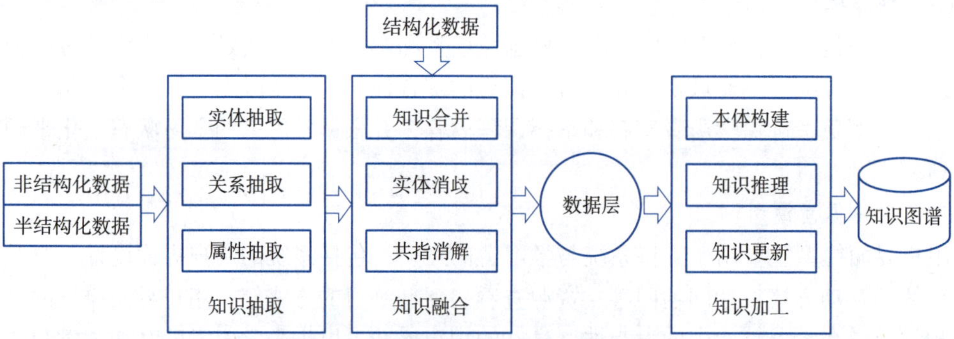


图7-13　知识图谱自底向上构建流程

知识点的提取主要包括概念提取和实体关系构建。概念提取可以依托于领域的教材和专著。事实上，一般学科的知识结构都可以以复杂图的形式进行描述，因此知识图谱的图结构可以直观清晰地展现全部知识点实体及其关系。不同属性的知识点实体可以依种类划分为定义类、应用类、性质类、条件类。

由于部分知识点实体存在多词一义的特点，需要进一步增加同义关系，使相同解释的知识点实体可以相互链接。知识表示以固定结构的数据进行表示，知识点实体之间的联系表示为（H，R，T），其中H表示知识点头实体，R表示为知识点实体之间的关系，T表示为知识点尾实体。

（2）问题实体的衍生

将知识点实体垂直域中的对应问题扁平化为问题实体，一方面可利用相关问题帮助学习者理解该知识点，另一方面缓解知识库存储压力。问题实体主要是通过对知识点相关图谱遍历生成，其生成规则为：知识点实体三元组为（H，R，T），以R进行问题分类。当关系R固定时，对同一头实体H，不同尾实体T的所有三元组来说，生成以H为核心的问题，对应答案为符合条件所有T的集合。

问题实体根据不同的关系，生成不同的问题，对应不同的答案。问题实体的垂直域为问题的答案和问题所对应的知识点实体，所以问题实体在课程图谱中的主要存储方式为：（知识点实体，问题，问题实体）。

（3）例题实体的衍生

将知识点实体垂直域中的相关例题扁平化为例题实体，一方面可利用相关例题辅助学习者更好地理解该知识点，另一方面可以增强知识库的存储效率。根据所抽取的知识点实体与衍生例题实体，可以辅助学习者理解该知识点。例题实体的垂直域为例题对应的知识点，所以例题实体在课程图谱中的主要存储方式为：（知识点实体，例题，例题N），其中N为例题序号。

域模型以知识点实体、例题实体和问题实体扁平结构，基于实体间的关系构成了智能信息系统，以对知识点进行理解、推理、学习和管理，完成对智能辅导系统的知识支撑。

### 2. 基于知识图谱的学习者模型建构

学习者模型的构建通常涉及大量的学习者数据，包括学习成绩、作业完成情况、考试表现、在线学习行为等。通过对这些数据进行分析，可以揭示学习者的学习模式、弱点和潜在需求，为个性化辅导提供依据。基于知识图谱的学习者模型包括学习者知识水平模型和学习倾向模型。

（1）知识水平模型

学习者知识水平模型用于评估学习者在不同学科或领域的知识掌握程度，模型通常基于学习者的学习历史、考试成绩、作业表现等数据，通过与课程域模型的对比，分析学习者的知识点掌握情况和学习进度，来评估其在特定领域的知识水平。通过分析学习者在不同学科领域的知识水平和掌握程度，模型可以帮助教育者了解学习者的学习状况从而为其提供针对性的辅导和教学计划。

学习者知识水平模型的建立借助于行为画像、数据挖掘等技术。通过对学习者数据进行分析和建模，可以实现对学习者的知识点掌握度评估、学习路径的规划、学习进度的监控，并有效预测学习者的学习成绩。学习者知识水平模型是进行学习辅导的基本模型，它可以帮助教育者更好地理解学习者的学习情况，从而通过个性化的学习支持和指导，提高学习者的学习效能。

（2）学习倾向模型

基于学习者的学习历史、行为数据和反馈信息，学习倾向模型可以分析学习者的学习偏好，并向其推荐相关的学习资源、课程或活动。这种个性化推荐可以帮助学习者更好地发现和探索自己感兴趣的领域，激发学习动力。在理论辅导中，学习倾向模型通过为学习者定制学习内容和任务，使其更符合学习者的兴趣和需求，以提高学习者的学习积极性和参与度；在实践辅导中，模型可以帮助设计更具吸引力和趣味性的线下实践方案，增强学习者的学习体验和成就感。

学习倾向模型可以根据学习者的近期表现，动态辅助调整辅导学习的路径和内容，及时反馈学习者学习进度和表现，帮助其更好地提高学习成绩。通过学习倾向模型，教育者可以更好地了解学习者的学习状态和偏好，为其提供个性化的学习支持和指导，提高学习者的学习效能。

### 3. 辅导系统与界面模型

基于域模型和学习者模型，可以构建辅导系统，通过对领域知识和学习者学习情况的协同建模和分析，为学习者提供个性化的辅导服务。

辅导系统通过机器学习和数据挖掘，将域模型和学习者模型结合起来，已完成个性化的学习辅导。模型利用机器学习预测学习者的学习需求和行为，使用数据挖掘提供相应的个性化学习支持与指导。通过以上步骤，基于域模型和学习者模型的辅导模型可以有效地支持学习辅导，提供个性化的学习服务，帮助学习者更好地学习和成长。

用户界面模型的设计对学习辅导系统的应用有着重要的作用。一个好的用户界面可以更好地辅助进行学习者与系统的交流，提供更好的个性化学习体验。

用户界面模型可以更好地展示学习者的学习状态、偏好和需求；可以调整界面布局、颜色搭配、字体大小等，使得学习者与系统交流时参与度更高；可以通过分析学习者在界面上的行为和交互，推荐偏好的学习资源、练习题目或课程内容，提高学习者的学习效率和质量；可以实时监测学习者在界面上的操作和反馈，迭代调整界面设计和功能设置，为学习者提供更好的体验和服务质量。

## 练习与思考

### 一、简答题

智能评价系统如何利用智能技术收集和分析学习者学习数据，以评价教学效果？说明其在教学中的作用。

### 二、论述题

1. 探讨智能辅导系统如何为学习者提供个性化、定制化的学习辅助，并举例说明其在实际应用中的效果。

2. 分析智能技术在课后学习巩固环节中的应用，以及对教育评价的影响，预测未来教学评价的可能性。

# 第8章 智能化翻转课堂教学实践——以语文教学为例

在信息化与智能化席卷全球教育领域的时代背景下，翻转课堂作为新型教学模式，以其颠覆传统、激发学习者主体性的特点备受瞩目。本章以“智能化翻转课堂教学实践——以语文教学为例”，深度探讨了智能技术如何赋能于翻转课堂，革新语文教学方式，实现个性化、高效的教学过程。我们将通过实际案例剖析，揭示智能技术如何从教学设计、实施和评价几个方面助力教师精准施教，辅助学习者自主学习，提升语文教学质量与效果，从而为未来教育改革提供有力的理论支撑与实践指导。

## 内容导图

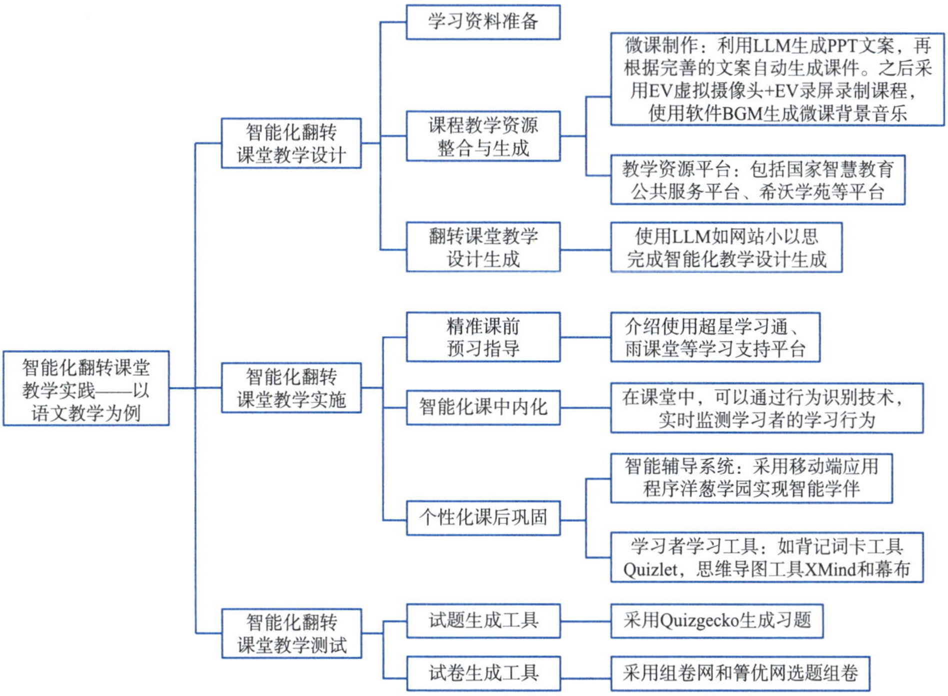

## 学习目标

1. 学会运用智能技术完成翻转课堂教学设计。
2. 学会运用智能技术辅助课堂教学。
3. 学会运用智能技术进行课后教学评价和辅导。

# 8.1 智能化翻转课堂教学设计

视频

智能化翻转课堂教学设计

在教育技术日新月异的今天，人工智能作为强大的赋能工具，正在深刻地改变着教学设计的理念与实践。本节以《鸿门宴》课程为例，深入探究如何巧妙融合智能技术和翻转课堂理念进行教学活动的设计。我们将关注人工智能如何助力教师创新设计课前学习任务，优化课堂互动环节，实现个性化反馈和动态调整教学策略，进而构建起以学习者为中心、自主参与度高、知识内化效果显著的新型翻转课堂教学模式。通过详实的设计原则、方法和案例解析，力求为一线教育工作者提供切实可行的智能化翻转课堂教学设计方案。

翻转课堂①是一种特殊的教学模式，通过重新安排学习过程，将传统的课堂授课与家庭作业的内容交换，使学生在家通过观看视频课程等方式接受新知识，而在课堂上进行实践、解决问题和深入讨论。《鸿门宴》是人教版高一年级语文教材中的课文，节选自《史记》。其篇幅较长，文言知识丰富，文章意蕴深刻。此类文言阅读课程适用翻转课堂进行讲授和学习，通过观看微课、网络学习平台等方式方法进行的课前自主学习，并在课内知识深化与检测环节中利用课本剧排演、模拟新闻发布会等灵活方式进行全方位、深入细致的讲解，使学习者对于课程内容能够全面掌握，并进行有效的知识迁移。

## 8.1.1 学习资料准备

在课前自主学习中，教师需要为学习者提前准备资料包，作为翻转课堂中学习者主动的学习环节。资料包中应所含内容有：

### 1. 学习目标

学习目标是教学的基础和领航，主要包括知识能力目标和过程方法目标两类，教师应针对学习内容和学习者特征总结出学习目标。

知识和能力目标指学习者需要了解作家、作品及相关史实等背景知识，掌握文言词句重点知识，学习思辨性阅读；过程和方法目标指学习者要学会利用人物鲜明的语言和动作特征分析人物性格，学习作者描写个性化人物的方法，以及如何采用辩证法评论历史人物。

### 2. 重难点微课

教育者需要将课文重难点讲解制作成视频微课，长度不宜过长，保持在10分钟以内。教育者应合理使用智能化工具以辅助高质量微课的快速制作。所生成的微课应帮助学习者全面系统地把握目标知识，有效引导学习者去挖掘深含的知识点，并学会在学习过程中提出问题并做独立思考。

① 何克抗. 从“翻转课堂”的本质，看“翻转课堂”在我国的未来发展[J]. 电化教育研究，2014，35（7）：5-16.

#### 3. 课文精读音频

教育者应提供对应课文的精读音频，以此帮助学习者掌握重点字词的读音、用法，使学习者整体感知课文，进一步梳理文言知识。如《鸿门宴》这类课文的全文精读音频在网络上较为常见，容易获取。对于一些偏门的、在网络上难以找到音频的课文或读物，可以利用智能化技术自动生成文本对应的音频以供学习者使用。

#### 4. 对应影视资料

教育者将反映课文场景的影视作品资料提供给学习者进行课前了解，以为后续课堂中的角色扮演环节做铺垫。一方面，影视资料可以使学习者熟悉故事情节，为学习者完成角色扮演提供参考；另一方面，可以引导学习者思考对比视频资料中的戏剧改编与课本故事内容的表现力和剧情冲突等。

#### 5. 自主学习问题

为引导学习者更好地思考，教师在课前应针对所需学习内容列出自主学习问题，可以利用文本分析技术针对内容自动生成提问和解答。以下为《鸿门宴》中自主学习问题的几个例子：

①找出能反映项羽和刘邦人物性格的词句，并做具体分析；

②结合课文及背景知识资料，分析项羽最终以悲剧收场的原因；

③拓展学习相关史实，自主探究鸿门宴对于楚汉战争走向的作用和意义。

自主学习问题要求学习者通过课前自主学习后形成自己的回答，在课内学习的成果交流环节中可分享答案并进行讨论。

#### 6. 课前任务

为促进学习者的参与性，除自主学习问题外，教育者应在课前布置相关学习任务，指导学习者的学习进程。了解并阅读完课前资料，以下为教师布置课前任务示例：

①熟悉课文中人物时代背景和语言，认真揣摩人物心理和性格特征，要求能用自己的方式将其表演出来。

②为主要人物（项羽、刘邦、范增、张良、项伯、樊哙）写一份20字以内的人物自述（或判词）。

课内教学设计是课堂中重点，教学方法多种多样，包括讲授法、角色扮演法、小组合作法等。教师应选择最合适的教学方法并组织教学。本书的《鸿门宴》案例中采用角色扮演法。

### 8.1.2　课程教学资源整合与生成

智能化技术可以辅助教育者提高为课前自主学习准备学习资料的效率，同时也可以迭代更新学习资料，使其与时俱进、更适应不同教学需要和不同学习者的学习情况。常见智能化辅助生成的资源主要包括微课、朗读音频、相关影视资料等。

#### 1. 微课制作

智能化技术在微课制作中具有广泛应用，目前有许多便利和智能化的工具可以为教育者和学习者提供帮助。

首先，自动化视频编辑技术可以通过分析音频和视觉内容，自动剪辑视频并添加过渡效果和字幕，提升微课的视听体验；其次，语音识别与文字生成技术可以将语音转化为文字，生成相应的字幕，使学习者能够更好地跟随课程内容；此外，智能化技术还可以通过知识图谱和数据挖掘技术自动生成题目和答案解析，减轻教育者的工作负担，提高学习效果；最后，智能辅助工具如自动化翻译和语法修正工具，进一步提高了微课制作的效率和质量。

随着技术不断发展，智能化技术在微课制作中的创新应用也将持续涌现。这些技术的应用提升了微课的质量和教学效果，为教学领域带来了巨大的改变和发展。

以下是一个利用智能化技术辅助《鸿门宴》微课制作的实例。本书也提供了许多相关微课制作的辅助网站资源以帮助教育者。

(1) 基于大模型生成课件文案

可以利用基于大模型的生成式工具对微课主题进行内容扩展，图8-1所示是以文心一言为例进行课件的高速检索和生成，能极大程度减轻教师搜寻资料的时间，同时大模型具有交互沟通功能，可以通过不断追问和附加条件以创造新的文案内容。

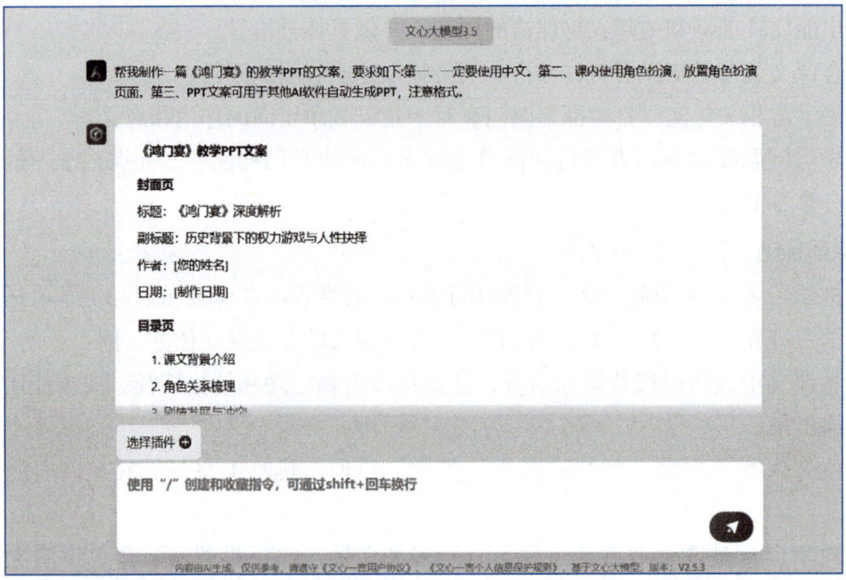


图8-1　利用文心一言生成课件文案

(2) 根据完善的文案自动生成课件

在利用大模型的语言生成功能生成文案后，可以进一步利用智能化应用软件自动生成相应的课件。本书以MindShow（mindshow.fun）为例，它是一款十分好用的课件制作工具。这款工具直接通过网页端生成课件，即无须下载、直接从网页端键入主题便可生成内容，也支持一键生成风格优美的课件。

首先输入网址，进入MindShow官网，该网站的页面干净简洁，可以使用邮箱注册登录，如图8-2所示。

图8-2　MindShow官网

注册后会直接弹出AI辅助创造窗口，可以选择快速创建页面，在主题输入方框内键入主题关键词便会自动生成目标内容的课件，如图8-3所示。

图8-3　便捷启动MindShow

同时，也可以与软件对话以明确具体要求，如图8-4为代表示例。

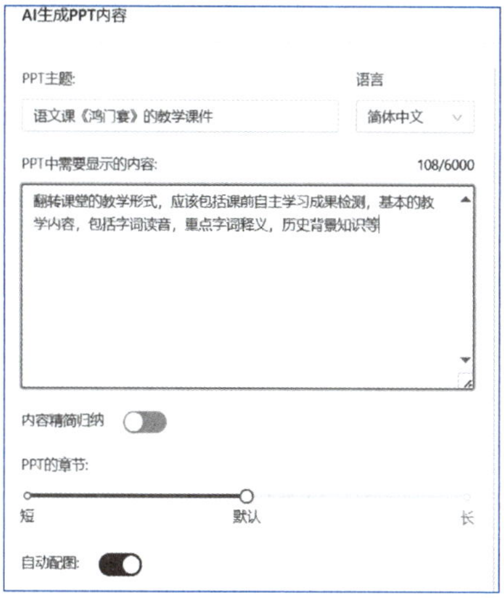


图8-4　教师输入具体要求以生成课件

网页会根据内容自动生成大纲，教师可以对此删减或更改，如图8-5所示。

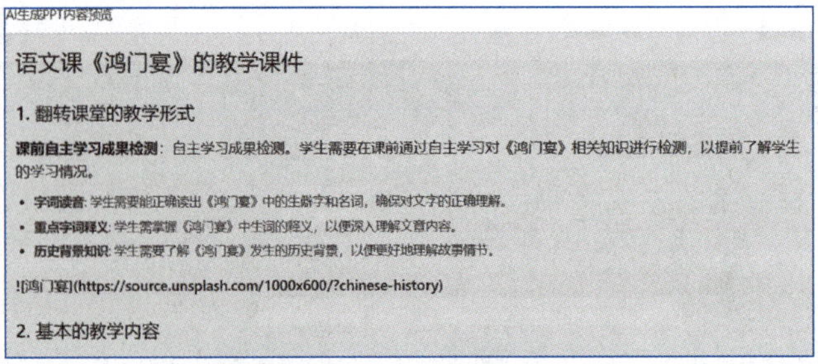


图8-5　课件大纲内容实例生成

继续单击生成即可快速生成图文并茂、布局优美的课件，如图8-6所示。在页面左侧可以对内容进行进一步修改，在右侧可以选择合适的模板以及课件布局。

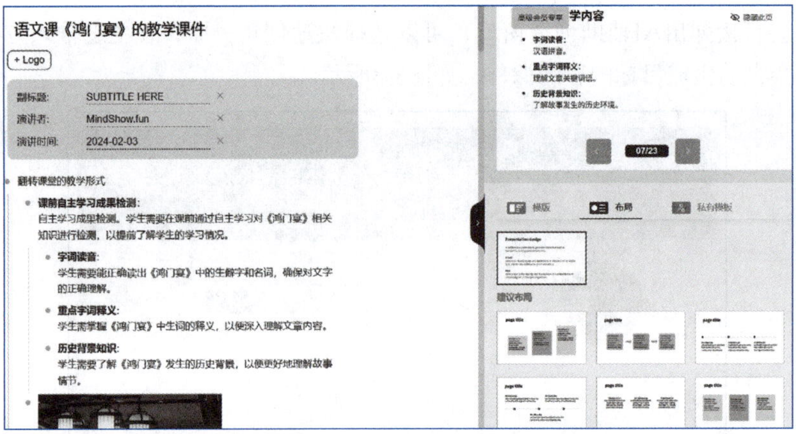


图8-6　课件生成设置

（3）EV虚拟摄像头+EV录屏录制课程

制作好课件后，可以通过智能化工具辅助录制课程。虽然智能化工具可以直接从文本生成语音，但相较于自动生成的语言而言，真人讲授往往能带来更好的传播效果。本书介绍一款使用手机模拟摄像的录课软件——EV虚拟摄像头。首先在EV虚拟摄像头官网下载手机与计算机相应的软件版本，按照官方指令完成手机计算机的连接，如图8-7所示。

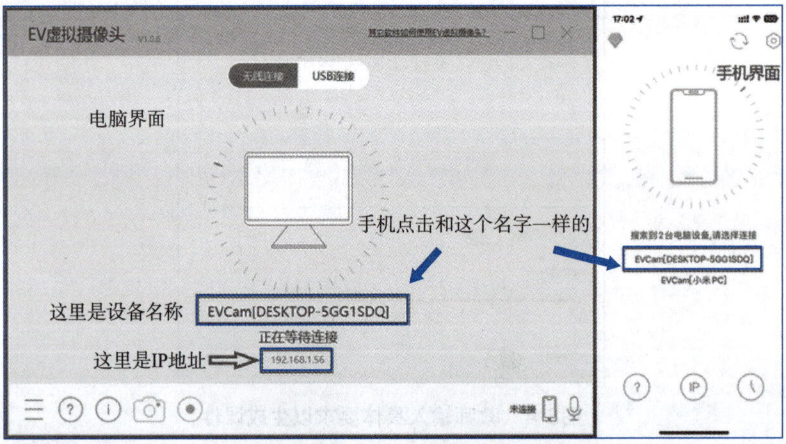


图8-7　EV虚拟摄像头操作介绍

此时手机摄像头的画面与声音就与计算机相连接了。连接的画面和声音稳定流畅，软件内置美颜、变声等多种智能化效果，支持直播推流软件、会议软件的画面调用等，也可充当直播的第二机位。保持EV虚拟摄像头在后台处于连接状态时，可以打开配套的EV录屏软件录制课程。单击“场景编辑”按钮时，便可添加人物视频动画提高学习者的参与度，如图8-8所示。

图8-8　EV录屏操作介绍

（4）微课背景音乐生成

微课内容录制完毕后，可以利用智能化工具自动生成并添加符合场景需求的背景音乐，以提高课堂场景的参与度。

本书以一款名为BGM猫的工具为例加以说明，如图8-9所示。BGM猫是一款免费在线的AI智能背景音乐生成器工具，可以根据不同的场景、风格和心情标签，一键生成不同的视频配音和片头音乐。

图8-9　BGM猫软件页面介绍

至此，教师的微课便制作完成了。相比于传统的微课制作过程，在智能化工具辅助下，教育者只需要考虑好课程主题，清楚并了解自己的需求，剩下的许多繁重和事务性工作便可交给人工智能处理。这极大地减轻了教育者的负担和工作量，也可以使教育者有更大意愿进行相关资源的制作和改进。

### 2. 教学资源平台

网络或其他开放平台中获取的教学资源质量可能存在质量不足或不适应课堂教学的问题。首先，教学资源的内容可能不符合教育者授课习惯或学习者学习水平等，需要花费更多时间和精力筛选和制作适合自己课堂的教学资源；其次，网络平台中直接获取的与课堂教学相关且合适的练习题需要经过修改后才能使用，而这些习题需要花费大量时间改编或整理组合；同时，为了提升学习者的阅读能力和扩展知识面，教师需要寻找适合学习者阅读的课外资料，但往往需要浏览大量的网络平台、图书馆和出版物，还可能难以获取完全符合要求的阅读材料。

由此可知，缺乏适合的教学资源也是阻碍教育者进行教学改革的主要问题之一，教师在制作教学资源时面临非常大的时间和精力的压力。因此，有一个集成和高质量的教学资源平台，能够提供全面的PPT、习题、阅读材料、音频和视频等资源，并且能够根据教师的需求进行筛选和定制，将会极大地减轻教师在获取教学资源方面的负担。

此外，个性化智能推荐技术在教育平台集成中起到重要作用，有了个性化智能推荐，教育者能自主“训练”符合自己需要的资源平台，以更加快速便捷地获取符合自身教学习惯和学习者能力的资源。在教育资源整合平台上，个性化智能推荐可以根据教学领域、年级、兴趣、习惯等因素，提供个性化的资源推荐。同时，它也可以使用机器学习和数据挖掘技术分析用户的行为数据，比如搜索历史、下载记录等，来了解用户的偏好和需求。

现有许多集成众多优质资源的教学平台，包括国家智慧教育公共服务平台、希沃学苑等平台，下面以这两个平台为例介绍教学资源平台。

国家智慧教育公共服务平台集成了大量优质国家教育资源，如图8-10所示。

图8-10　国家智慧教育公共服务平台中的教育资源

国家智慧教育公共服务平台拥有海量教育资源，是一个巨大的中文教学资源社区，教育者可以在平台上分享、交流教学资源、教案等，并与其他同行进行互动和合作。在图8-11所示页面可搜索所需要的课程包、课件、教学设计等音视频资源。

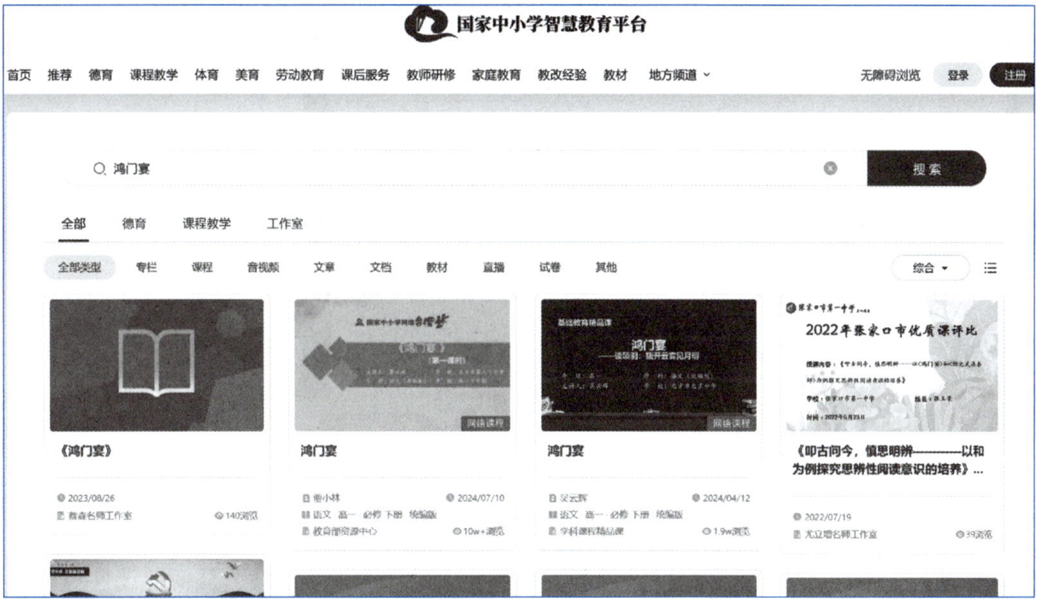


图8-11　国家智慧教育公共服务平台中的资源搜索

在教师备课授课页面根据学科和教材、单元可选择需要的教学资源，如图8-12所示。课程包中包括课件、视频课程、学习任务单、课后练习等资源，如图8-13所示。

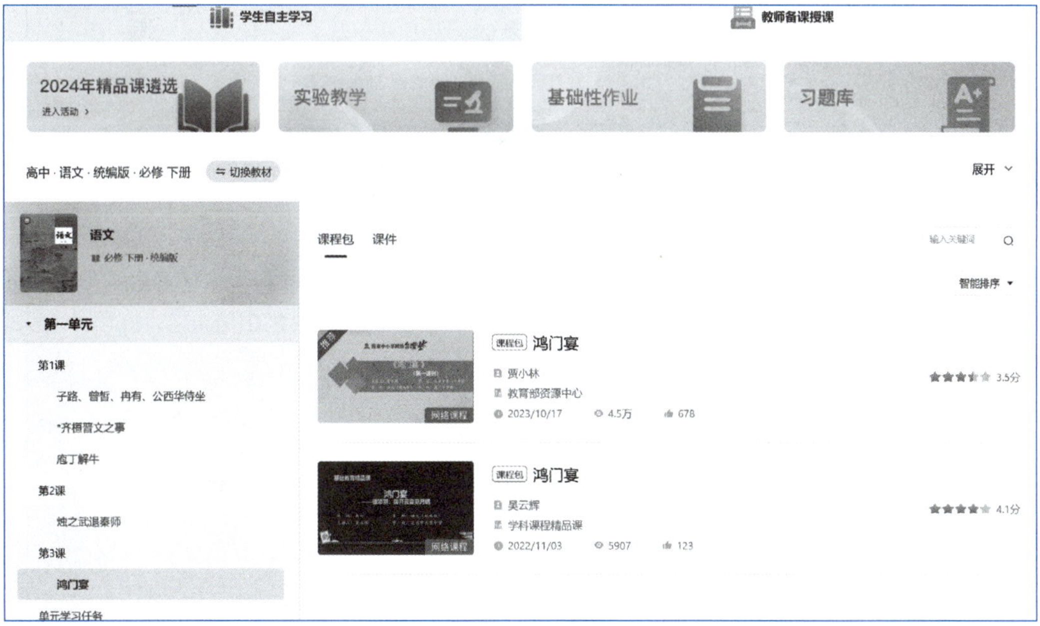


图8-12　鸿门宴教学资源选择

图8-13　搜索到的数字教育资源

希沃学院与希沃触屏兼容，可以免费下载课件、设计课堂小游戏，从而使课件更有趣，课堂更生动，希沃学院网站首页如图8-14所示。同时，希沃学院中可以找到《鸿门宴》相关微课资源，供教师参考进行教学设计，完成微课制作，或加入课前预习环节供学生学习，希沃学院中的微课资源如图8-15所示。

图8-14　希沃学院网站首页

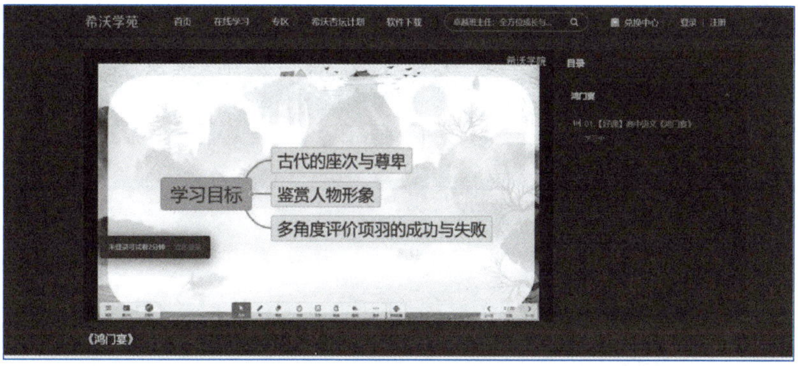


图8-15　希沃学院中的《鸿门宴》微课资源

## 8.1.3　翻转课堂教学设计生成

在收集完课程所需的资源之后，教育者需要完成基于翻转课堂的教学设计。翻转课堂设计需要统筹掌握包括教学内容、学习者特征、教学环境、教学工具等多方面的信息，传统教学过程中的翻转课堂设计费时费力，而智能化技术的应用可以帮助提高教学设计效率。

在翻转课堂教学设计中，智能化技术可以从多个方面辅助教学设计。NLP中的关键词提取和命名实体识别可以分析理解优秀教案的共性，从而生成合适的教学设计，节省了大量的教师备课时间；大模型和生成式人工智能，可以通过提示信息输入教学关键词，以自动化生成所需要的教学设计。智能化技术在翻转课堂教学设计中的应用可以提高教学设计效率和质量，给教育参与者带来更好的教学体验，具有广泛的应用前景。下面主要介绍大模型在翻转课堂设计中的应用。

虽然使用如文心一言等大语言模型可以完成课堂设计，但课堂设计网站具有更好的交互性和专业性。在开源大模型的支持下，当今市面上已经出现多个针对课堂设计生成写作的人工智能聊天机器人，下面以网站“小以思”为例来简介智能化教学设计生成，如图8-16所示。

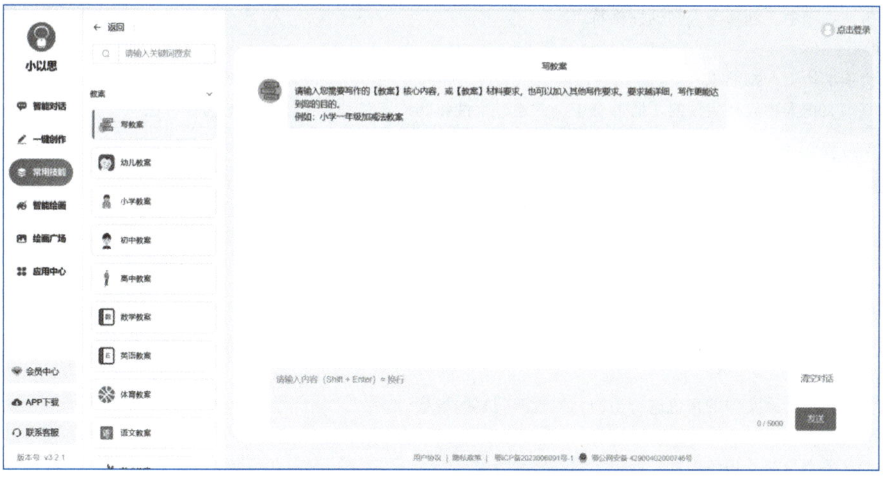


图8-16　教案生成网站

在左边栏目中选择具体生成的教案要求，以语文课文《鸿门宴》为例，可以输入要求生成翻转课堂形式的教学设计，如图8-17所示。

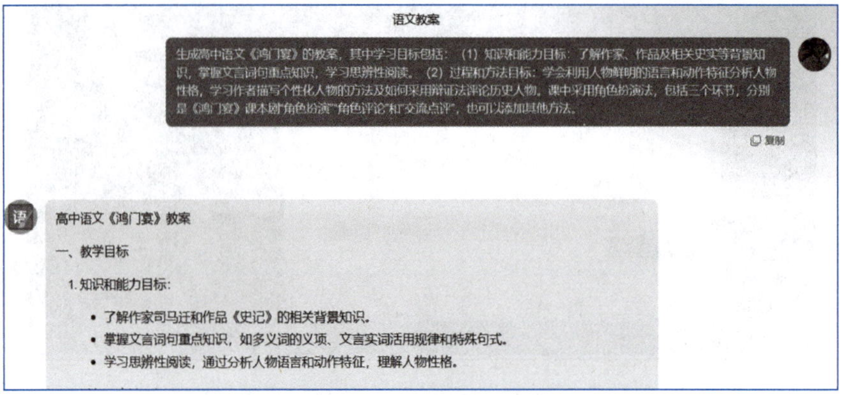


图8-17　教学设计生成示例

表8-1是教学设计生成实例展示。

表8-1　教学设计生成实例

| 高中语文《鸿门宴》教案 |
|---|
| 一、教学目标 |
| 1.知识和能力目标：<br>了解作家司马迁和作品《史记》的相关背景知识。<br>掌握文言词句重点知识，如多义词的义项、文言实词活用规律和特殊句式。<br>学习思辨性阅读，通过分析人物语言和动作特征，理解人物性格。<br>2.过程和方法目标：<br>学会利用人物鲜明的语言和动作特征分析人物性格。<br>学习作者描写个性化人物的方法及如何采用辩证法评论历史人物。<br>3.情感态度与价值观：<br>引导学习者通过自主分析、理解，对文中人物做出适当评判，允许不同观点存在，鼓励学习者答案多元化 |
| 二、教学重点与难点 |
| 1.教学重点：<br>学习本文出现的古汉语常用词语和特殊句式用法。<br>正确分析认识项羽、刘邦等人物的性格特点。<br>2.教学难点：<br>正确评价项羽历史人物形象。<br>学习借鉴本文把人物放在尖锐的矛盾冲突中，并通过个性化的语言和动作予以刻画的写作方法 |
| 三、教学过程 |
| 1.导入：<br>通过介绍司马迁和《史记》的背景知识，引导学习者了解课文背景。<br>2.阅读课文，整体感知：<br>让学习者自由朗读课文，理解大意，注意文中的人物关系和矛盾冲突。<br>3.分析人物性格：<br>让学习者找出文中描写人物性格的关键词句，通过角色扮演法，分析刘邦、项羽等人物的性格特点。<br>4.角色扮演：<br>学习者分组，选择课文中的角色进行扮演，再现鸿门宴的场景。<br>5.角色评论：<br>让学习者从各自扮演的角色出发，评论人物性格和行为。<br>6.交流点评：<br>让学习者分组讨论，总结课文中的人物性格特点，以及作者如何通过语言和动作描绘人物。<br>7.总结与反思：<br>让学习者结合课文，总结所学知识和方法，进行自我反思 |

续上表

| 高中语文《鸿门宴》教案 |
| --- |
| 四、课后作业 |
| 1.整理课堂所学知识，完成相关练习。<br>2.搜集关于项羽、刘邦的历史资料，进行辩证法评论 |
| 五、教学评价 |
| 通过课堂表现、课后作业和学习者自评等方式，评价学习者在知识、能力和情感态度方面的收获 |

由此，智能化工具生成了教学设计方案，这可以为教育者提供基本模板和初始模型。后续教育者可以根据生成的设计方案再进行个性化修改，节约了大量时间。根据各种大模型驱动的教学设计生成模型，可以灵活地生成课堂教学需要的设计方案，同时通过对话提示的方式对教案进行智能化修改；也可以利用软件生成一个初步的原始教学设计，再在此基础上人工进行修改和完善。无论如何，合理利用智能化技术可以大大增加教学设计制作的效率，将繁杂的事务性工作交给智能化工具进行处理。而教育者可以更好地发挥创造性才能，为提高教学质量和教育创新做出贡献。

## 练习与思考

**实践题**

1. 按照8.1.1节的指引，选取一个主题，并利用智能化工具完成微课制作。
2. 尝试利用教学资源平台寻找某个主题的教学资源。
3. 按照8.1.3节的指引，选取主题，利用智能化工具生成教学设计。

## 8.2　智能化翻转课堂教学实施

智能化技术不仅可以用于辅助教学设计方案生成，也可以用于教学实施过程辅助。本节以“智能化翻转课堂教学实施”为聚焦点，基于上节中的《鸿门宴》设计案例，系统阐述了智能化技术如何重塑并优化翻转课堂的教学流程。本节主要探讨智能化技术助力实现精准课前预习指导、智能课堂活动组织以及个性化学习效果追踪三个部分。智能化技术的应用可以使得翻转课堂的教学过程更为灵活高效，互动性更强，学习者主体地位得到充分彰显。通过生动具体的实践案例分析，读者可以深刻理解并掌握智能化技术支持下的翻转课堂教学过程设计与实施的关键策略和方法，推动教育教学改革新发展。

视　频

智能化翻转课堂教学实施

本节仍以高中语文课本中《鸿门宴》课案为例，结合语文阅读课程的翻转课堂教学设计，创造虚拟教学情景以组织实施。该教学过程一般分为“课前自主预习”“课内交流深化”和“课后总结反思”三个环节，第一环节重在“学”，第二部分重在“导”，第三部分重在“思”。

## 8.2.1 精准课前预习指导

课前预习对于学习的重要性不言而喻，它有助于学习者在课堂学习中抢占先机，提前了解难点和重点，从而更好地吸收新知识。随着人工智能技术的不断发展，这种技术也开始在课前预习领域发挥巨大作用。智能推荐系统可以根据学习者的学习习惯和兴趣，为其推送相关的学习资料和预习内容，从而提高学习者的预习效率。此外，智能问答和在线辅导功能可以帮助学习者在预习过程中解答疑问，巩固知识点。因此，借助智能技术的支持，课前预习不仅变得更加高效便捷，也更能满足学习者个性化的学习需求。

在翻转课堂中，学习者需要在课前进行预习，浏览学习并消化好课前自主学习资料包，因此需要采取方法在课前对学习者的预习情况进行检测。在课前部分，教育者会提供课程相关的资料，包括提取录制好的微课、朗读音频、影视资料和预习小测等让学习者进行学习。而利用集成式的学习支持平台，可以更好地收集学习数据，支持学习者一体式的预习，并过程性地检测学习者学习成果。国内已经有相对完善的学习平台，比如雨课堂、超星学习通等。在此主要以雨课堂为例，展示如何采用学习支持平台帮助学习者完成预习任务。

### 1. 雨课堂

雨课堂是清华大学基于学习科学的理论研究，并在MOOC平台基础上创建研发出来的软件，它是一项基于翻转课堂教学实验和学习科学的实践研究，雨课堂首页如图8-18所示。

雨课堂有微信和课件接口，为教学提供了便捷高效的使用体验。教育者可以在课前预习中插入讲义，并轻松导入同公司建立的MOOC网站“学堂在线”中的教学视频，或者其他视频网站资源的影视资料；也可以将多风格的MOOC视频和已有文档自由组合为个性化的、符合个人教学风格和学习者偏好的教学设计。

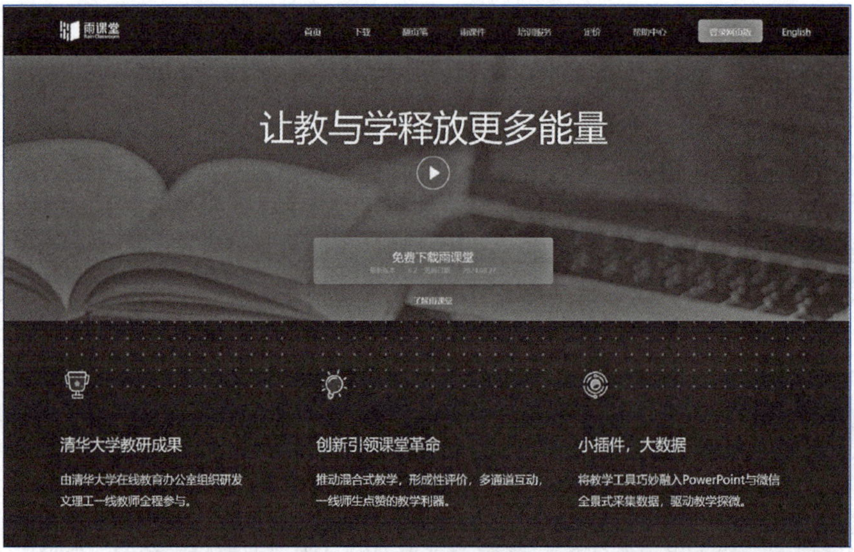


图8-18 雨课堂官方网站首页

在登录雨课堂后，可以以教师身份创建课程或以学生身份加入课程。在此以教师身份为例，教师单击“创建课程”按钮即可开始智慧课堂，如图8-19所示。

图8-19　雨课堂创建课程示意图

在创建课程后可以进行班级管理，添加、删除、编辑该课程包括的班级，如图8-20和图8-21所示。

图8-20　雨课堂创建班级示意图

图8-21　雨课堂已创建班级页面

教师可以使用微信小程序接口便捷接入雨课堂使用。教学资源通过微信连入雨课堂后，可以增加语音进行针对性提醒或指导，提高预习效果。在雨课堂中添加课程资源如图8-22所示。

课前预习资源发送后，教师可以收到学习者的实时学习情况。同时可设置预习的时间节点，在节点前没有进行预习的学习者会收到提醒。多种用户友好的功能可以使学习者充分进行课前预习，教师可以发布任务供学生学习。教师利用雨课堂微信小程序发表任务的页面如图8-23所示。

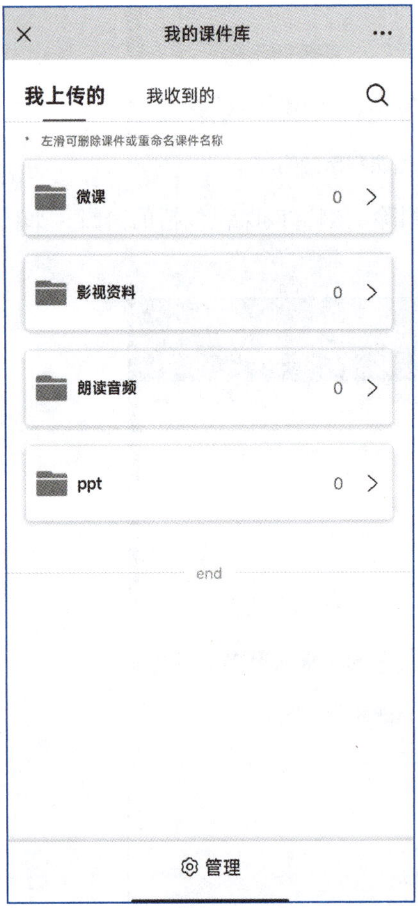


图8-22　雨课堂发布课程资源

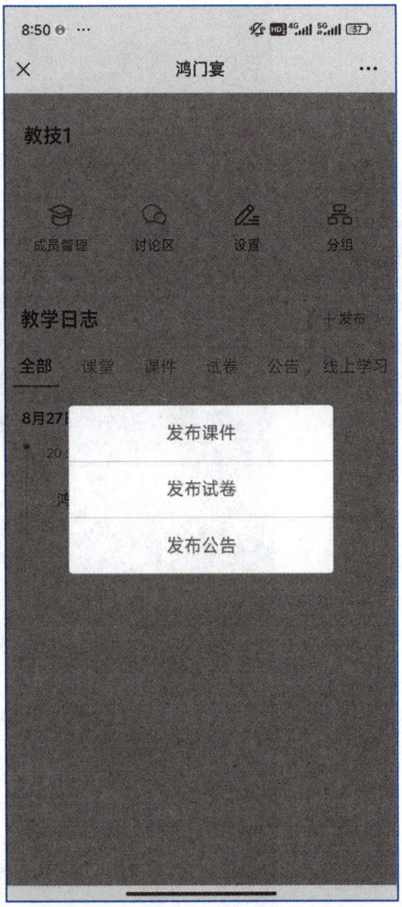


图8-23　雨课堂发布预习任务

## 2. 超星学习通

超星学习通同样是国内常见且功能完善的学习支持平台，它是一个功能强大的在线学习平台。学习通有网页、手机App等多个访问端，为学习者提供了一个多元化的预习环境，让学习者可以随时随地开展学习，如图8-24所示。

学习通整合了大量的优质教育资源，包括视频教程、课堂习题、文字资料等。同时学习者可以在预习过程中通过讨论功能与其他学习者进行互动，分享学习心得和疑问，各用户的互动既能激发学习者的学习兴趣，还能培养其团队协作和沟通能力。使用学习通的页面如图8-25所示。

图8-24　学习通平台页面

图8-25　学习通平台的功能页面

对于教育者而言，可以在学习通上传准备好的课前预习资源，以推送给学习者。学习者根据自己原有的知识基础和接受程度，随时点播反复观看，满足个性学习、碎片学习和移动学习的需求。同时学习通平台会对学习者预习情况的数据进行自动采集和分析，完成针对课程内容和学习者个体精准制定的“翻转课堂”教学设计。

## 8.2.2　智能化课中内化

在课堂中，教育者与学习者虽然保持面对面的高度交互，但无法长期对全部学习者保持持续关注，导致某些学习者在缺乏关注时的学习质量较差。一些学校和教育机构通过搭建智能教室，利用智能化技术实现课堂管理、教学辅助和学习者评估等功能，有效辅助了课堂教学。例如，将摄像头和传感器应用于课堂中，可以对学习者的参与度、学习情况和情绪进行分析和反馈。

在本节翻转课堂中，前10分钟主要对微课中的重难点知识进行强调，以传统的讲授法的方式为学习者巩固基础知识，并进行拓展和探究，对学习者能力进行进阶培养。在后半段将组织学习者进行角色扮演。角色扮演主要考查学习者对文言词句运用和人物特征的把握，由教师扮演说书人。教师每宣布一个角色上场，便使用代表该角色的道具进行击鼓传花游戏，道具落在哪位同学的手里，哪位同学就扮演该道具所代表的人物。表演完毕，教师引导学习者为课本剧表演中表现最好的学习者投票，得票数最高的前三者可获得课堂评测加分奖励，成为学习者学习效果评估的参考部分。在角色扮演之后，进入角色评论环节，再引导学习者运用思辨法分析历史人物，根据学习小组，教师引导小组推选出的代表有顺序地提问、计分，并针对学习者在回答提问时出现的错误或遗漏进行及时讲解，最后再对学习者的表现进行综合点评，并引导学习者分组进行讨论，令他们推选出一名“书记员”进行记录。教师要及时把握学习者的创作界限，不能出现不合逻辑、哗众取宠等倾向的言辞，引导学习者正确把握课文脉络和人物性格。课后教师将各组记录整理挑选上传至学习网站，做成实时交流模块，供学习者互动评论。

在课堂中，可以通过行为识别技术，实时监测学习者的学习行为，并及时给予反馈。当学习者注意力分散或者表现出不理解的迹象时，系统可以自动发出提示，提醒学习者重新集中注意力或寻求帮助，这样的即时反馈有助于学习者及时调整学习策略，避免错误积累，促进知识内化。同时可以对学习者的学习过程进行全面记录和分析。教师可以了解学习者在学习过程中的表现和反应，分析学习者的学习路径和困难点，从而能够更好地优化教学设计和个性化辅导，如图8-26所示。

图8-26 学习者课堂行为识别

## 8.2.3 个性化课后巩固

在课后巩固环节中，教师需要为学习者提供充足的学习工具和学习资源，并结合课堂表现针对性地对学习者进行辅导。教师应该根据课堂情况，上传复习巩固视频，对课堂中的重难点、知识点进行进一步讲解，并录制微课上传到网站上供学习者反复观看。一些智能辅导系统集成了大量学习资源和个性化的学习模式，能够帮助学习者进行自主学习，弥补课堂学习的不足，完成课后巩固。而学习工具能为学习者自主学习提供内在动力。

### 1. 智能辅导系统

智能辅导系统①通常会通过学习者进行知识前测，来描绘学习者在这个领域当前的学习画像，然后基于获取的学习者水平进行个性化辅导。辅导过程会针对前测中的错误，考虑到学习者的学习风格等个性化特点，由虚拟的“数字人”教师陪伴进行语音讲解。国内比较出名的智能辅导系统主要有洋葱学园，该系统为一款移动端应用程序，下文以此平台为例进行介绍。洋葱学园提供了丰富的教学资源，包括微课、智能互动题库、试卷等。同时通过智能技术提供了智能学伴，在练习、作业、复习等多种场景中为学生提供陪伴。洋葱学园通过智能人机交互方式，辅助个性化学习。洋葱学园移动客户端页面如图8-27所示。

在注册洋葱学园App时需要选择对应的角色和相应的学习学段，以便于系统进行初步画像。在进入洋葱学园后，可以选择不同的学习科目，不同学科有不同的虚拟学伴，具有较高的丰富性。洋葱学园中包括课程学习、习题练习、考试突击等功能，如图8-28所示。课程学习中又包括教材同步学习，复习课等多种课程资源，其中教材同步学习提供了基本的课程学习资源，如图8-29所示。而习题练习中包括教材同步刷题、错题练习、专项练习、试炼场等多种不同类型的训练功能，为学习者提供多种个性化选择。此外洋葱学园还配备了自动化作业批改功能以及查询字典等基本学习工具。

图8-27　洋葱学园移动客户端首页

图8-28　洋葱学园基本功能

①贾积有，乐惠骁，张誉月，等. 基于大数据挖掘的智能评测和辅导系统设计[J]. 中国电化教育，2023（3）：112-119.

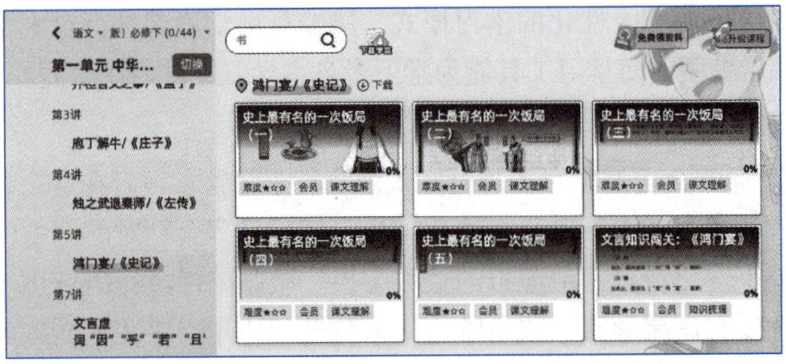


图8-29　洋葱学园教材同步学习课程资源

同时洋葱学园的UI设计轻松活泼，在功能中加入了较多的游戏元素，如完成学习任务领取金币，金币可用于进行个人虚拟形象换装等，而一些功能诸如“试炼场”（线上答题PK功能）、“公共自习室”（统计自习时间）需要积累学习时长才能解锁，更增添了学习乐趣，如图8-30所示。

图8-30　洋葱学园教学游戏展示

## 2. 学习者学习工具

学习者学习工具在课后巩固和提高学习效果方面发挥着不可或缺的作用。这些学习工具，如电子教材、在线学习平台、智能题库等，不仅为学习者提供了丰富的学习资源，还通过多样化的学习方式和互动机制，激发了学习者的学习兴趣和积极主动性。课后，学习者可以利用这些工具进行自主复习和巩固，通过做题、观看视频、参与讨论等多种方式，加深对知识点的理解和应用。同时，学习工具还能根据学习者的学习情况提供个性化的反馈和建议，帮助学习者更好地调整学习策略，提高学习效果。因此，合理利用学习工具，不仅能够巩固课堂知识，还能培养学习者的自主学习能力，为他们的长远发展奠定坚实的基础。

（1）Quizlet

Quzilet主要用于帮助学习者完成识记性的知识，比如《鸿门宴》课文中的文言文读音、词义和史实等，它的官网首页如图8-31所示。Quizlet提供学习卡片功能，学习者可以使用Quizlet 的学习模式功能来进行自我测试和练习，包括匹配、选择、填空和写作等多种模式。Quizlet 还提供了一些高级功能，例如，“深入学习”和“随机顺序”，可以帮助学习者深入理解和掌握知识点，同时增加学习的趣味性和挑战性。学习者在使用时，可以使用其他用户导入的学习库，也可以自己导入要背诵的材料。在学习之后，Quizlet提供多种复习方法帮助学习者进行巩固，比如书写，以及一些学习小游戏，还会安排相应水平的测试。

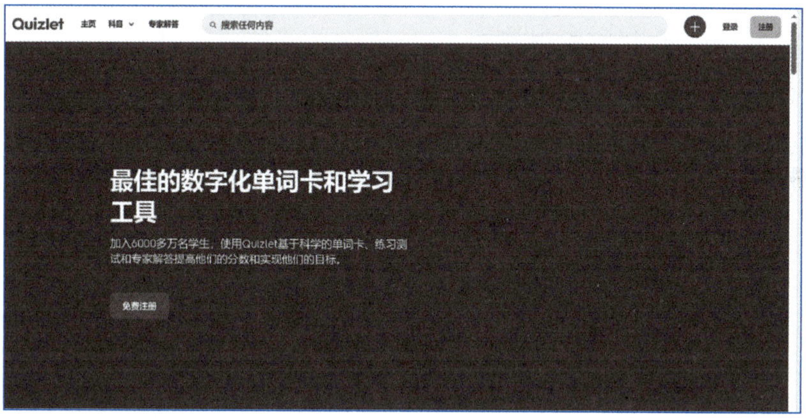


图8-31　Quizlet官网首页

对于教师而言，在注册并登录Quizlet后可以选择创建班级和创建属于自己的单词卡，也可以选择现有的词库发送给学生进行学习，如图8-32所示。Quizlet可以直接导入Word或者Excel文件创建单词卡，如图8-33所示，创建好的单词卡如图8-34所示。教师可以将创建好的词卡发送给各个班级进行学习。

图8-32　Quizlet创建班级和词卡

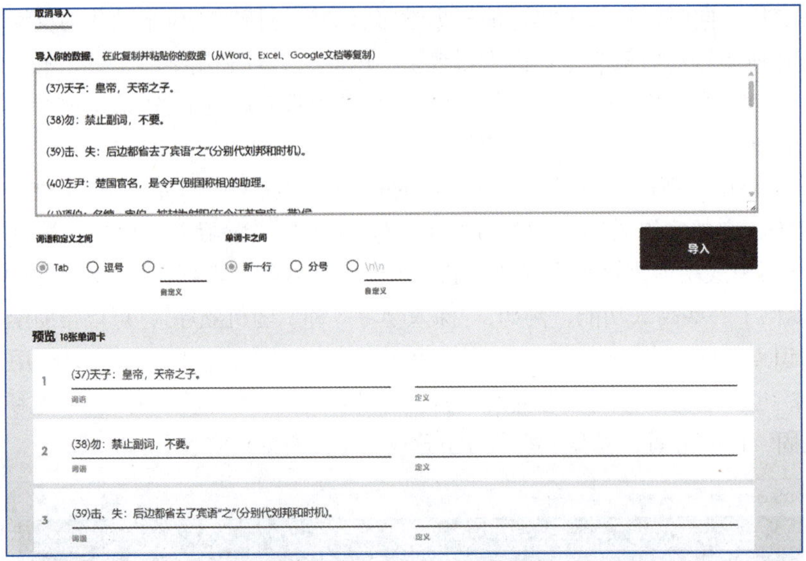


图8-33 Quizlet导入词卡数据

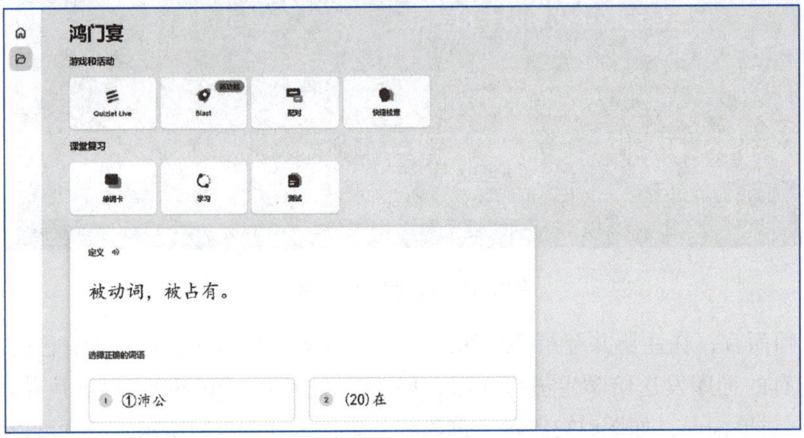


图8-34 基于Quizlet创建的词卡

（2）X-Mind和幕布

X-Mind和幕布都是思维导图软件工具，可以帮助学习者整理课堂中的知识点，帮助学习者巩固课堂中的知识。X-Mind提供了丰富的图形和布局选项，可以帮助学习者更好地组织和呈现知识。通过X-Mind，学习者可以将课程内容进行分类和整理，形成清晰的思维导图，以便更好地理解和记忆。同时，X-Mind还支持多人协作和分享，方便学习者之间进行交流和讨论。幕布则是一款简洁易用的思维导图工具，它注重用户体验和易用性，非常适合学习者进行课后知识的梳理和巩固。幕布提供了多种主题和模板，方便学习者快速创建思维导图，并且支持多种导出格式，方便学习者进行分享和展示。X-Mind和幕布都可以帮助学习者将零散的知识点进行整合和串联，形成完整的知识体系。通过制作思维导图，学习者可以更好地掌握课程的重点和难点，加深对知识点的理解和记忆。同时，思维导图还可以帮助学习者进行复习和预习，提高学习效率和成绩。X-Mind、幕布官网首页如图8-35所示。

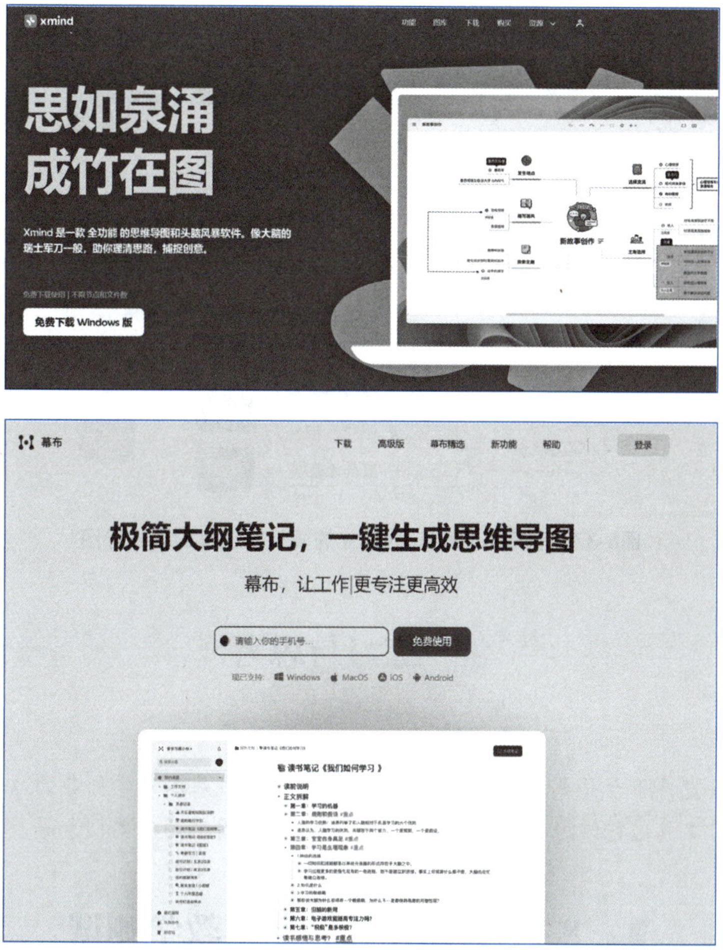


图8-35　X-Mind和幕布官网

在此以X-Mind软件为例，X-Mind便于操作，且内置较多可选择的思维导图模板，X-Mind软件页面如图8-36所示。利用X-Mind可以很好地分析课程内容，建立属于学习者自己的思维框架。本文利用X-Mind建立的鸿门宴相关课程内容如图8-37所示。

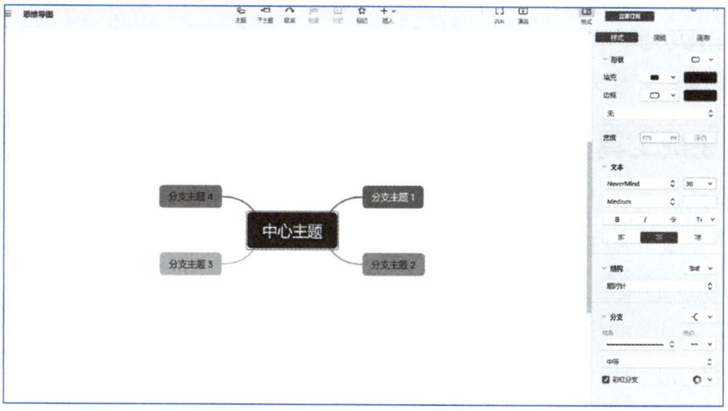


图8-36　X-Mind软件示意图

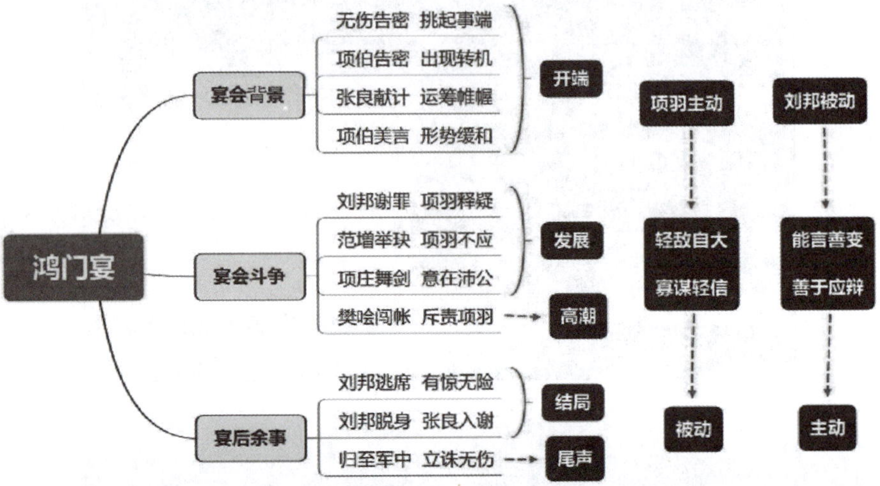


图8-37 利用X-Mind软件建立的鸿门宴过程的思维导图

## 练习与思考

**实践题**

1. 注册学习支持平台并熟悉其功能，掌握利用平台完成基本教学任务的方法。
2. 利用学习工具进行学习，如完成某个主题的思维导图、创建单词卡等。

## 8.3 智能化翻转课堂教学测试

视频 智能化翻转课堂教学测试

在本节中，我们仍以《鸿门宴》为例，深入探讨利用智能技术完成翻转课堂的教学测试。我们将介绍试题生成工具和组卷工具。试题生成工具能够根据教学大纲和学习目标自动创建试题的先进技术。它不仅提高了教学效率，还确保了试题的多样性和针对性，从而更好地满足不同学习者的需求。而组卷工具能够根据教学计划和学习进度，智能地组织和编排试题，形成个性化的测试卷。这些智能化工具的使用，不仅为教育者节省了大量的时间和精力，而且为学习者提供了更加精准和个性化的学习反馈。

### 8.3.1 试题生成工具

在组建题库的同时，也可以根据个性化需求自定义制作习题，比如根据学习内容制作预习效果检测题等。对于教育者来说，制作测试问题可能是一项艰巨的任务。在智能化时代，可以使用AIGC驱动的试题生成工具完成上述工作，减少了不必要的时间和资源浪费。下面以一款将文本转换为问题的生成检测习题的在线平台Quizgecko为例，来介绍使用AIGC生成试题的过程，如图8-38所示。

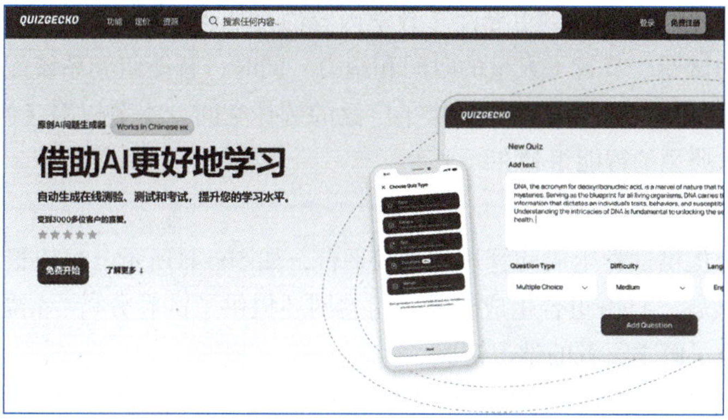


图8-38　Quizgecko首页

用户可以选择自己的主题，输入作为题目的文本内容，选择题型后即可自动生成问题。同时支持问题以各种形式导出。图8-39为基于输入内容的题目生成过程，图8-40为生成的题目示例。

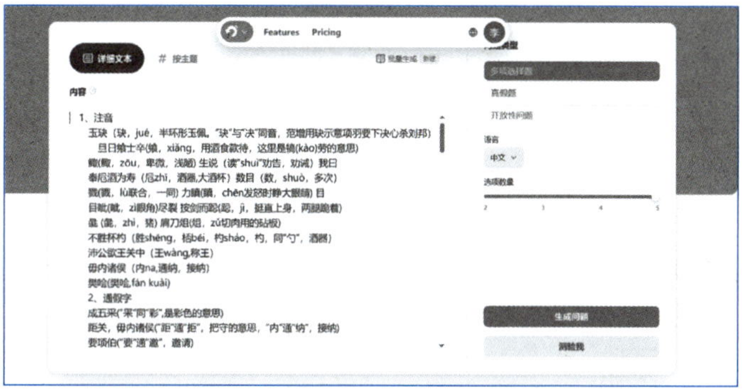


图8-39　按照输入内容生成问题

图8-40　生成问题示例

## 8.3.2　试卷生成案例——以《鸿门宴》为例

智能试卷生成（组卷）对于教育者是一个极具价值和便利的工具。它可以减轻选题和组卷的工作压力，使得教育者可以更专注于教学内容的设计和优化。智能组卷功能可以快速生成符合教学要求的试卷，节省了大量的时间和精力。同时，智能组卷系统配合智能题库资源，可以涵盖多个学科和年级，为教育者提供了广泛的选择空间。本节以对《鸿门宴》课程的组卷为例，介绍两款典型的智能组卷在线平台。

### 1. 组卷网

组卷网是一个提供试卷生成和管理的在线平台，如图8-41所示，可以根据学科、知识点、题型等条件筛选试题，自由组合生成试卷。组卷网还提供了试卷分析、错题本和在线考试等功能，帮助更好地了解学习者的学习情况。

图8-41　组卷网首页

组卷网提供了各种各样的功能，可以根据自己的需求选择题目，包括章节选题、知识点选题、试卷选题、智能选题或者按照专题，比如高考、名校卷进行选题。这里以智能选题为例进行演示，如图8-42所示。

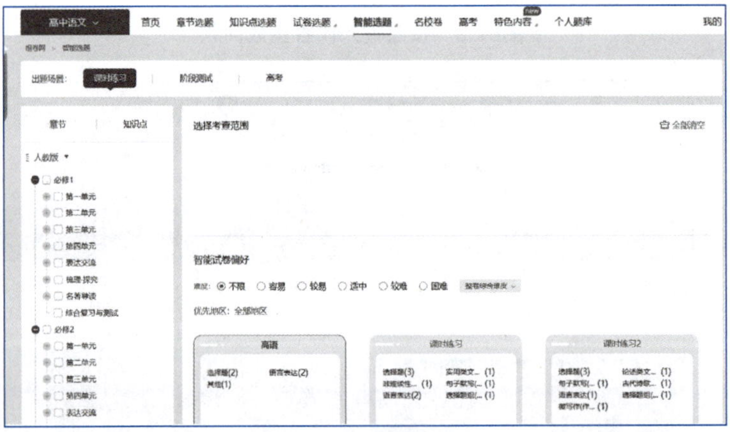


图8-42　智能选题页面

这里选择高中语文作为示例，可以选择出题场景，包括课时练习、阶段测试、高考三个场景，本书这里针对课文《鸿门宴》选择“课时练习”。然后，需要选择出题组卷的考查范围，可以从章节和知识点两个维度选择，按照章节选择自己所教的教材版本，本书选择人教版，第二单元，如图8-43所示；按照知识点选择是对整体的知识进行综合考察，适用于综合评价场景，可以选择不同的题型进行出题，如图8-44所示。

图8-43　按照章节选择出题

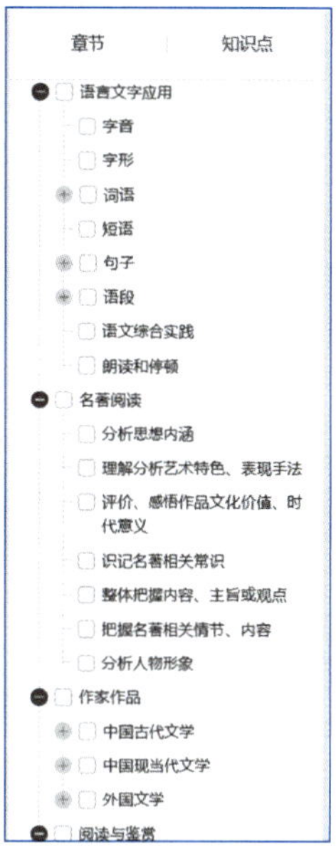


图8-44　按照知识点选择出题

在选择好考查范围之后，可以选择试卷的难度和题型。智能选题会提供题型模板，当然也可以选择自定义出题模板，也就是自己选择所出的题型占比。本书这里自定义题型题量以作示例，单击图8-45中智能试卷偏好中的“自定义模板”，打开图8-46所示的自定义题型题量设置界面，设置完成后单击“确定”按钮，生成的试卷如图8-47所示。

图8-45　选择试卷偏好

图8-46　自定义题型题量设置

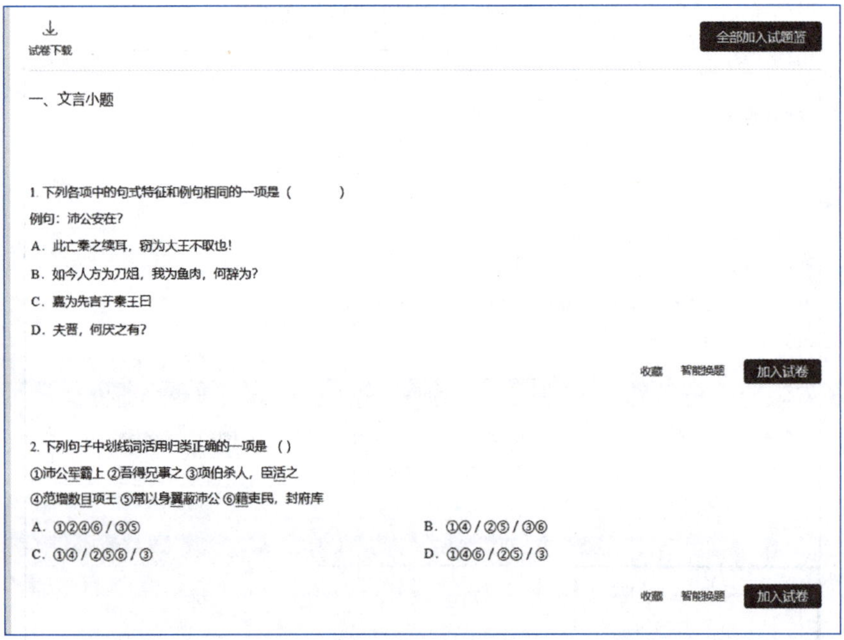


图8-47　生成试卷示例

## 2. 箐优网

同组卷网一样，箐优网同样是组卷工具。菁优网是一个集备课、组卷、在线考试等功能于一体的教育平台。教育者可以在平台上找到丰富的题库资源，通过智能组卷系统快速生成试卷。同时，菁优网还支持试卷分享、在线批改和数据分析等功能，方便进行教学交流和评估，箐优网首页如图8-48所示。

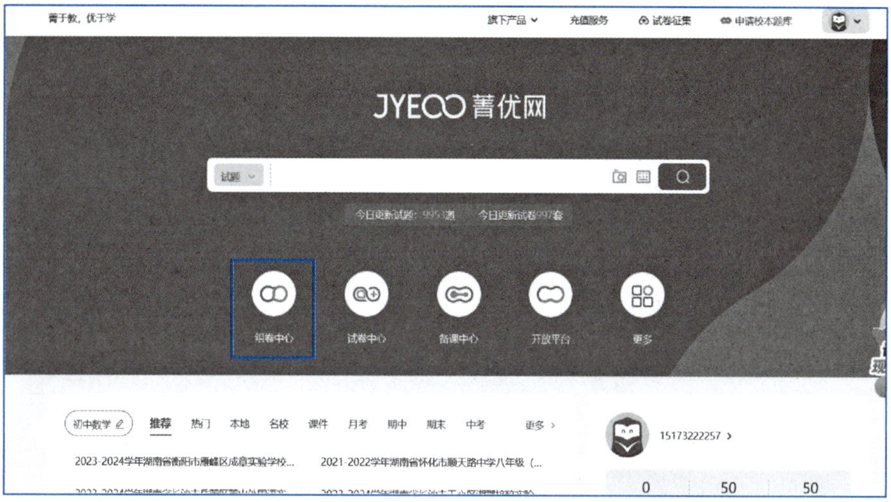


图8-48　箐优网首页

在网站首页单击“组卷中心”按钮，即可开始选题组卷。同组卷网相似，可以按照章节、知识点、智能、收藏等不同方式进行选题，本书以“章节挑题”为例进行选题，首先选择对应的学科和学年教材，找到《鸿门宴》后即可开始选题组卷，如图8-49所示。

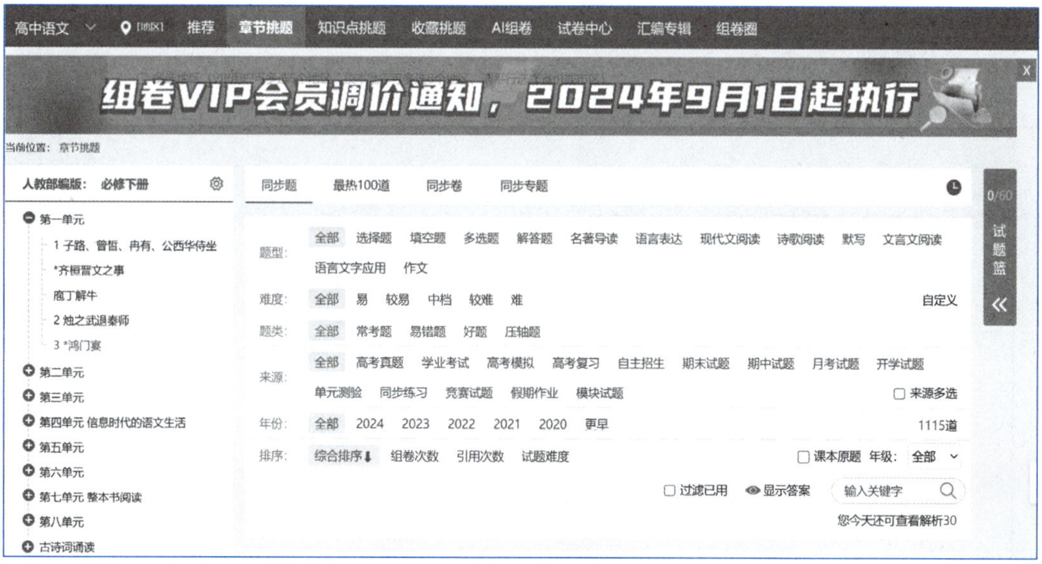


图8-49　箐优网按章节选题

在此可以选择不同的题型，比如填空题、多选题等，并确定选题难度以及来源进行检索。每道题目下方会显示该题目的组卷次数、难度、出题时间等信息，同时可以查看试题解析或进行相关搜索，可以参考这些信息进行选择。通过单击题目下方的橙色“+试题篮”按钮可以将选好的题目加入试题篮，如图8-50所示。

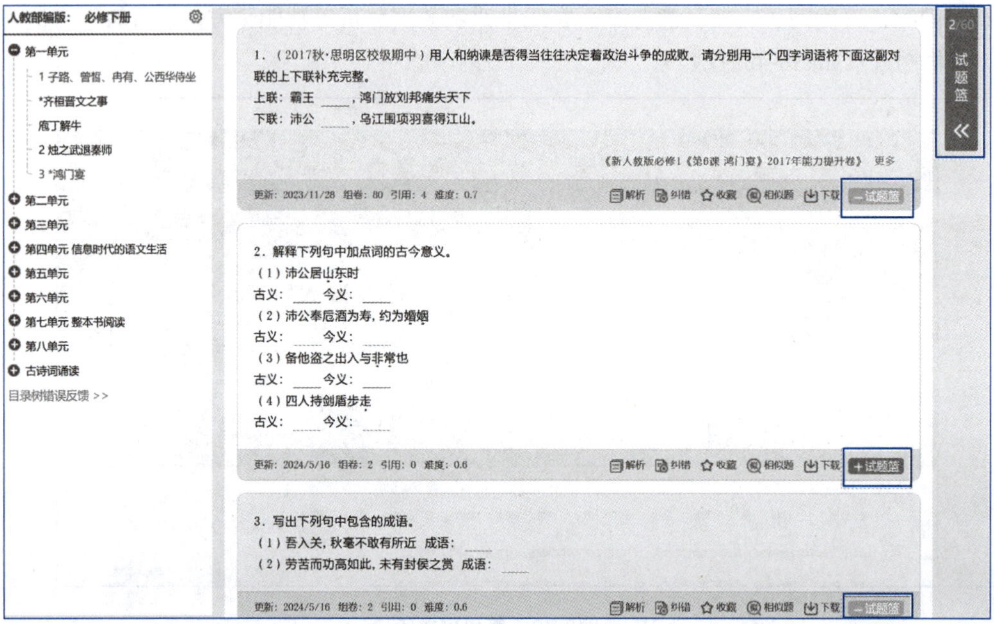

图8-50　箐优网选题示例

选题过程中可以随时查看试题篮中的题目统计情况，如图8-50右侧橙色试题篮所示。单击“试题篮”，可以查看所有选好的试题，如图8-51所示。

图8-51　箐优网试题篮中题目统计

选择完所有试题后，单击图8-51中的“进入组卷中心”按钮进入组卷中心。进入组卷中心后可以再对试卷进行一些细节调整，比如修改试卷名称，调整位置或插入作答区域等，调整完成后即可单击“下载试卷”按钮完成组卷。组卷中心页面如图8-52所示。

图8-52　箐优网组卷中心

## 练习与思考

### 实践题

1. 选择主题，利用习题生成工具生成某节课的习题。
2. 利用智能组卷习题完成某单元试卷的生成。

# 第9章

# 智能化问题驱动研究型教学实践——以信息技术教学为例

以实际问题为导向的研究型教学（PBL）彰显了学习者的主体地位，有助于学习者将学习到的知识迁移至日常生活中来解决实际问题，既能够激发学习者的学习兴趣，又能够增强学习者的合作精神，同时还能促进学习者综合各学科知识，帮助学习者进行有意义的知识建构。在PBL教学实践中，教育者首先要通过问题进行教学设计，以确定教学目标和教学模式；再合理利用人工智能工具加强教学设计内容。本章以“信息技术”课程为例，构建智能技术支持的PBL教学全过程，为智能化技术在高中信息技术课堂教学中的应用提供一定指导。

## 内容导图

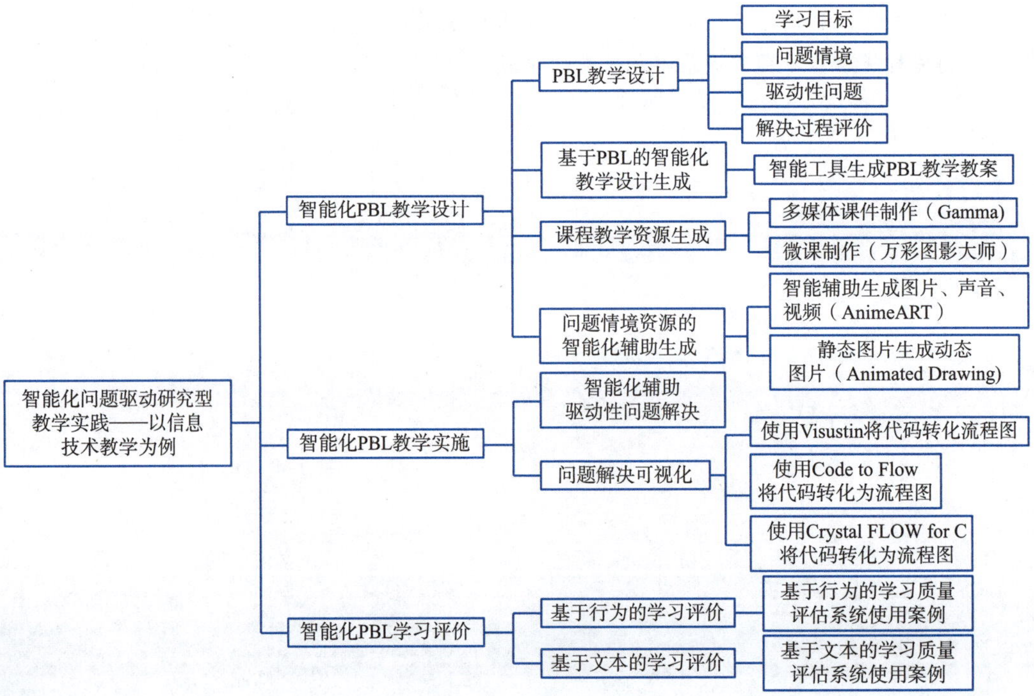

## 学习目标

1. 能够运用智能化工具进行PBL教学设计，生成课程教学资源。
2. 理解智能化问题情境创设过程，进行过程可视化演示。
3. 掌握多种智能化支持的PBL教学评价方法。

# 9.1　智能化 PBL 教学设计

视 频

智能化PBL
教学设计

本节介绍了智能化工具在生成教学资源和问题情境中的应用，探讨如何通过工具提升教学设计的效率和创新性。通过结合智能化工具的应用，我们将为教学设计者提供一种全新的视角和方法，以应对未来教育环境中的挑战，提升教学质量和效果。

PBL[①]是一种基于问题学习的教学模式，指在教育者的指导下创设以学习者为中心的学习过程，使学习者在发现问题并解决问题的过程中学习新知识。循环终止语句是人教版新教材高一年级《信息技术必修1：数据与计算》内容，此类程序代码课程适用PBL模式进行授课。在课堂上，教育者会设置具体的问题情境，使学习者在通过编写代码解决具体问题的过程中，自然地理解和掌握循环终止语句的用法。

## 9.1.1　PBL 教学设计

基于PBL的教学设计应包括对学习目标、问题情境、驱动型问题和解决过程评价四部分内容的设计。在课前，教育者需要依据学习目标预设课堂上的问题情境，确定学习者需要解决的驱动性问题，并制定评测计划检验学习者的学习成效。

### 1. 学习目标

按《普通高中信息技术课程标准》要求，本部分知识和能力目标要求学习者掌握语句的基本概念、语法结构和应用场景，理解其在程序流程控制中的作用，并能够熟练运用语句编写和调试程序；过程和方法目标要求学习者通过问题解决学会分析问题、设计算法、编写代码和测试程序的能力，培养逻辑思维和计算思维。确定目标后，教育者需要设计包含学习目标的合理问题及评价内容，以对学习目标进行有效评价。

### 2. 问题情境

在问题设计前，教育者应根据学习目标，设计一个与学习者日常生活紧密相关且能激发他们兴趣的问题情境。利用智能化工具如文本、视频、音频生成技术，教育者可以更有效地创设相关的问题情境，以引发学习者的好奇心和探究欲，提高他们的学习参与度，最终达到促进学习效能的目的。同时，这样的情境应具备引导性，能够帮助学习者发现和定义情境中的问题，为后续的学习活动奠定基础。

### 3. 驱动性问题

在构建了问题情境后，就应该进一步考虑驱动性问题的设计。驱动性问题是PBL教学的核心环节，它在包含学习目标的前提下，还要具备较好的深度和启发性，能够有效引导学习者进行深入思考和积极探索相关学习内容。例如，学习者需要思考针对特定情境，可能有哪

①常咏梅，李馥蕙，危齐敏. 基于PBL的混合学习活动设计研究[J]. 电化教育研究，2023，44（3）：122-128.

些创新的解决方案，以及如何在复杂的问题情境中准确地识别和界定问题所在。学习者在解决驱动性问题的过程中，能够自主学习知识，提升解决实际问题的能力。

#### 4. 解决过程评价

在学习目标和问题设计阶段，教育者已经设计了相应的评价内容和流程。为了确保学习目标的实现并量化学习效能，学习者在解决驱动性问题后，应及时针对问题解决的相应过程进行评价。评价可通过小组间的相互评价、智能化辅助学习系统的客观性评价、学习者本身的自我评价等多种方式进行。评价可以为学习者提供即时反馈和个性化指导，也有助于教师及时总结经验，培养教学技能。

### 9.1.2 基于 PBL 的智能化教学设计生成

在进行PBL教学设计时，智能化工具的有效应用可以大大提高设计效率。譬如，通过与清华大学开发的AI大模型——智谱清言对话，教育者只需输入教学目标和教学重难点，系统会根据输入内容自动生成完整的教案模板，方便教育者后续微调。

对本节实例——循环终止语句课程，可以按以下方式输入教学目标和重难点：

“请根据以下内容生成一份问题驱动研究型教案：主题是循环终止语句。

教学目标：

*通过“跑步”和“成语填字游戏”两个实例，使学习者学会利用程序设计解决生活中的实际问题，提高信息意识。【信息素养】【计算思维】；

*能综合应用三种结构解决项目问题，体会循序渐进、逐步完善的程序设计思想，体验程序设计的基本流程，培养学习者利用计算机解决问题的能力。【计算思维】

教学重点：

*明确continue语句和break语句用法和区别；

*综合运用程序设计基本知识解决实际问题；

**教学难点：**综合运用程序设计基本知识解决实际问题。”

结果如图9-1所示，智能大模型会根据输入生成相应的教学设计实例，表9-1为智谱清言按图9-1输入所得到的教学设计实例。

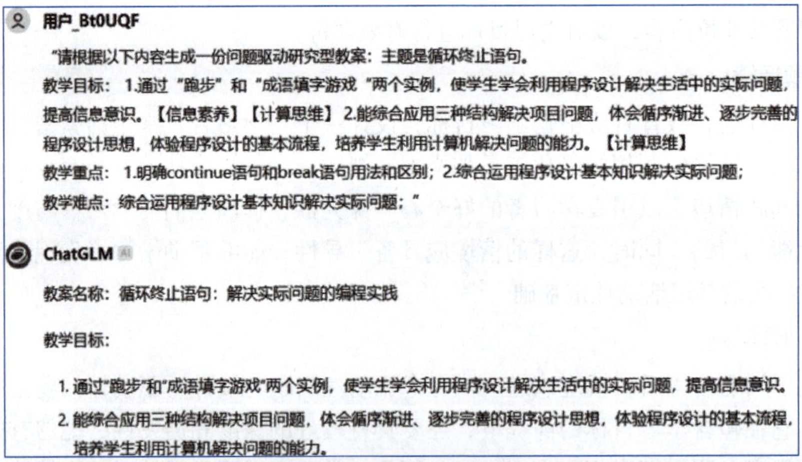
用户_Bt0UQF

“请根据以下内容生成一份问题驱动研究型教案：主题是循环终止语句。

教学目标： 1.通过“跑步”和“成语填字游戏”两个实例，使学生学会利用程序设计解决生活中的实际问题，提高信息意识。【信息素养】【计算思维】 2.能综合应用三种结构解决项目问题，体会循序渐进、逐步完善的程序设计思想，体验程序设计的基本流程，培养学生利用计算机解决问题的能力。【计算思维】

教学重点： 1.明确continue语句和break语句用法和区别；2.综合运用程序设计基本知识解决实际问题；

教学难点：综合运用程序设计基本知识解决实际问题；”

ChatGLM

教案名称：循环终止语句：解决实际问题的编程实践

教学目标：

1. 通过“跑步”和“成语填字游戏”两个实例，使学生学会利用程序设计解决生活中的实际问题，提高信息意识。
2. 能综合应用三种结构解决项目问题，体会循序渐进、逐步完善的程序设计思想，体验程序设计的基本流程，培养学生利用计算机解决问题的能力。

图9-1 教学设计生成示例

表9-1　教学设计生成实例

| 高中信息技术循环终止语句知识点教案 |
| --- |
| 一、教学目标 |
| 1.通过“跑步”和“成语填字游戏”两个实例，使学习者学会利用程序设计解决生活中的实际问题，提高信息意识。<br>2.能综合应用三种结构解决项目问题，体会循序渐进、逐步完善的程序设计思想，体验程序设计的基本流程，培养学习者利用计算机解决问题的能力 |
| 二、教学重点与难点 |
| 1.教学重点：<br>明确continue语句和break语句的用法和区别。<br>综合运用程序设计基本知识解决实际问题。<br>2.教学难点：<br>综合运用程序设计基本知识解决实际问题 |
| 三、教学过程 |
| 1.导入新课<br>展示一个跑步的模拟场景，提问：“如何用程序来控制跑步者的速度和方向？”<br>展示一个成语填字游戏的界面，激发学习者的兴趣。提问：“如果我们想要用程序来实现这个游戏，需要考虑哪些关键问题？”<br>2.新知教授<br>讲解continue语句和break语句的基本概念和用法。<br>通过实例代码演示两种语句的使用场景和区别。<br>分析跑步程序的核心逻辑。<br>讨论如何利用循环终止语句实现跑步程序的核心功能。<br>学习者自行编写程序实现跑步程序的部分功能。<br>教育者巡视指导，解答学习者在编程过程中遇到的问题。<br>3.讨论交流<br>学习者展示自己的作品，并解释实现过程中遇到的难点和解决办法。<br>教育者点评，强调循环终止语句在解决实际问题中的应用。<br>4.总结提升<br>总结continue语句和break语句的用法和区别。<br>强调综合运用三种基本结构解决项目问题的重要性 |
| 四、课后作业 |
| 要求学习者完善自己的跑步程序，增加更多的功能。<br>鼓励学习者尝试用其他编程语言实现相同的功能 |

需要注意的是，智能化工具辅助生成的教学设计虽然提供了一个基础框架，但教学设计需要因材施教，不能千篇一律。因此在智能化工具辅助生成教学设计模板后，教育者需要根据对应学习群体的学习进度、知识基础和个性化需求，对驱动性问题、教学活动安排，以及重点难点的讲解进行适当调整，以确保教学内容既能激发学习者兴趣，又能满足他们的学习能力，从而实现最佳的教学效果。表9-2是教育者修改后的教学设计实例样本。

表9-2　教学设计修改实例

| 高中信息技术课程循环终止语句知识点教案 |
| --- |
| 一、教学目标 |
| 1.通过“跑步”和“成语填字游戏”两个实例，使学习者学会利用程序设计解决生活中的实际问题，提高信息意识。<br>2.能综合应用三种结构解决项目问题，体会循序渐进、逐步完善的程序设计思想，体验程序设计的基本流程，培养学习者利用计算机解决问题的能力 |

续表

| 高中信息技术课程循环终止语句知识点教案 |
| --- |
| 二、教学重点与难点 |
| 1.教学重点：<br>明确continue语句和break语句的用法和区别。<br>综合运用程序设计基本知识解决实际问题。<br>2.教学难点：<br>综合运用程序设计基本知识解决实际问题 |
| 三、教学过程 |
| 1.导入新课<br>教育者导入，引出本节课的设计任务“成语填字游戏”。<br>师生共同讨论游戏规则的设置。<br>教育者展示游戏示例，师生共同总结出游戏设计要求。<br>学习者运用已有知识实现部分程序，教育者提出驱动性问题引出新知识。<br>2.新知教授<br>讲解continue语句的基本概念和用法。<br>运用情境吸引学习者兴趣，引出“跑步”示例，提问如何利用continue语句实现跑步程序的核心功能。<br>学习者编写程序实现跑步程序的部分功能。<br>提出驱动性问题，讲解break语句的基本概念和用法。<br>学习者编写程序实现跑步程序的部分功能。<br>教育者展示并讲解“跑步”程序。<br>学习者运用continue语句和break语句对“成语填字游戏”进行程序优化。<br>3.讨论交流<br>学习者展示自己的作品，并解释实现过程中遇到的难点和解决办法。<br>教育者点评，强调循环终止语句在解决实际问题中的应用。<br>4.总结提升<br>教育者展示算法流程图，总结continue语句和break语句的用法和区别 |
| 四、课后作业 |
| 整理课堂所学知识，完成课后练习 |
| 五、教学评价 |
| 基于师生行为和课堂文本，评价课堂整体质量 |

由表9-1和9-2的比较可以看出虽然最终教案呈现是以大模型辅助生成为基础，但两份教案间仍存在一些差别。因为大模型主要依赖于对大量现有数据的学习和模仿，缺乏对教学对象的真实理解和课堂经验的积累。其辅助生成的教案在整体结构上虽然比较完整，但往往显得较为机械，且在细节设计上可能存在不够实用或与实际教学情境不符的地方。同时，由于无法根据学习者的实际学习需求进行调整，模型生成的教案缺乏灵活性和互动性，难以针对不同学习者的水平和兴趣进行个性化设计。因此在实际应用中，教育者仍需结合自身教学经验和学生实际情况，对智能化辅助生成的教案进行优化和调整，以实现教学效果的优化。

### 9.1.3 课程教学资源生成

在智能化工具的辅助下完成教学设计后，教育者应准备教学需要的相关教学资源。同样，对应的智能化工具可以辅助生成教学资源模板，如多媒体课件、微课等，以备教育者进行微调。在课堂上，教育者可以通过多媒体课件帮助学习者更好地理解和掌握知识点。在课后，教育者可以鼓励学习者自主观看微课，巩固课堂所学，提高学习效果。

### 1. 智能化课件辅助制作

多媒体课件的制作可以使用Gamma和MindShow等课件辅助制作工具完成模版生成。本节以Gamma为例，它支持教育者通过笔记、大纲或其他教学设计文本，快速生成课件。

①教育者可以下载Gamma应用或直接在线登录其官方网站。在主页面上，单击New with AI按钮，进入智能化课件生成界面，如图9-2所示。

图9-2　进入智能化课件生成界面

②选择Text to Deck功能后，将教学设计中的文本粘贴到输入框中，单击Generate按钮，系统会自动生成对应的课件，如图9-3所示。

③生成后的课件会根据文本内容自动排版，包含合适的标题、要点和配图。生成多媒体课件后，单击Edit with AI按钮，可继续向智能助手提出修改需求，系统会根据要求对课件进行调整和优化，如图9-4所示。教育者可以通过此功能快速调整内容布局、修改文字、插入图片或图表，使课件更加契合课堂需求，提高制作效率。

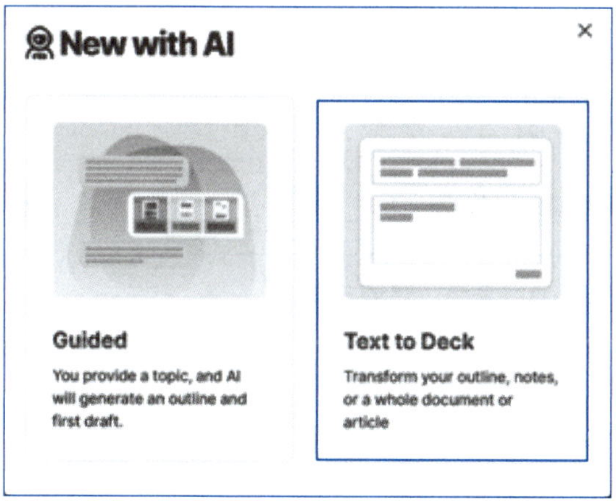


图9-3　选择并粘贴文本

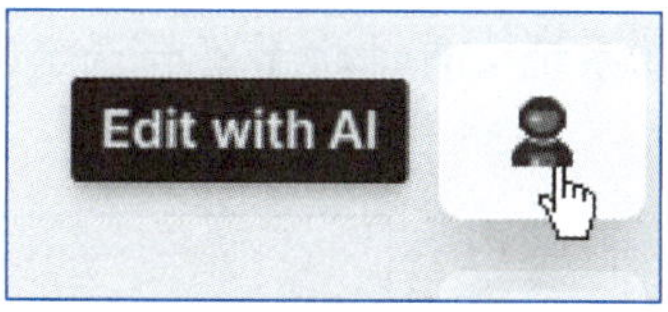


图9-4　与人工智能对话修改多媒体课件

④导出多媒体课件时，单击页面上的“导出”按钮即可完成导出操作，如图9-5所示。此功能支持多种格式的输出，方便教育者根据不同的教学场景保存和分享课件。

### 2. 微课制作

教育者可以在导入多媒体课件后，添加字幕、旁白或背景音乐，再结合动画效果，使课件更具互动性和吸引力。生成的微课能够生动展现知识点，帮助学习者在短时间内高效学习。

①本节以万彩图影大师为例进行微课制作，首先导入多媒体课件，如图9-6所示。

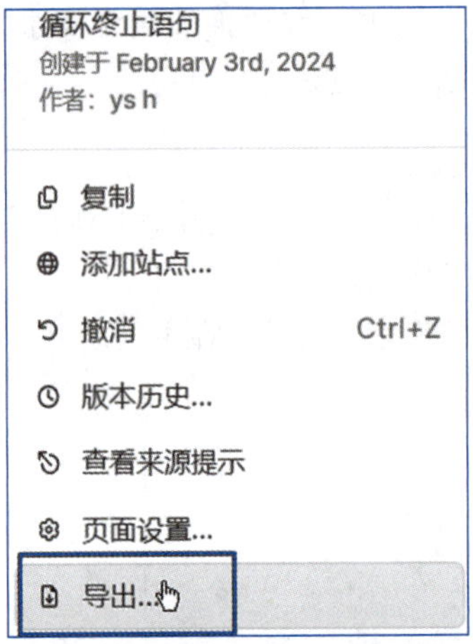


图9-5　导出多媒体课件

图9-6　导入多媒体课件

②导入多媒体课件后，教育者可以根据需要添加字幕、背景音乐或旁白，进一步丰富微课内容。为每张多媒体课件添加字幕时，首先选择合适的语音角色和数字人，然后设置转场方式，以确保每个幻灯片的切换自然流畅，如图9-7所示。

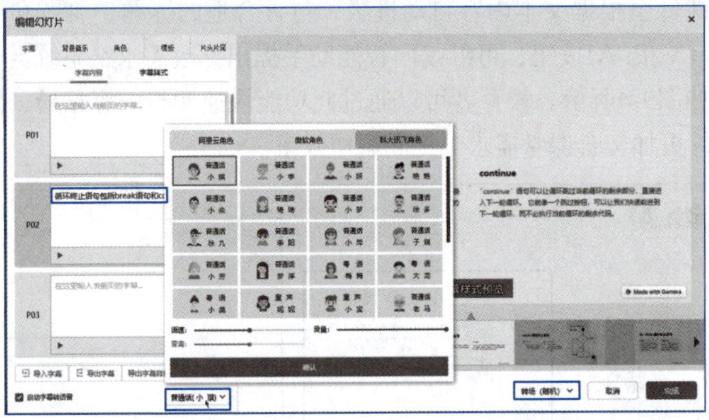


图9-7　添加字幕，选择角色、转场方式

③系统会自动将字幕与选定的语音角色匹配，并应用到每张多媒体课件中，如图9-8所示。

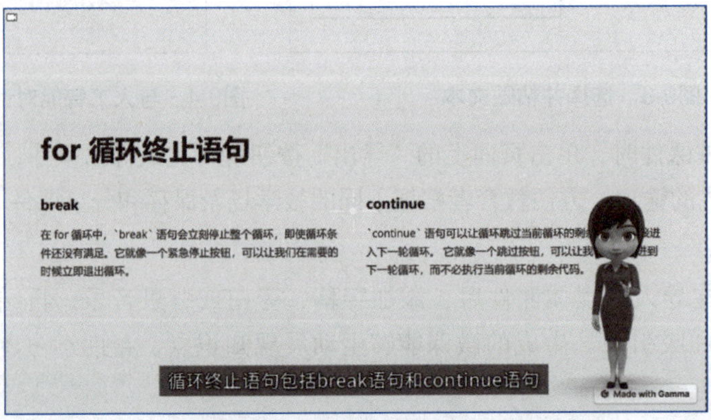


图9-8　生成字幕和角色

④完成视频制作后，单击“视频发布”按钮即可进行发布，如图9-9所示。这一步骤允许将微课视频下载到本地或上传至平台，方便分享给学习者。

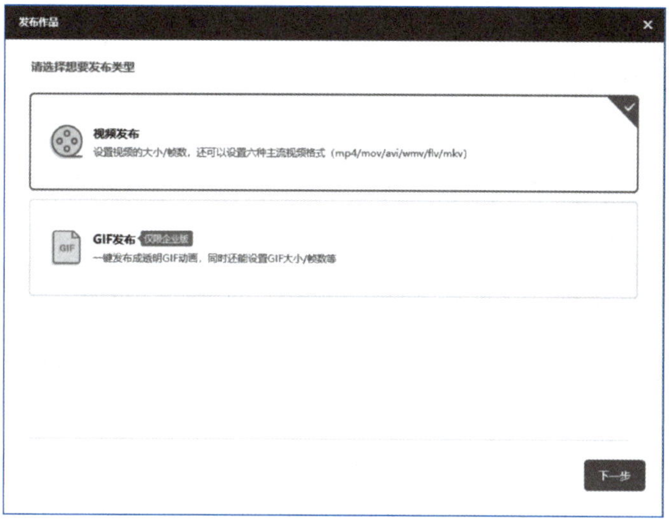


图9-9　视频发布

## 9.1.4　问题情境资源的智能化辅助生成

在PBL教学过程中，教育者需要通过创设真实情境来激发学习者的兴趣，并在情境中提出具有挑战性和启发性的驱动性问题。传统问题驱动型课程中的情境资源通常只有教育者的语言描述，这在一定程度上限制了情境的表现力。借助智能化工具，教育者可以生成图片、声音、视频等多种情境资源，增强情境的真实感和沉浸感。

本节详细展示如何利用智能化工具生成实例课程《循环终止》的“跑步”问题情境资源。通过实际操作，介绍如何使用智能化工具创建适合教学需求的图像、动画和音频内容，帮助学习者更好地体验“跑步”情境。这种多维度的情境创设不仅有助于吸引学习者的注意力，还能更有效地引导他们深入思考和解决问题。

### 1. 智能化辅助媒体生成

本节将以AnimeArt网站为例，生成本课程中创建“跑步”情境所需的媒体资源（视频、图片、语音），展示如何通过智能化工具辅助生成多媒体内容。AnimeArt网站集成了多种先进的AI技术，能够根据用户的输入生成符合需求的图片、声音和视频。通过这些工具，教育者可以快速创建出与课程内容紧密相关的各类媒体素材，从而更好地构建真实情境。

①网站导航栏中Image Generator为文本生成图片功能，左侧为不同的文本生成图片模型，如图9-10所示。

②以ANIMAGINE XL为例，Prompt栏用于输入生成图片所需的关键（提示）词，使图片中出现相关内容；Negative Prompt则用于输入负面关键（提示）词，使包含这些词汇的内容不会出现在生成的图片中。负面关键（提示）词的有效添加可以极大地优化图片与期望的匹配程度。如图9-11所示，在Prompt中输入关键词“师生、跑步、在操场”，然后单击Generate按钮生成图片。

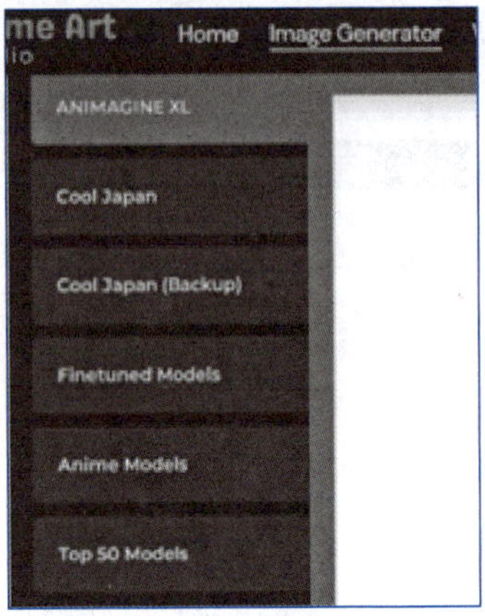


图9-10　文本生成图片模型

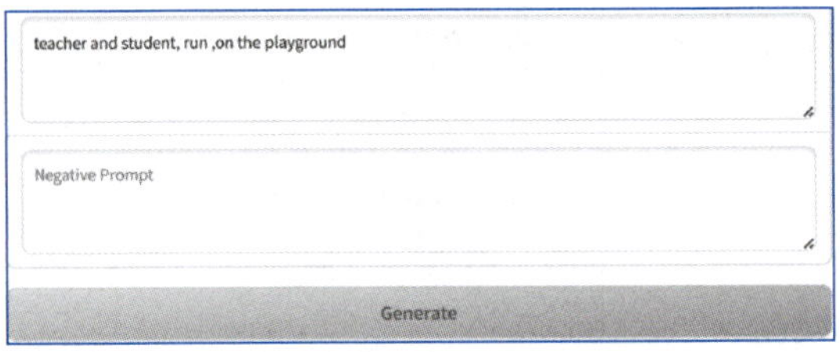


图9-11　输入关键词

③最终效果如图9-12所示，成功生成了教育者与学习者在操场跑步的图像，帮助教育者更加生动地创设教学情境。

④在导航栏中，选择Voice功能可实现通过文本转化音频，包含人声读文本和生成环境音两种，如图9-13所示。通过该功能，教育者可以将文本转化为自然的人声朗读，或生成适合教学情境的背景环境音，为课堂提供更多的音频资源支持。

图9-12　跑步图像生成

图9-13　文本生成音频

⑤人声读文本功能以TTS为例，在Text栏中输入所需的文本后，单击Generate!按钮，即可生成人声读文本音频。生成的音频可以直接下载用于课堂教学中的旁白，如图9-14所示。

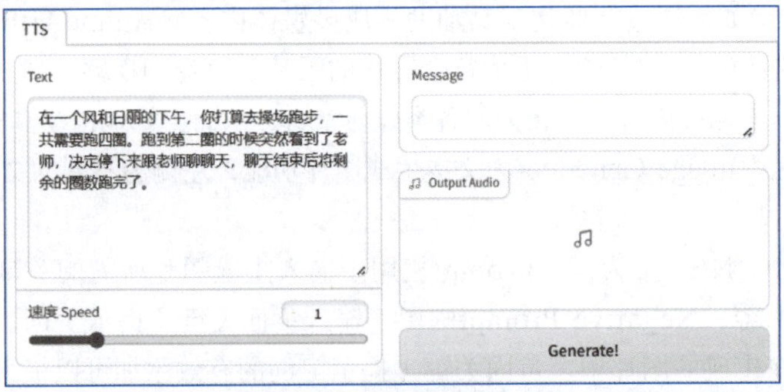


图9-14　人声读文本

⑥生成环境音功能以左侧的Text to Audio为例，教育者可以在Input text中输入描述音频

内容的文本，Negative Prompt用于排除不需要的声音元素，适量的负面关键词可以提高音频生成的质量。如图9-15所示，输入文本后，生成的音频为跑步的声音。这一功能可帮助教育者创建更贴近现实的课堂环境音效，增强教学情境的真实感。

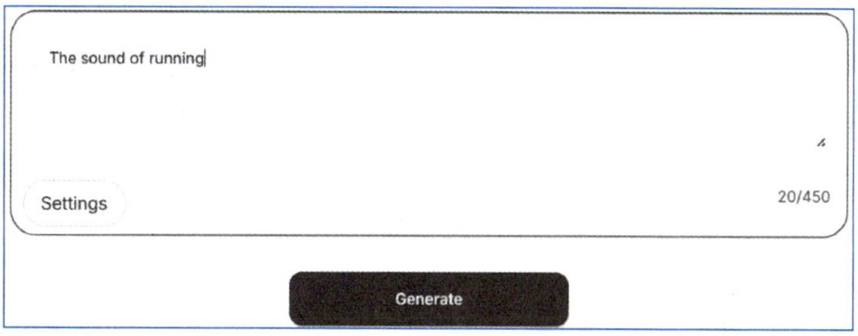


图9-15　生成跑步环境音

⑦视频的生成则是在系统的Video功能中，也可以通过多种方式生成问题相关场景视频。以Text to Video为例，首先在Model选项中选择合适的模型，然后在Prompt框中输入对视频的详细描述。系统将根据输入生成对应的视频内容。如图9-16所示，通过输入描述生成了跑步的视频，这一功能为教育者制作符合教学需求的动态视频提供了便捷方式。

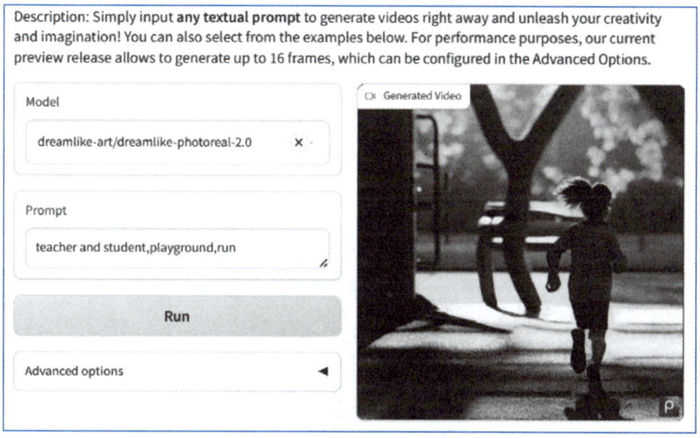


图9-16　生成跑步视频

⑧在Prompts功能中，Prompt Generator可通过少量关键词生成更多相关的关键词。如图9-17所示，输入“师生、操场、跑步”后，系统自动生成了多个扩展关键词。这一功能帮助教育者丰富关键词的表达，使生成的图片、视频或音频更加精准，提升情境创设的效果。

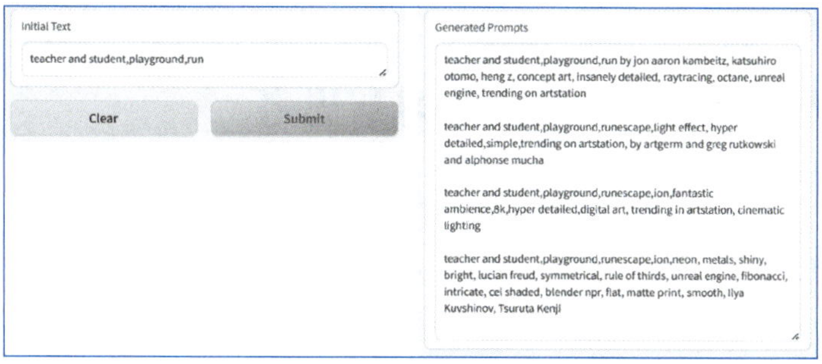


图9-17　生成关键词

### 2. 基于静态图片的动态图片制作

类似Animated Drawing的工具可以将静态图片转换为动态图片，使原本静止的画面动起来，以进一步满足教育者的个性化需求。例如，可以将问题场景“跑步”中的静态图片生成跑步的动态图。

①上传图片后，选择需要动画化的部分，对图片进行截取和调整，如图9-18所示。

②如图9-19所示，使用画笔工具可以增加未选中的身体部位（白底表示已选中）。同时，使用橡皮工具可以将未分开的身体部分分开，或者将白底区域涂黑，调整选择区域。这些功能有助于精确调整动态图像的运动部分，使其更加符合实际需求。

图9-18　截取图片

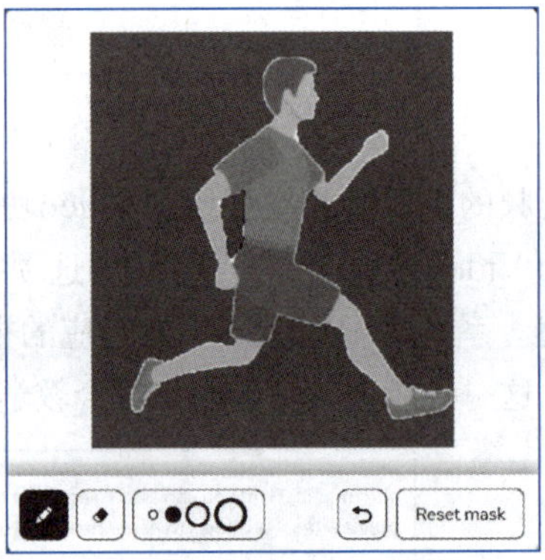


图9-19　使用画笔和橡皮

③调整骨骼点的位置后，如图9-20所示，单击Next按钮即可生成并输出动态图和视频。

图9-20　调整骨骼点位置

## 练习与思考

### 一、简答题

请论述智能化技术在PBL课程中的优势及应用。

### 二、实践题

利用智能化技术为您的学习者设计一堂PBL课程。阐述生成的教学资源、教学素材以及教学设计，明确问题提出环节和目的。

## 9.2　智能化 PBL 教学实施

视　频

智能化PBL
教学实施

在基于PBL的课堂教学过程中，智能化技术同样扮演着关键角色。本节详细阐述了在教学过程中如何引导学习者运用智能化工具解决驱动性问题，并通过智能化方法进行过程评价。此外，本节将展示三种智能化辅助问题解决过程的可视化方式，它们能够直观地展示问题解决的全过程。通过这些智能化技术的应用，教育者能够更有效地指导学习者，学习者也能够在更加生动和互动的环境中进行学习。

本节继续以高中信息技术中的循环终止语句知识点为例。在智能化工具辅助进行基于PBL的教学设计后，教育者同样可以在课堂教学中引导学习者利用智能化工具来解决驱动性问题，以及进行解决过程评价。在课程总结阶段，可以使用智能化工具将课堂代码转换为可视化流程图，能够帮助学习者更深入地理解和分析代码，尤其对于复杂逻辑的代码。这种可视化方法能够显著提高代码执行过程的清晰度和学习者对代码的掌握程度，提高学习效能。

### 9.2.1　智能化辅助驱动性问题解决

在创设问题情境后，教育者需要提出驱动性问题，以引导学习者进行深入思考。PBL的主要思想就是，学习者通过解决问题的过程以掌握知识、提升批判性思维和问题解决能力。在PBL教学过程中，教育者可以引导学习者使用智能化工具来辅助进行问题解决。

仍然以问题情境“跑步”为例，在新知讲授中引入“跑步”的程序概念中，教育者可以提出如下驱动性问题：

“在一个风和日丽的下午，你打算去操场跑步，一共需要跑四圈。跑到第二圈时突然遇见了老师，决定停下来聊天，聊天结束后才继续完成剩余的圈数。在代码中，如何描述在跑第二圈时停止跑步并在聊天后继续跑步的情况？”

学习者可以使用智能化工具辅助思考，即通过向智能化工具进行提问来辅助解决问题的思维过程。如图9-21所示，在与智能化工具的对话过程中，学习者可以获得即时反馈并完成相关练习，从而更好地理解如何使用代码来实现这些现实逻辑。

以下是一个简单的Python代码示例，其中使用了 continue 语句来模拟您描述的跑步场景。在代码中，我们假设有四圈要跑，但在跑第二圈的过程中，我们遇到了一个条件（比如看到了老师），这时我们会使用 continue 来跳过当前的循环迭代，并重新开始下一次迭代。

python　　复制代码

```python
# 假设要跑的圈数
total_rounds = 4

# 模拟跑步过程
for round_number in range(1, total_rounds + 1):
    if round_number == 2:  # 假设第二圈时看到了老师
        print("在第二圈时看到了老师，果断终止这一圈，准备开始下一圈。")
        continue  # 跳过当前循环的剩余部分

    # 这部分代码代表一圈跑步的过程
    print(f"正在跑第{round_number}圈...")
    # 假设跑步过程有一些步骤
    for step in range(1, 4):  # 假设每圈有4个步骤
        print(f"    第{step}步")
    print(f"第{round_number}圈跑完了！\n")

print("跑步结束，完美邂逅了老师！")
```

图9-21　解决驱动性问题代码

在智能化工具辅助驱动性问题求解后，需要进行解决过程评价，以检验学习者思维能力和代码质量，从而评价学习目标的达成度。此时，可以使用代码比较工具来对比学习者的代码与参考代码，通过比较其中的差异来分析问题。解决过程评价不仅能够帮助学习者发现和修正代码中的问题，还能够通过问题发现解决问题中思维过程的正确性和效率，有效缓解“迷思”情况的出现，进一步提升学习效能①。

示例课堂中以Beyond Compare为例。Beyond Compare是一种高效的、用于发现源代码文件之间的不同之处的智能化工具。它通过颜色高亮显示每一个字节的差异，并支持文本文件的语法高亮和比较规则的设置。如图9-22所示，这些功能使得代码的对比和编辑变得更加直观和便捷，有助于学习者快速定位和修正代码中的错误。

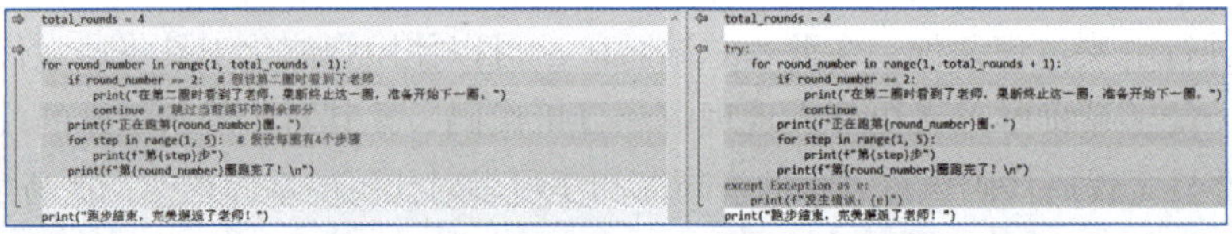


图9-22　Beyond Compare进行代码对比

## 9.2.2　问题解决可视化

在进行课堂总结时，教育者可以借助智能化工具将代码转换成可视化流程图，这种可视化方式能够帮助学习者更直观地理解代码的执行流程和逻辑结构。通过将复杂的代码逻辑以图形化的形式展现，可以帮助学习者更清晰地看到程序的各个步骤和决策点，更准确地分析和掌握代码的整体运行机制，从而更高效地达成学习目标。下面以本课程中的预设问题“跑步”代码和“成语填字游戏”代码为例，介绍三种代码可视化工具。

### 1. Visustin

Visustin支持包括C语言、Java和Python在内的43种编程语言，还涵盖了Go、Shell和PHP等高中信息技术课堂中较少使用的语言。

①教育者可以访问网站选择下载演示版进行下载，下载完成后解压文件并按照提示完成安装，如图9-23所示。

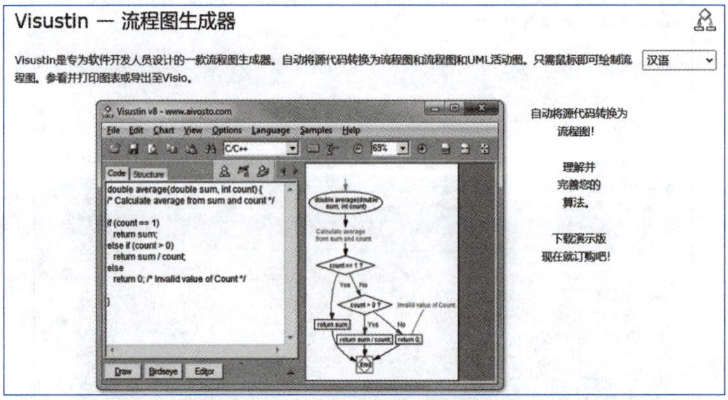


图9-23　Visustin示例

①詹泽慧，季瑜，梅虎，等. 打开创新人才培养的“黑箱”：创新性问题解决的过程模型与技术赋能[J]. 现代远程教育研究，2023，35（5）：75-85.

②运行软件后，选择代码的语言类型，并将代码粘贴到指定区域。例如，以本课程中的成语填字游戏代码为例，如图9-24所示。单击Draw按钮后即可生成流程图。

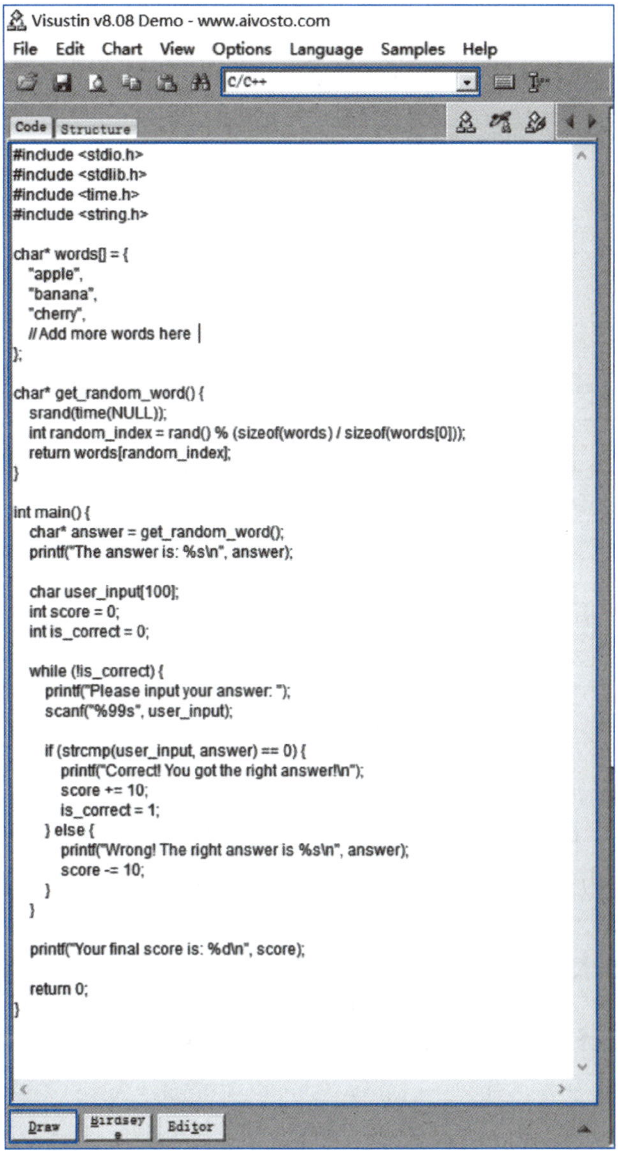


图9-24　输入成语填字游戏代码

③教育者可以根据需要选择生成的流程图函数，如果不进行选择，则默认全部生成，如图9-25所示。

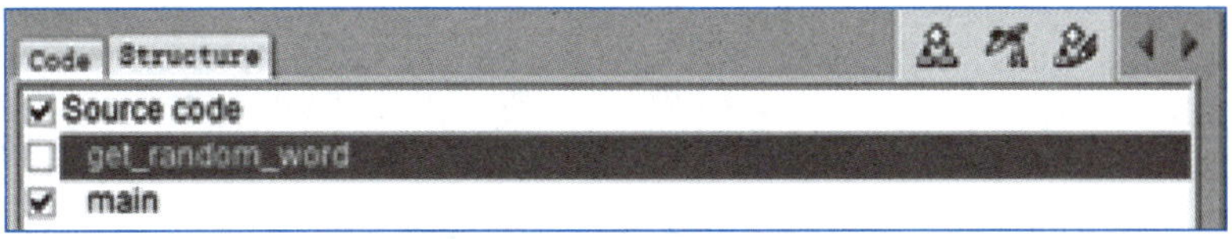


图9-25　选择生成的流程图函数

④单击Draw按钮后，软件将自动生成相应的流程图，如图9-26所示。

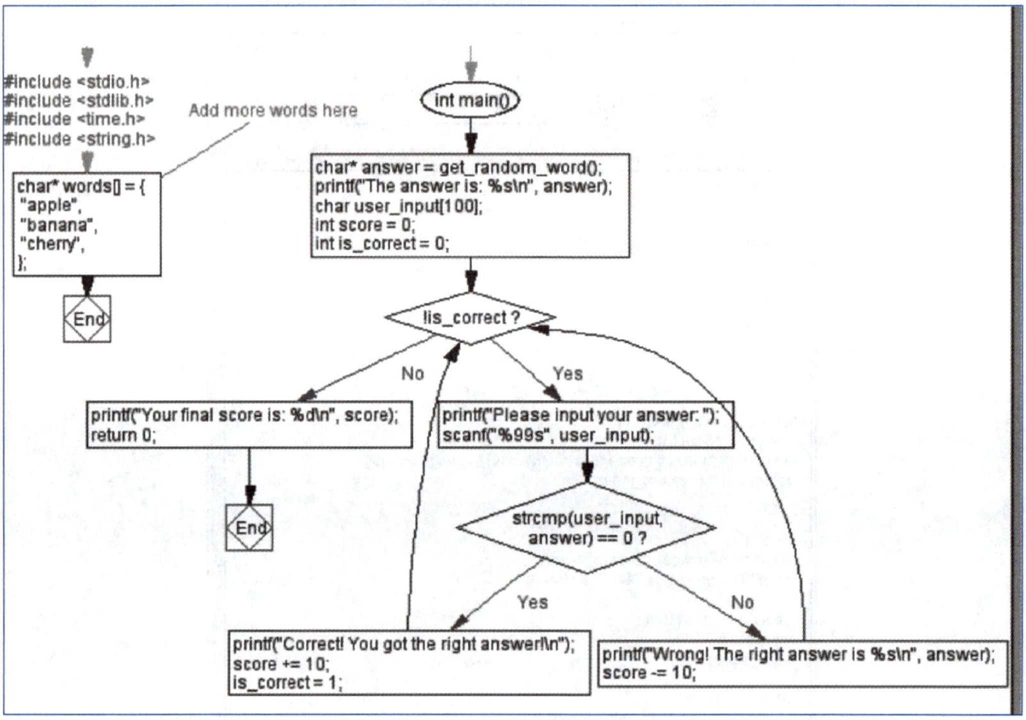


图9-26　Visustin生成的成语填字游戏流程图

## 2. Code to Flow

Code to Flow是一种在线生成流程图工具，同样只需要输入代码即可生成流程图。以本课程中的“跑步”代码为例完成输入，如图9-27所示。

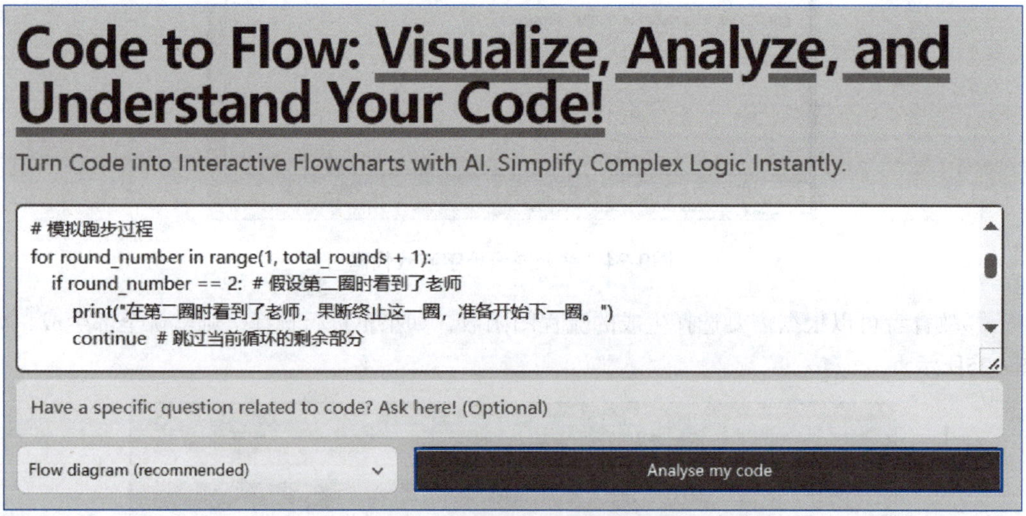


图9-27　Code to Flow界面

单击Analyse my code按钮即可进行流程图绘制，如图9-28所示。

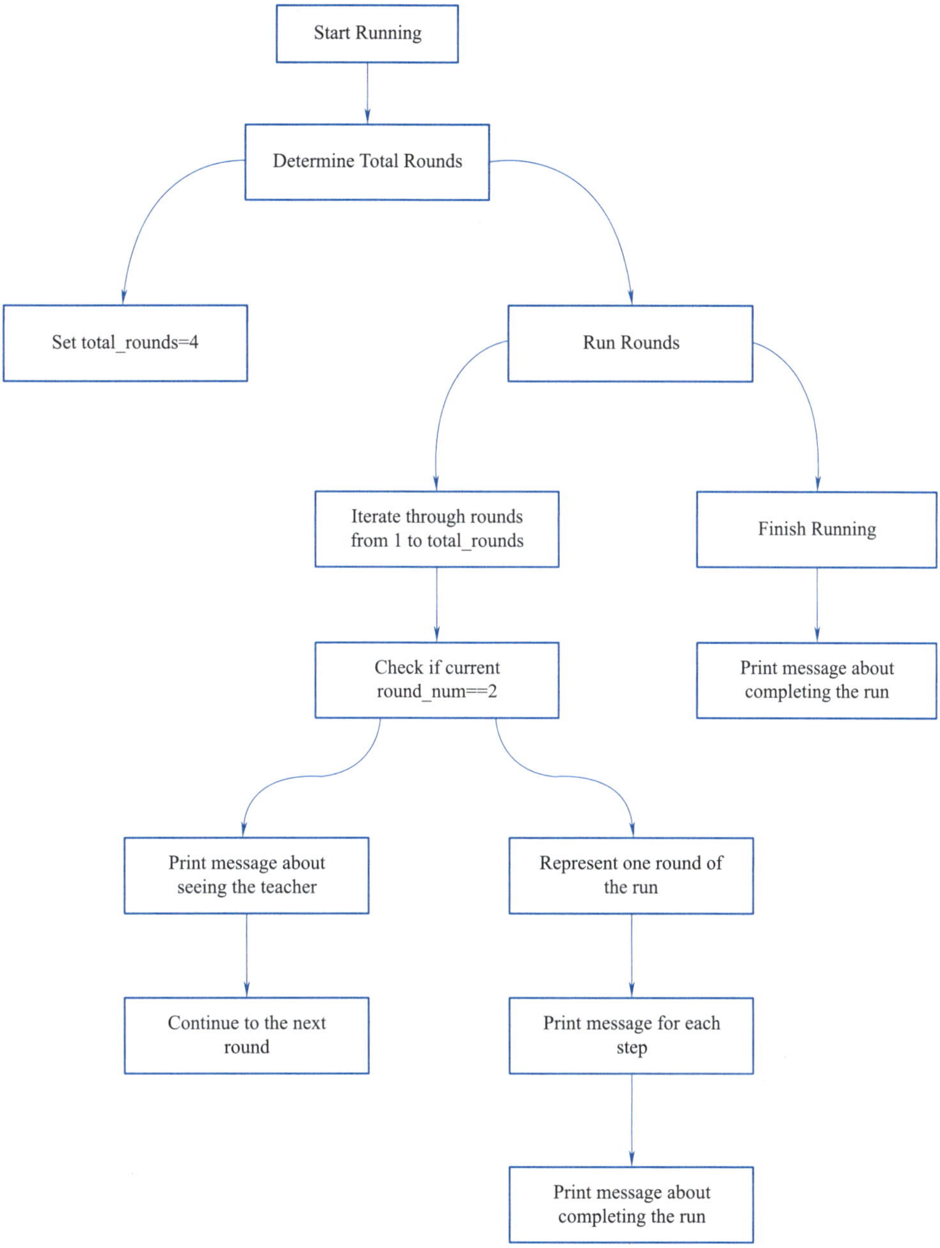


图9-28　Code to Flow生成的跑步流程图

### 3. Crystal FLOW for C

Crystal FLOW for C可以从C语言源代码中生成流程图，提供自动格式化代码和注释的功能。它支持将生成的流程图导出为BMP或JPG格式文件，以及用于Visio的XML文件格式，如图9-29所示。

以成语填字游戏代码为例，将光标放在相应函数名前面，单击“生成流程图”按钮即可生成流程图，如图9-30所示。

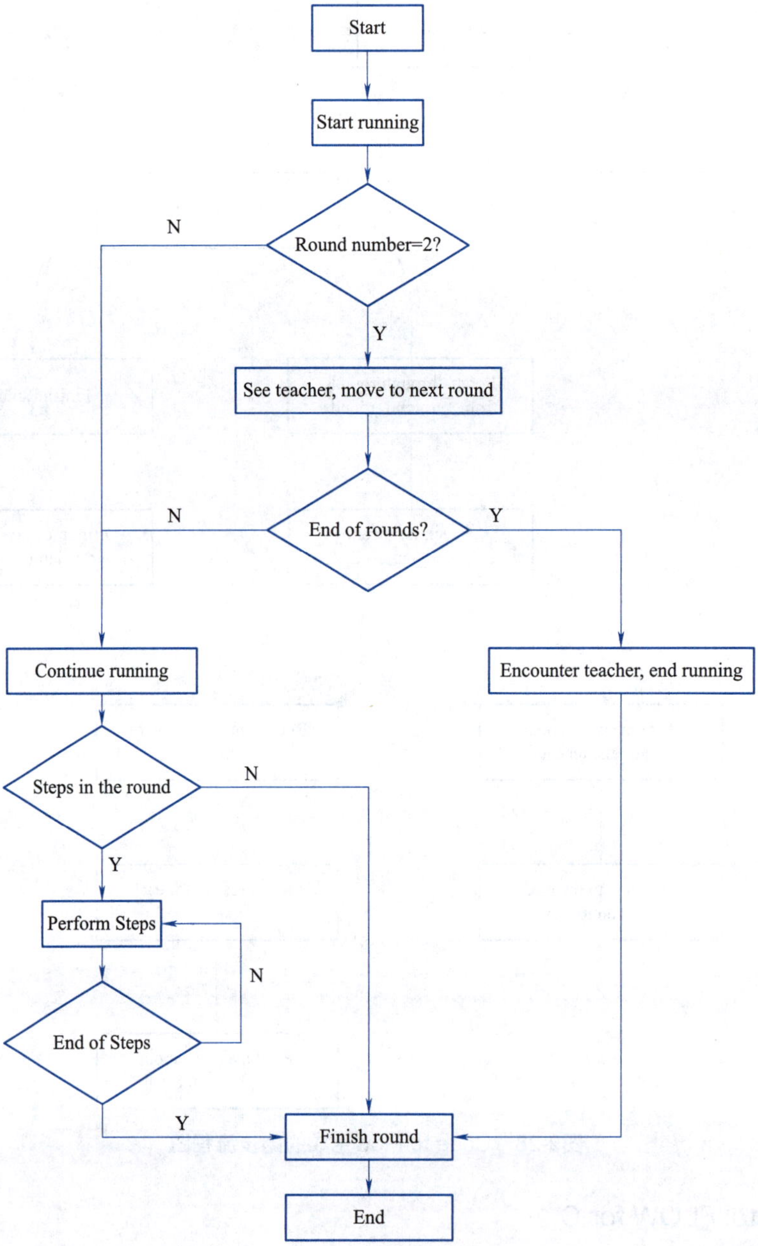


图9-29　Crystal FLOW for C中打开C源代码

```
int main( )
{
    char *answer = get_random_word( );
    printf( "The answer is: %s\n", answer );

    char user_input[ 100 ];
    int  score       = 0;
    int  is_correct = 0;


    // Loop until the user inputs the correct answer
    while( !is_correct )
    {
        printf( "Please input your answer: " );
        scanf( "%99s", user_input );

        if( strcmp( user_input, answer ) == 0 )
        {
            printf( "Correct! You got the right answer!\n" );
            score       += 10;
            is_correct  = 1;
```

图9-30　选择生成流程图的函数

流程图中可以看见自己写的注释，单击相应的框可以看到流程图与源代码的对应关系，如图9-31所示。

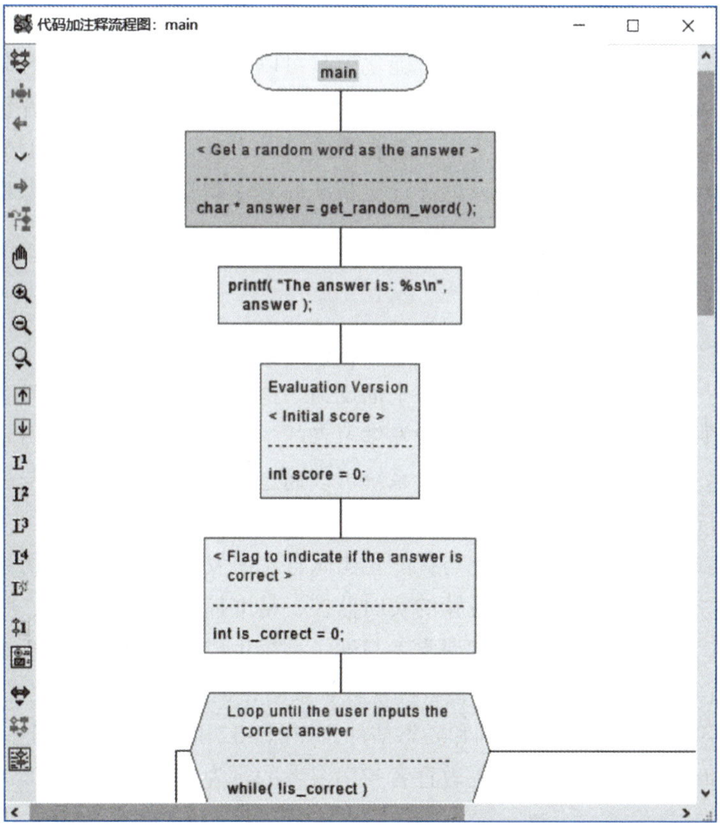


图9-31　Crystal FLOW for C生成成语填字游戏代码加注释流程图

## 练习与思考

**一、论述题**

1. 请论述智能化技术在真实问题情境创设的优势及应用。

2. 请论述问题解决过程可视化展示的优势及应用。

**二、实践题**

请设计一堂信息技术课程并给出教学设计。要求创设真实问题情境，引导学习者提出问题，并可视化问题解决过程。

## 9.3 智能化 PBL 学习评价

视 频

智能化PBL学习评价

本节将介绍基于行为与文本的两种新型智能化辅助学习评价方式。智能化算法可以深度分析师生在教与学过程中的状态变化，为学习评价提供了辅助工具和全新视角。通过实时反馈，教育者能更精准地调整教学策略，学习者也能据此优化学习方法。这两种人工智能支持的教学评价方式为构建更加智能、高效的教学环境提供强大动力。

学习评价应实时伴随课堂进行，以确保学习目标的有效达成，但基于人工的学习评价过程烦琐，无法形成常态化评价。因此，智能化工具可以辅助教师，通过综合分析基于行为和基于文本的评价结果，深入了解学习者的学习状况和教学效果，完成学习评价常态化。多方面的常态化学习评价不仅实时跟踪了学习者在课堂上的表现，还揭示了他们的学习行为和习惯。教育者则能够根据这些深入的反馈进行更精准的教学调整，为未来的课程优化提供有力支持，从而提升整体学习效能。

### 9.3.1 基于行为的学习评价

基于行为的学习评价是通过深入分析学习者在智能化平台上的学习行为和互动情况，为教育者提供学习者在学习过程中的客观且全面反馈。这种评价不仅有助于教育者及时识别学习者的学习问题并调整教学策略，还能激发学习者的学习动力，同时为学习者自我反思和进步提供了重要途径。本节介绍的学习评价系统可以通过识别和统计学习者与教育者的各种行为，以判断学习过程中的课堂专注度和课堂整体学习质量。

例如，湖南师范大学教育信息化与智能化团队自主研发的课堂行为分析系统专注于智能识别与分析课堂行为，通过对课堂视频的实时监控，精准捕捉举手、读写、听讲、回答问题等课堂行为动作，评估学生和教师的课堂参与度。系统生成的行为数据分析提供了学习状态和互动情况的直观反馈，可以帮助教育者优化教学策略，提升课堂效果。在《循环终止语句》一课中，系统实时进行课堂行为识别和姿态估计，如图9-32和图9-33所示，这一过程针对课堂教学活动范式和行为组成，有效捕捉教育者与学习者的行为和姿态，为后续的课堂模式实时分析奠定了基础。

图9-32　师生行为识别

图9-33　师生姿态估计

系统在进行行为识别和姿态评估时，自动统计教育者和学习者的行为序列，统计情况如图9-34和图9-35所示。这些行为序列不仅反映了课堂互动的动态，还为教学效果的量化分析提供了依据。通过与优秀教育者和优质课堂师生的行为序列进行对比，能够识别教学中的优势与不足，从而有针对性地调整教学策略，提高课堂效果和学生参与度。

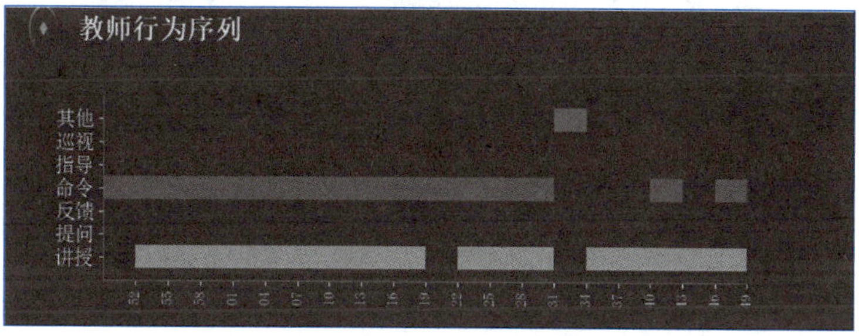


图9-34　教育者行为序列统计

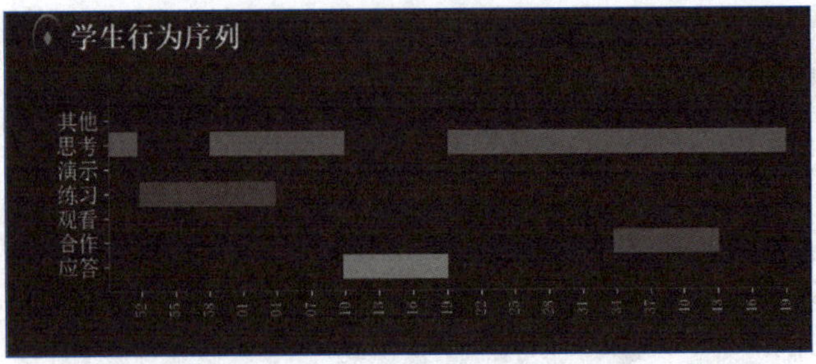


图9-35　学习者行为序列统计

学习者在课堂中的专注度可以通过统计各种行为数量来衡量。根据图9-36所示的教学阶段行为分布图，教育者能够根据不同教学阶段的行为分布来判断学习者在各个教学阶段的专注度。通过分析四个教学阶段的行为，教师能够调整教学设计，优化课堂互动，改善教学过程，从而提升学习者的专注度，帮助他们更有效地提高学习成效。

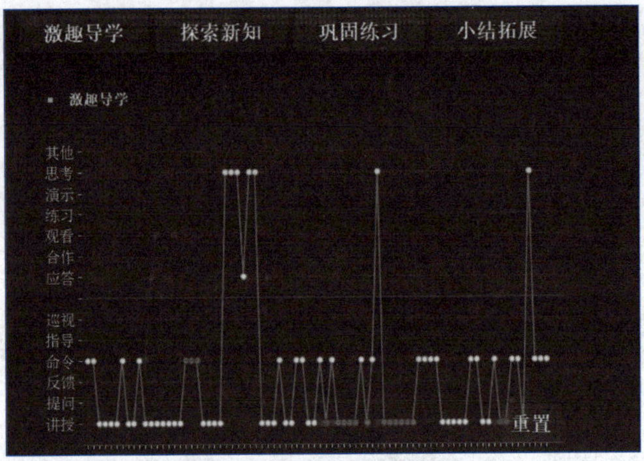


图9-36　教学阶段行为分布图

课堂结构分析图能够辅助教师确定课堂类别，分析课堂活动的结构与动态，如图9-37所示。课堂雷达图通过可视化方式呈现教育者行为和学习者行为分布，帮助教育者识别教学中的优势和不足，如图9-38所示。

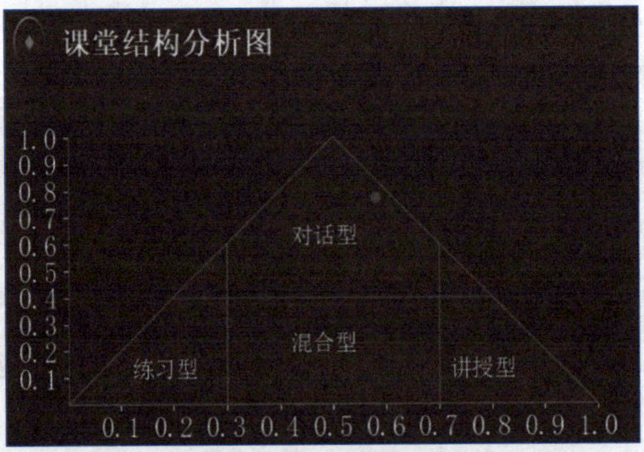


图9-37　课堂结构分析图

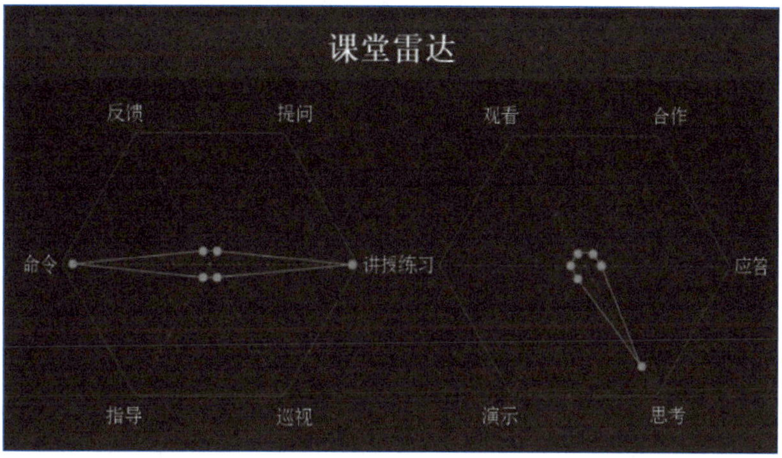


图9-38　课堂雷达图

## 9.3.2　基于文本的学习评价

基于文本的学习评价则是通过分析课堂中出现的文本内容，为教育者提供了详尽、深入的学习者学习成效反馈。这种评价方式不仅能够帮助教育者准确把握学习者的学习进度和理解程度，还能够指导教育者基于反馈优化教学内容，另一方面也可以促进学习者批判性思维和文字表达能力的提升。本节对《循环终止语句》课堂中的师生语音和书面文本进行智能化分析，以评估学习者的学习水平，进而评价课堂的教学效果。

例如，湖南师范大学教育信息化与智能化团队自主研发的课堂语音分析系统是一款集成了语音识别与交互技术的教育工具，能够实时将说话人的语音转换为文本，如图9-39所示，通过对比语音文本与教案和课程标准的相似性，有效评估课程质量。

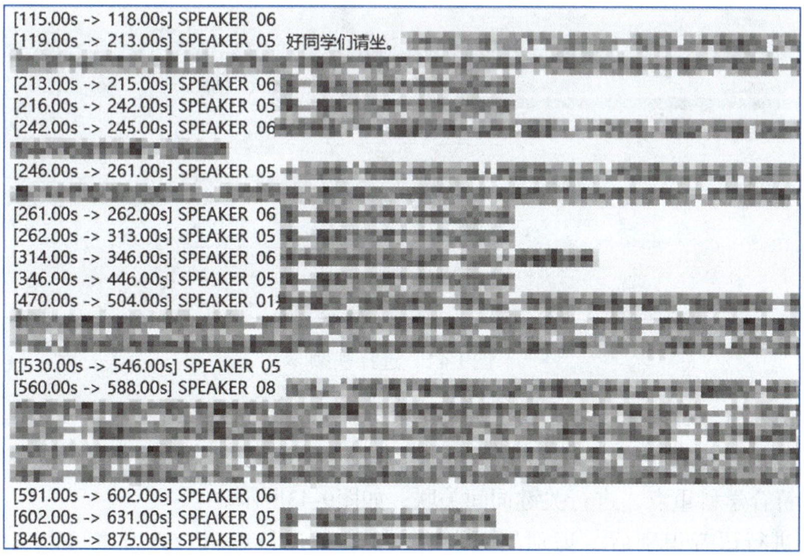


图9-39　针对说话人的语音转文本

此外，如“联课平台”能够精准捕捉师生的语音指令和回答，为课堂教学提供多维度分析与反馈。平台通过对语音文本的关键词分析，帮助教育者把握教学重点，并统计学习者提问，反映其参与度与思维发展过程。借助该平台，教育者可有效优化教学策略，提升课堂效果，实现更精准的教学改进与学习评估。

①单击上传视频，选择需要分析的课堂视频，如图9-40和图9-41所示。

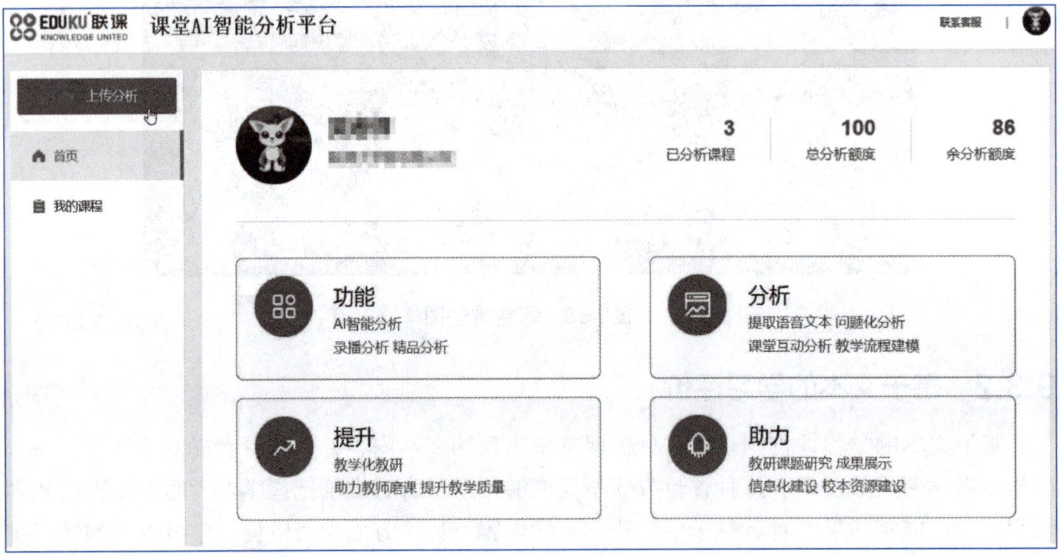


图9-40　上传分析

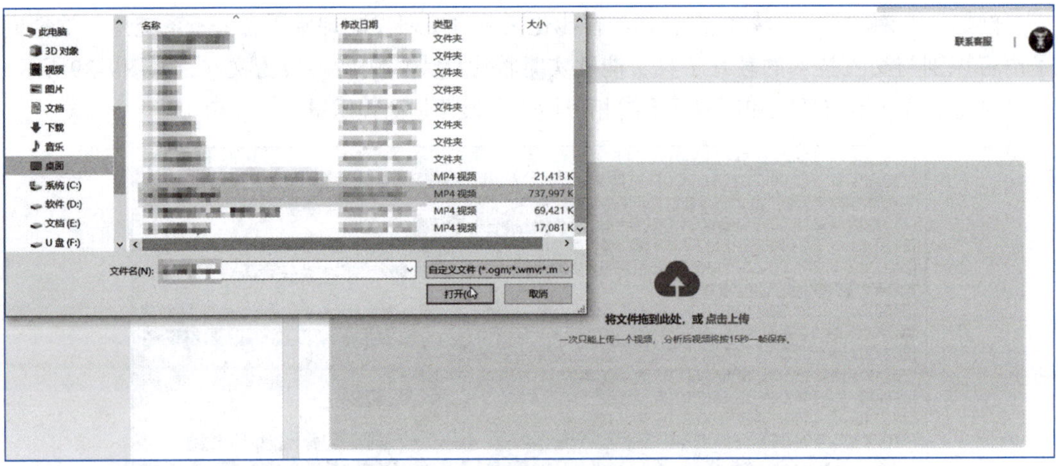


图9-41　选择视频

②上传视频后，可以修改名称、年级、学科等信息，如图9-42所示。

③系统基于教育者语音文本中的高频词构建课堂关键词图谱，教育者可以分析教育者教学重点是否符合学科重点，进行关键词间关联，如图9-43所示。

④系统进行语音识别后，识别的文本可在文本框进行编辑。教育者可以依据语音对文本进行断句、更改，并设置说话角色。说话角色包括教育者、男生、女生、集体四种，如图9-44所示。

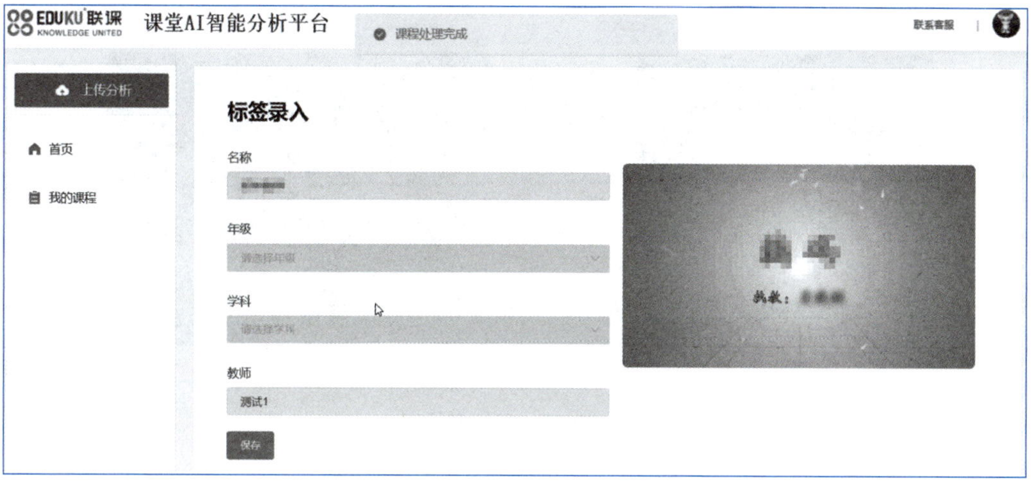


图9-42　课堂标签录入

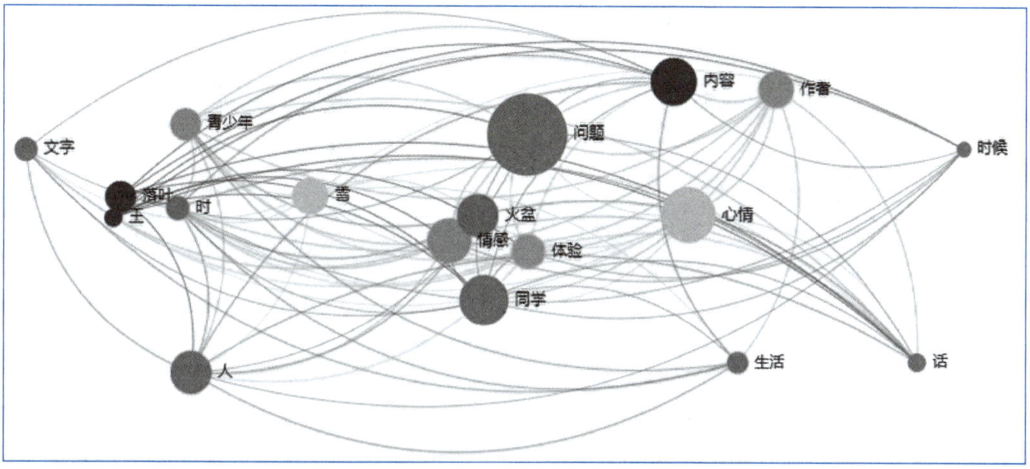


图9-43　课堂高频词

图9-44　文本编辑

⑤系统通过分析文本内容，识别课堂中的问题类型，进而评估学习者思维的深度。如图9-45和图9-46所示，分别展示了学习者提出的“五何”问题和4MAT问题。通过对互动问题的分析，可以了解课堂互动情况，观察学习者思维的发展过程。教育者还可以根据实际情况添加学科相关问题，并通过对比预设问题、学习者提出的问题以及课堂实际产生的问题，深入反思课堂教学效果。

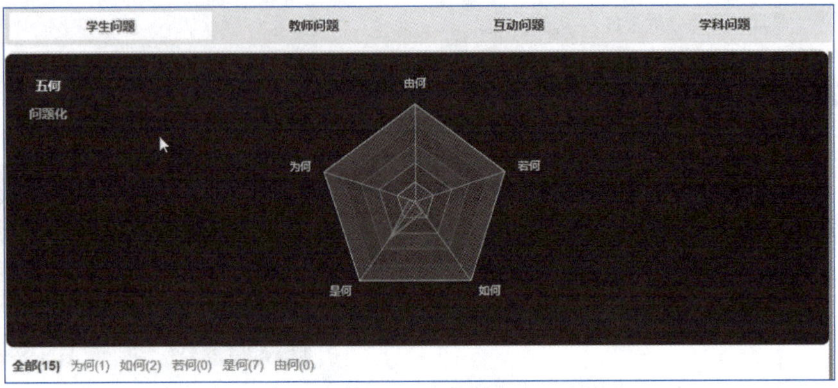


图9-45　五何问题

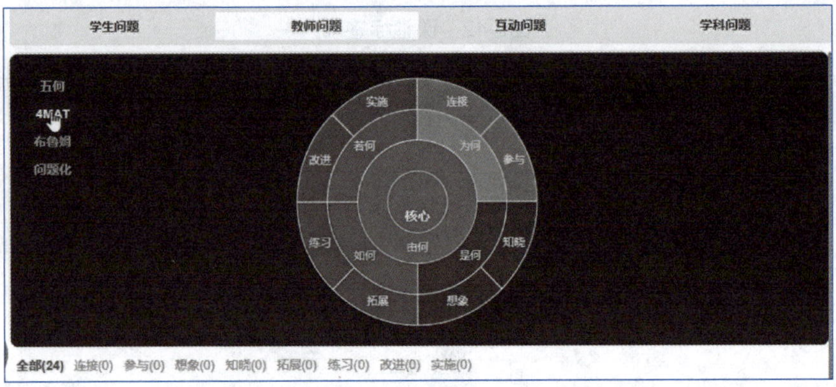


图9-46　4MAT问题

⑥教育者可以查看课堂评估报告，获得学习者的课堂表现数据。通过学习者数据，教育者能够了解学习者在课堂中的提问和发言情况，如图9-47所示。学习者提问时间分布图显示了课堂中某个时间段的学习者提问情况以及师生互动次数，如图9-48所示。教育者数据展示了整节课中教育者的提问次数、发言等情况，为优化教学提供依据，如图9-49所示。

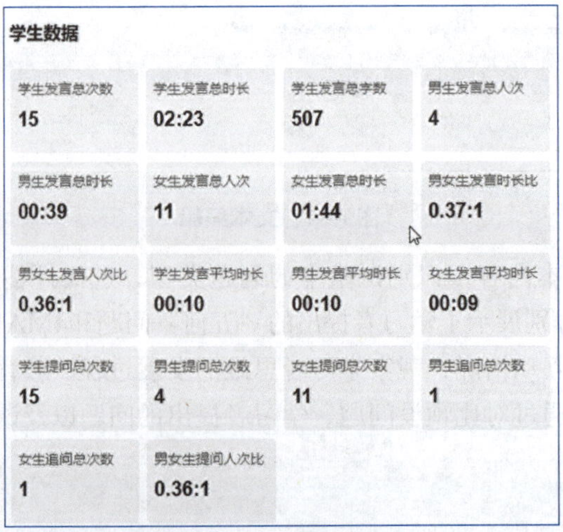


图9-47　学习者数据

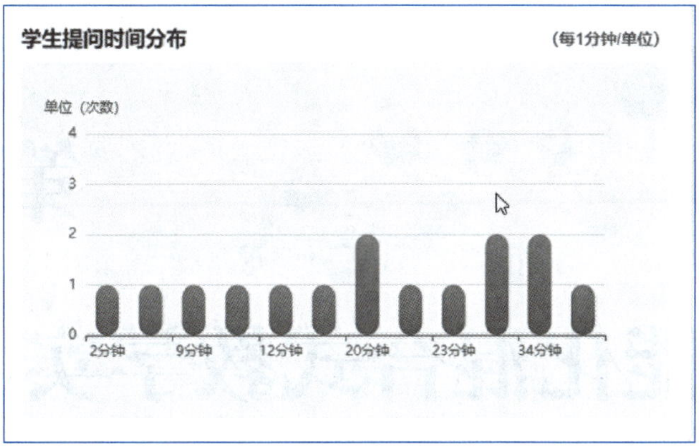


图9-48　学习者提问时间分布

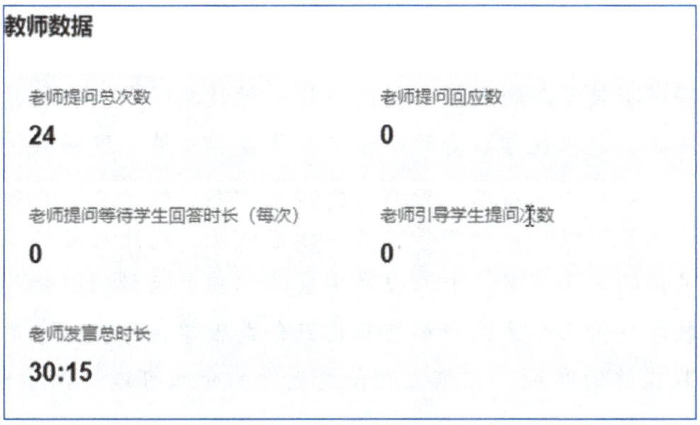


图9-49　教育者数据

## 练习与思考

### 一、论述题

请论述智能化技术对PBL课程进行教学评价的优势。

### 二、实践题

运用一种智能化技术支持的PBL教学评价，评价9.2节练习与思考中设计的课程，阐明选用这种评价方式的原因。

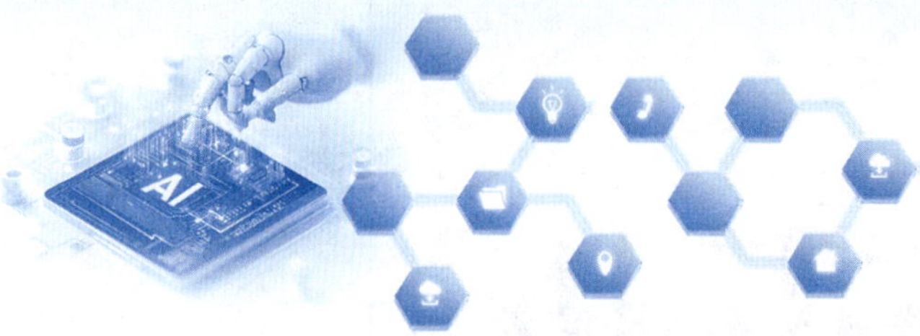

# 第 10 章 智能化混合式教学实践——以数学教学为例

混合式教学是将线下教学与线上教学相结合的一种教学模式，它在关注教学内容传递和学习者技能培养的同时，也重视学习者的个体学习体验和发展。这种教学模式允许我们超越传统的“一刀切”形式，采用更为灵活和响应式的方法来应对学习者多样化的需求。通过精准数据分析，智能化工具不仅可以预测学习者的学习成果，还能及时调节教学策略，确保每一个环节都能达到最优的教学效果。本章以高中数学“三角函数的概念”课程为例，从教学设计、教学实施和教学评价三个方面介绍智能化混合式教学实践。数学是一门典型的既强调逻辑思维又需要实践操作的学科，智能化混合式教学的介入可以平衡学科理论与实践学习，为数学教学提供新的发展方向。

## 内容导图

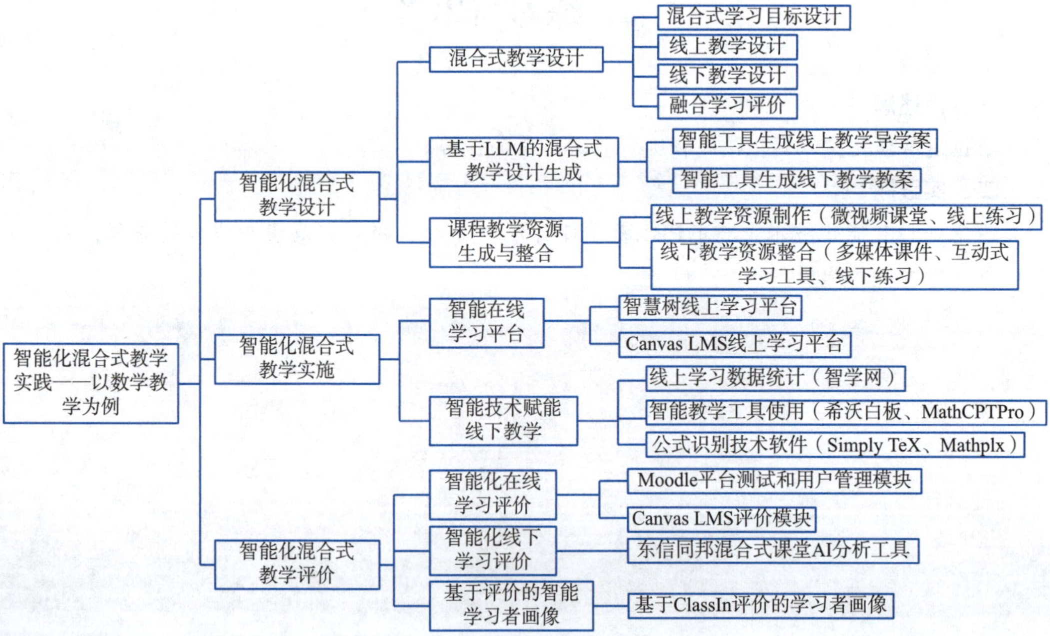

## 学习目标

1. 学会运用智能化技术完成混合式教学设计。
2. 能够运用智能化技术辅助进行线上教学和线下教学。
3. 掌握多种智能化技术进行线上教学和线下教学评价。

# 10.1　智能化混合式教学设计

视 频

智能化混合式教学设计

本节聚焦于智能化混合式教学设计，以高中数学中的“三角函数的概念”一节为例，重点讨论使用智能化技术协助教育者创新教学设计过程，增强混合式教学的连贯性；通过智能化生成工具优化课堂活动的个性化指导与即时反馈，动态调整学习方案，确保学习者实现理论与实践的双重提升。

## 10.1.1　混合式教学设计

混合式教学①指将多种教学形式混合应用，目前常特指结合传统线下教学与线上教学的混合教学形式。混合式教学的特点是，教学过程通过线下和线上课程混合的方式进行，且教学过程中的抽象内容常以动态视频或动画的形式多元化呈现，以增强学习者的学习水平，因此相对抽象的概念类知识更适用于混合教学形式。三角函数的概念是人教版高一年级数学教材中的课程，其概念较为抽象，涉及复杂的函数关系和图像变化，适合采用混合式教学模式进行讲授和学习。通过线上平台观看视频、动画演示等方式，学习者能够提前自主学习基本概念与原理，而在线下课堂上通过实践操作、互动答疑、分组讨论等环节进一步巩固和应用知识。

作为结合线上教学与线下教学的教学模式，混合式教学设计需要对二者进行有效融合，确保教学内容的连贯性与针对性，以实现教学效果的最大化。其主要内容应包括：

### 1. 混合式学习目标设计

学习目标设计中，知识与能力目标通常要求学习者掌握相关概念的基本定义、特征，理解概念的核心逻辑并进行基本应用；过程与方法目标则侧重于通过实践操作和问题解决，培养学习者分析问题特征、构建模型的能力，提升其抽象思维与建模能力，以便运用这些知识解决实际问题。在设计混合式学习目标时，教育者应综合考虑线上教学与线下教学的不同优势，即知识与能力目标更适合通过线上教学来推进，借助数字资源和线上练习鼓励学习者的自主探索；而过程与方法目标则更适合在线下教学中实施，通过教师的指导和同伴的互动来深化对知识的理解。

### 2. 线上教学设计

混合式教学由线上教学和线下教学两部分有机组合。其中，线上教学不仅应该通过多样化的数字资源为学生提供灵活的学习路径，还应该利用互动练习和讨论平台快速参与和融入学习。教育者需要设计导学案和微课程视频，从而为学习者提供有效引导并帮助他们快速理解和掌握课程内容。导学案是为学习者设计的学习指导工具，一般包含明确的学习目标、重

① 张其亮，王爱春. 基于“翻转课堂”的新型混合式教学模式研究[J]. 现代教育技术，2014，24（4）：27-32.

点难点、自我检测题目等内容；微课程视频为学习者提供了生动形象的教学资源，通过图文并茂的方式讲解课程难点，使复杂的概念更易于理解。

### 3. 线下教学设计

线上学习使学习者对课程内容和重点难点有了较为清晰的认识，进而在线下学习环节中，教育者即应当以写作交流完成对知识的掌握理解。在线下教学设计中，教育者需要通过互动式学习工具组织多样化的协作学习活动，如问题互答和案例分析等，以使学习者在交流与合作中深化对知识的理解与应用；同时，教育者可根据线上教学中的集中反馈数据，针对学习者的共性问题进行集中讲解和答疑，以提高课堂教学的针对性与有效性。

### 4. 融合学习评价

混合式教学包含线上和线下两个环节，因而其评价部分也包括线上和线下教学评价两种评价形式。线上教学评价通过收集和分析学习者的行为数据，如视频观看时长、任务完成情况、练习正确率和讨论参与度等，为判断线上教学成效提供客观依据；线下评价则客观呈现学生在线下教学中的状态，也与线上教学评价相互支持。两者融合后的学习评价可以全面反映学习者的综合学习情况，帮助教育者进行全方位的教学评估，并提供数据反馈辅助调整教学策略，提升教学效果。

## 10.1.2 基于大模型的混合式教学设计生成

混合式教学设计应坚持“学生为中心、教师为主导”的原则，要求教育者根据线上教学和线下教学的不同特点分别进行差异化设计。为此，教育者应根据具体需求选择合适的大模型，分别基于相应的教学特点输入相应内容，以生成针对性的教学设计。

### 1. 线上教学导学案生成

线上教学注重学习者的自主学习，鼓励他们积极探索课程内容，并通过各种线上资源提升自学能力。教育者应合理设计导学案来帮助学习者制订以定向探索为主的线上学习计划，确保他们在自主学习中保持方向感和目标感。

对本节“三角函数的概念”课程，可以通过与大模型进行驱动型对话，以生成导学案。本文使用字节跳动推出的人工智能机器人——“豆包”为例进行线上教学导学案生成，如按照以下方式输入“三角函数的概念”课程的教学目标、重难点，要求生成一份线上教学导学案。

根据如下内容，生成一份线上教学导学案：主题是三角函数的概念。

教学目标：

1. 借助单位圆理解任意角三角函数的定义；

2. 根据定义认识函数值的符号。理解诱导公式；

3. 能初步运用定义分析和解决与三角函数值有关的一些简单问题。

教学重难点：

1. 教学重点：任意角的三角函数（正弦函数、余弦函数、正切函数）的定义；

2. 教学难点：任意角的三角函数概念的建构过程，解决与三角函数值有关的一些简单问题。

生成结果如图10-1所示。

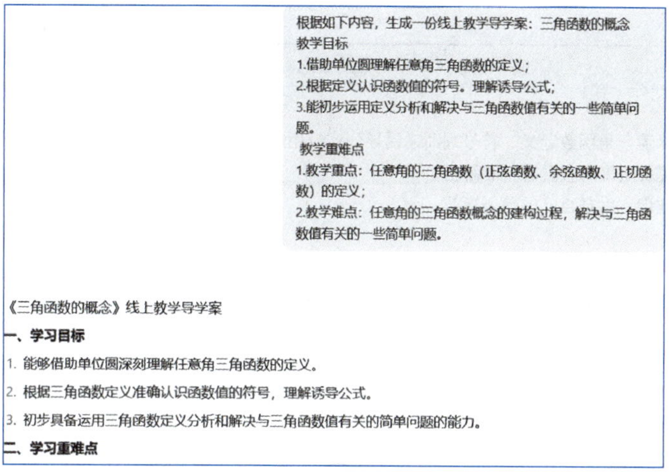
根据如下内容，生成一份线上教学导学案：三角函数的概念
教学目标
1.借助单位圆理解任意角三角函数的定义；
2.根据定义认识函数值的符号。理解诱导公式；
3.能初步运用定义分析和解决与三角函数值有关的一些简单问题。
教学重难点
1.教学重点：任意角的三角函数（正弦函数、余弦函数、正切函数）的定义；
2.教学难点：任意角的三角函数概念的建构过程，解决与三角函数值有关的一些简单问题。

《三角函数的概念》线上教学导学案
一、学习目标
1. 能够借助单位圆深刻理解任意角三角函数的定义。
2. 根据三角函数定义准确认识函数值的符号，理解诱导公式。
3. 初步具备运用三角函数定义分析和解决与三角函数值有关的简单问题的能力。
二、学习重难点

图10-1　基于豆包生成线上教学导学案

表10-1即为使用豆包软件，使用图10-1输入，所得到的线上教学导学案实例。

表10-1　线上教学导学案生成实例

| 高中数学《三角函数的概念》线上教学导学案 |
| --- |
| 一、学习目标 |
| 1. 能够借助单位圆深刻理解任意角三角函数的定义。<br>2. 根据三角函数定义准确认识函数值的符号，理解诱导公式。<br>3. 初步具备运用三角函数定义分析和解决与三角函数值有关的简单问题的能力 |
| 二、学习重难点 |
| 1. 重点：<br>牢记任意角的三角函数（正弦函数、余弦函数、正切函数）的定义。<br>2. 难点：<br>理解任意角的三角函数概念的建构过程。<br>有效解决与三角函数值有关的一些简单问题 |
| 三、学习过程 |
| 1. 课前预习<br>复习角的概念以及单位圆的相关知识，为理解三角函数定义做准备。<br>尝试思考如何用单位圆来表示角，以及这种表示方法与三角函数的关系。<br>2. 知识讲解<br>利用动画、图形等多媒体手段，结合单位圆详细讲解任意角三角函数的定义。<br>明确正弦函数、余弦函数、正切函数的具体表达式及含义。<br>通过实例，如在单位圆中找出特定角的三角函数值，加深对定义的理解。<br>分析函数值的符号。<br>根据角所在的象限，分别讨论正弦、余弦、正切函数值的正负情况。<br>总结规律，便于快速判断函数值的符号。<br>解读诱导公式。<br>推导诱导公式的过程，理解其内在逻辑。<br>举例说明诱导公式在化简计算中的应用。<br>3. 例题解析<br>针对重点和难点内容，展示典型例题。<br>例如，已知角的终边位置，求三角函数值；已知三角函数值，求角的大小等。<br>详细分析解题思路和步骤，强调关键知识点的运用。 |

续表

| 高中数学《三角函数的概念》线上教学导学案 |
|---|
| 4. 课堂练习<br>发布线上练习题，涵盖三角函数定义、符号判断、诱导公式应用等方面。<br>学习者线上作答，提交后即时查看答案和解析。<br>通过练习巩固所学知识，发现自己的薄弱环节。<br>5. 总结归纳<br>回顾本节课的主要内容，包括三角函数定义、符号规律和诱导公式。<br>总结解题方法和技巧，例如如何利用单位圆快速确定函数值的符号。<br>学习者提出疑问，老师线上答疑解惑 |
| 四、学习拓展 |
| 1. 探索三角函数在几何图形中的应用，如三角形中的三角函数关系。<br>2. 了解三角函数的历史发展，感受数学文化的魅力 |
| 五、学习评价 |
| 1. 完成课堂练习和课后作业，根据答案和解析进行自我评估。<br>2. 参与线上讨论和互动，分享学习心得和问题，从他人的经验中学习 |

表10-1生成的导学案，虽然已具备完整的教学框架，但未能与线上教学工具进行有效结合，也未考虑教育者在平台上传的教学资源。因此，教育者应在此基础上，遵循知识的难易顺序引导学习者与线上教学工具互动，并依据自身经验对导学案进行调整。调整后的导学案见表10-2。

**表10-2　线上教学导学案实例**

| 高中数学《三角函数的概念》线上教学导学案 |
|---|
| 一、学习目标 |
| 1. 能够借助单位圆深刻理解任意角三角函数的定义。<br>2. 根据三角函数定义准确认识函数值的符号，理解诱导公式。<br>3. 初步具备运用三角函数定义分析和解决与三角函数值有关的简单问题的能力 |
| 二、学习重难点 |
| 1. 重点：<br>牢记任意角的三角函数（正弦函数、余弦函数、正切函数）的定义。<br>2. 难点：<br>理解任意角的三角函数概念的建构过程。<br>有效解决与三角函数值有关的一些简单问题 |
| 三、学习过程 |
| 1. 课前预习<br>复习角的概念以及单位圆的相关知识，为理解三角函数定义做准备。<br>阅读课本177~180页，观看讲解视频一，尝试思考如何用单位圆来表示角，以及这种表示方法与三角函数的关系。<br>2. 知识讲解<br>利用动画和图形等多媒体手段，结合单位圆详细讲解任意角三角函数的定义，完成讲解视频一后的练习题。<br>观看讲解视频二，明确正弦函数、余弦函数、正切函数的具体表达式及含义。<br>观看在单位圆中找出特定角的三角函数值，加深对定义的理解。<br>分析函数值的符号。<br>根据角所在的象限，分别讨论正弦、余弦、正切函数值的正负情况。<br>总结规律，便于快速判断函数值的符号，完成讲解视频二后的练习题。<br>观看讲解视频三，解读诱导公式。 |

续表

| 高中数学《三角函数的概念》线上教学导学案 |
| --- |
| 推导诱导公式的过程，理解其内在逻辑。<br>举例说明诱导公式在化简计算中的应用，完成讲解视频三后的练习题。<br>3. 例题解析<br>观看例题视频一：三角函数的定义及应用。<br>观看例题视频二：三角函数值的符号。<br>观看例题视频三：诱导公式的应用。<br>4. 课堂练习<br>线上完成自测题目一、二、三，包括三角函数的定义及应用、三角函数值的符号、诱导公式的应用。提交后即时查看答案和解析。<br>5. 总结归纳<br>回顾本节课的主要内容，包括三角函数定义、符号规律和诱导公式。<br>总结解题方法和技巧，例如如何利用单位圆快速确定函数值的符号 |
| 四、学习拓展 |
| 1. 探索三角函数在几何图形中的应用，如三角形中的三角函数关系。<br>2. 了解三角函数的历史发展，感受数学文化的魅力 |
| 五、学习评价 |
| 1. 完成自测题目，根据答案和解析进行自我评估。<br>2. 参与线上讨论和互动，分享学习心得和问题，从他人的经验中学习 |

## 2. 线下教学教案生成

相比于线上教学，线下教学在师生深度互动中更具优势，尤其在将实际问题转化为抽象问题的过程中表现突出。教育者在设计线下教学教案时，应重点针对学习者在自主学习中遇到的难点进行讲解和探讨，帮助他们加深理解；通过提出新问题，让学习者体会实际问题转化为抽象问题的过程，培养学习者建模、抽象概括和应用知识解决问题的能力。

因此，在设计线下教学教案时，教学目标与线上导学案的教学目标可能存在差异，教育者需重新设定线下教学的教学目标。然后，将这些教学目标作为输入，提供给大模型，以生成更加符合需求的线下教学教案。以本节“三角函数的概念”课程为例，使用Kimi智能助手，教育者将线下教学的教学目标和教学重难点输入大模型，输入内容如图10-2所示。

“教学目标：

1. 掌握三角函数模型应用基本步骤：(1) 根据图像建立解析式；(2) 根据解析式作出图像；(3) 将实际问题抽象为与三角函数有关的简单函数模型。

2. 选择合理三角函数模型解决实际问题，注意在复杂的背景中抽取基本的数学关系，还要调动相关学科知识来帮助理解问题。

3. 感受数学建模的全过程，体验数学在解决实际问题中的价值和作用及数学和日常生活和其他学科的联系。

教学重难点：

教学重点：分析、整理、利用信息，从实际问题中抽取基本的数学关系来建立三角函数模型，用三角函数模型解决一些具有周期变化规律的实际问题。

教学难点：将某些实际问题抽象为三角函数的模型，并调动相关学科的知识来解决问题。”

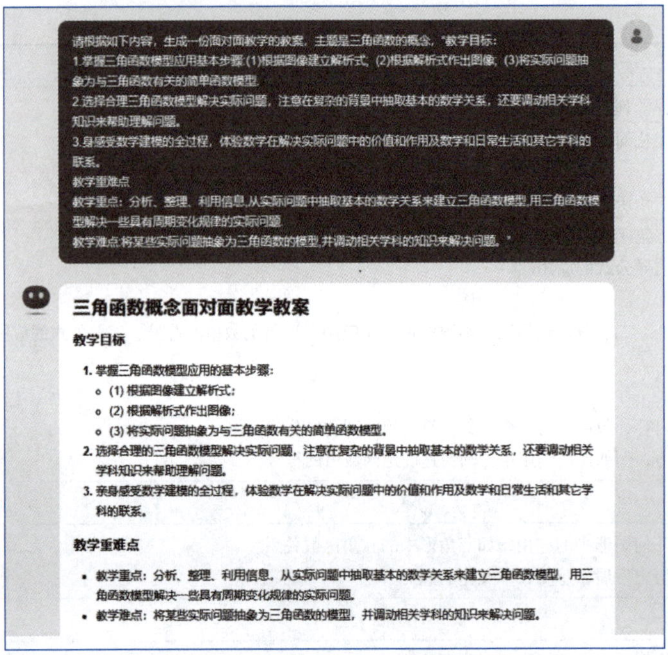


图10-2　基于Kimi生成线下教学教案

教育者应结合线上教学的反馈和自身教学经验，依据大模型生成的教学设计框架进行进一步修订：选择合适的例题时，确保这些例题能够代表常见的难点，并具备一定的难度；对线上教学中的重点难点题目进行讲解时，教育者应针对具体问题进行深入分析，帮助学习者理清思路并消除疑惑；通过分步解析这些题目，展示解题思路和方法，以便学习者在实际操作中能够更好地掌握知识点。表10-3即为整理后的三角函数的概念线下教学教案实例。

表10-3　线下教学教案实例

| 高中数学《三角函数的概念》线下教学教案 |
| --- |
| 一、教学目标 |
| 1. 掌握三角函数模型应用基本步骤:（1）根据图像建立解析式；（2）根据解析式作出图像；（3）将实际问题抽象为与三角函数有关的简单函数模型。<br>2. 选择合理三角函数模型解决实际问题，注意在复杂的背景中抽取基本的数学关系，还要调动相关学科知识来帮助理解问题。<br>3. 感受数学建模的全过程，体验数学在解决实际问题中的价值和作用及数学和日常生活和其他学科的联系 |
| 二、学习重难点 |
| 教学重点：分析、整理、利用信息，从实际问题中抽取基本的数学关系来建立三角函数模型，用三角函数模型解决一些具有周期变化规律的实际问题。<br>教学难点：将某些实际问题抽象为三角函数的模型，并调动相关学科的知识来解决问题 |
| 三、学习过程 |
| 1. 复习回顾<br>自测二：角$\alpha$的始边在$x$轴非负半轴，终边与单位圆交于点$P$。当$\alpha=\frac{\pi}{6}$时，点$P$的坐标是什么？当$\alpha=\frac{\pi}{2}$或$\frac{2\pi}{3}$时，点$P$的坐标又是什么？它们唯一确定吗？<br>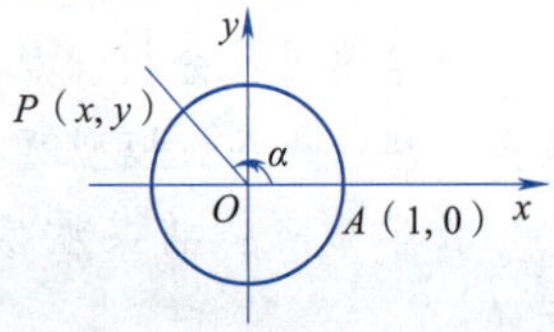<br>2. 探索新知<br>现实生活中存在大量具有周而复始、循环往复特点的周期运动变化现象，如果某种变化着的现象具有周期性，那么就可以考虑借助三角函数来描述。本节课通过具体实例，说明三角函数模型的简单应用。 |

续表

| 高中数学《三角函数的概念》线下教学教案 |
|---|

3. 典例解析

典例一：某个弹簧振子（简称振子）在完成一次全振动的过程中，时间$t$（单位：s）与位移$y$（单位：mm）之间的对应数据如表所示。

| $t$ | 0.00 | 0.05 | 0.10 | 0.15 | 0.20 | 0.25 | 0.30 | 0.35 | 0.40 | 0.45 | 0.50 | 0.55 | 0.60 |
|---|---|---|---|---|---|---|---|---|---|---|---|---|---|
| $y$ | −20.0 | −17.8 | −10.1 | 0.1 | 10.3 | 17.7 | 20.0 | 17.7 | 10.3 | 0.1 | −10.1 | 17.8 | −20.0 |

试根据这些数据确定这个振子的位移关于时间的函数解析式。

振子的振动具有循环往复的特点，由振子振动的物理学原理可知，其位移随时间的变化规律可以用函数$y=A\sin(\omega t+\phi)$来刻画。根据已知数据作出散点图，如下图所示。

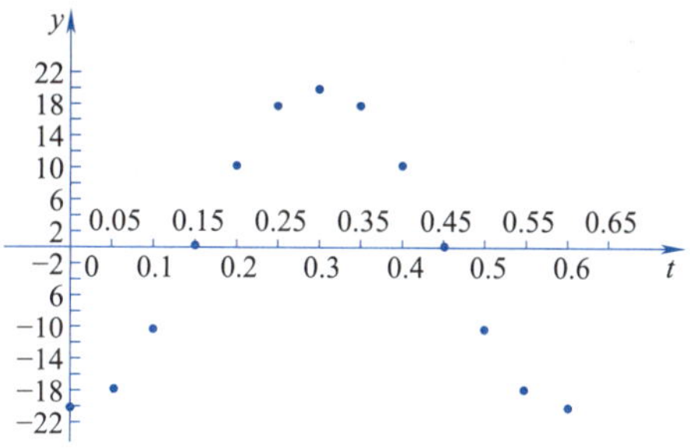


由数据表和散点图可知，振子振动时位移的最大值为20 mm，因此$A$=20；振子振动的周期为0.6 s，即$\frac{2\pi}{\omega}=0.6$，解得$\omega=\frac{10\pi}{3}$；再由初始状态（$t$=0）振子的位移为-20，可得$\sin\phi=-1$，因此$\phi=-\frac{\pi}{2}$，所以振子位移关于时间的函数解析式为$y=20\sin\left(\frac{10\pi}{3}t-\frac{\pi}{2}\right)$，$t\in[0,+\infty)$。

4. 总结归纳

现实生活中存在大量类似弹簧振子的运动，如钟摆的摆动、水中浮标的上下浮动、琴弦的振动，等等。这些都是物体在某一中心位置附近循环往复的运动。在物理学中，把物体受到的力（总是指向平衡位置）正比于它离开平衡位置的距离的运动称为“简谐运动”。可以证明，在适当的直角坐标系下，简谐运动可以用函数$y=A\sin(\omega t+\phi)$，$x\in[0,+\infty)$表示，其中$A>0$，$\omega>0$。描述简谐运动的物理量，如振幅、周期和频率等都与这个解析式中的常数有关：

$A$就是这个简谐运动的振幅，它是做简谐运动的物体离开平衡位置的最大距离；这个简谐运动的周期是$T=\frac{2\pi}{\omega}$，它是做简谐运动的物体往复运动一次所需要的时间；简谐运动的频率由公式$f=\frac{1}{T}=\frac{\omega}{2\pi}$给出，它是做简谐运动的物体在单位时间内往复运动的次数；$\omega t+\phi$称为相位；$x$=0时的相位$\phi$称为初相。

5. 课堂练习

完成当堂达标题目一、二、三

四、学习拓展

1. 总结解三角函数应用题的基本步骤，包括明确题目要求、建立三角模型、运用相应的三角函数进行计算，以及检验结果的合理性。

2. 预习下节课三角恒等变换内容，熟悉基本恒等式的推导和应用

五、学习评价

1. 更改自测题目和当堂达标中的错题，复习巩固正确的解题思路。

2. 根据老师的反馈，及时调整学习方法和策略，提高学习效果

## 10.1.3　课程教学资源生成与整合

在智能技术支持的混合式教学设计中，教学资源的整合与生成是提升教学效率和质量的关键。混合式教学资源涵盖线上教学资源的制作和线下教学资源的整合两个方面。教育者可

借助智能化辅助工具，基于教学设计生成相应的课程资源，为学习者提供多元化的知识内化途径，帮助他们通过多渠道整合信息，深入理解知识，以促进知识的有效建构。

### 1. 线上教学资源制作

线上教学资源主要用于支持线上学习，以重点难点内容的可视化呈现和线上学习定量评价为主，主要包括微课程视频（微课视频）制作和线上练习制作。

#### （1）微课程视频制作

微课视频应用于在线学习过程，以支持学习者的自主学习，主要围绕导学知识单中的学习任务展开。首先生成解说词和视频，再将解说和视频相结合，完成微课视频制作。

首先，基于已生成的导学案，生成微课的解说词，如图10-3所示。

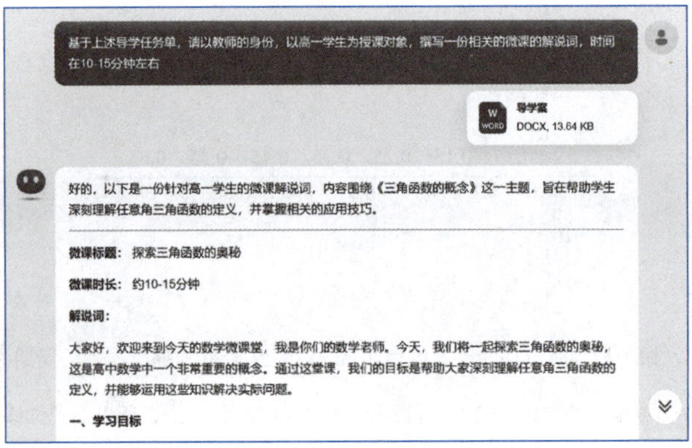


图10-3　生成微课解说词

然后，利用剪映软件生成视频。打开剪映软件，单击“图文成片”按钮，如图10-4所示，将解说词与相关素材结合，制作出清晰、易于理解的教学视频。

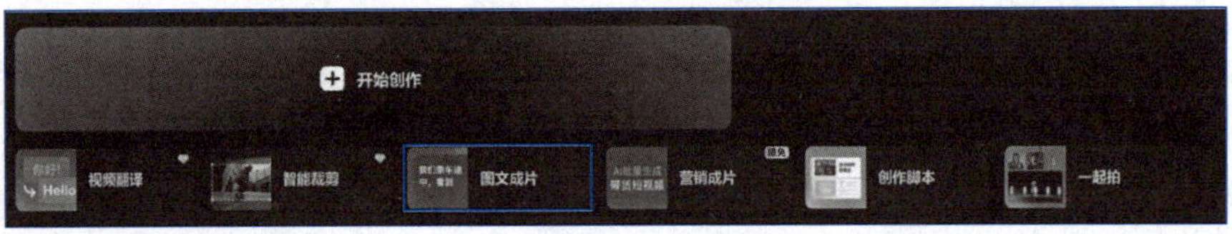


图10-4　剪映创作界面

将之前生成的解说词粘贴到“选择自由编辑方案”中，接着单击“生成视频”按钮，并选择“智能匹配素材”功能，如图10-5所示。系统会自动为视频匹配相关的图文、动画、配音、配乐和字幕，最终生成一个丰富多彩、信息量充足的教学视频，如图10-6所示。

通过以上步骤，教育者可以快速生成微课教学视频，并根据实际教学需求对视频进行剪辑和调整。这种方法显著缩短了微课的录制和制作时间，使教育者能够将更多精力集中于教学设计和内容创新，从而大幅提升教学资源创作的效率和质量。这样的效率提升不仅有助于教育者更好地满足学习者的需求，也促进了教学效果的整体改善。

#### （2）线上练习生成

线上练习目的是对线上学习内容情况进行跟踪评价，主要围绕教学目标和教案内容展开，涉及题目的设计、答案与解析的编写，以及实施与修改等几个关键步骤。本节以“考大师”为例进行练习设计。“考大师”是一个线上题目编辑平台，可以提供便捷工具和资源来创建个性化练习。

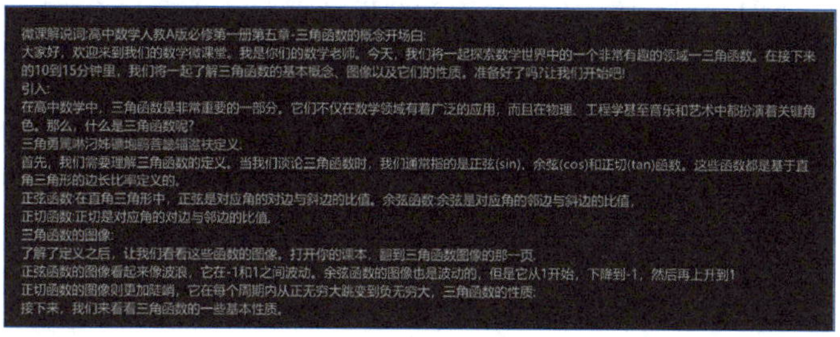


图10-5　使用剪映进行图文成片

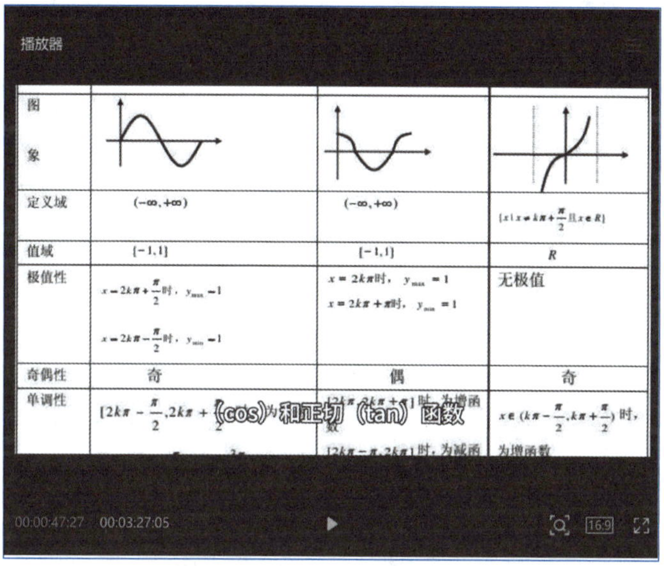


图10-6　剪映生成视频

从“考大师”平台创建新练习的步骤如下：

①首先在平台首页导航至公共题库，选择合适的题目类型。输入“数学”搜索公共题库，以快速找到相关的题目资源，如图10-7所示。

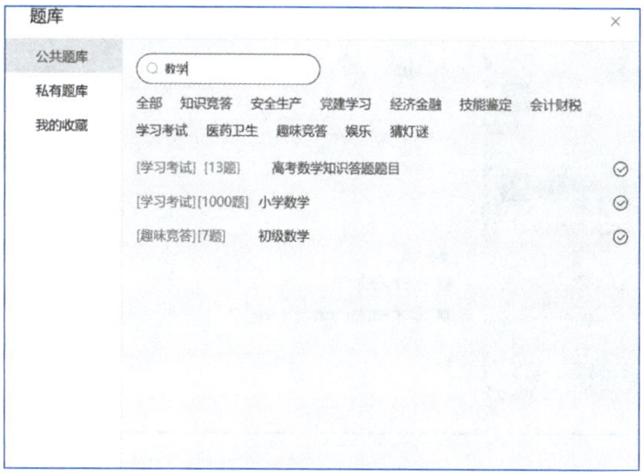


图10-7　选择题库

②如图10-8所示，可以选择题型，编辑题目内容，并设置分数和难度，以快速创建和管理各种类型的练习题。此外，平台支持编写答案和解析，便于学习者在完成练习后及时获取反馈。

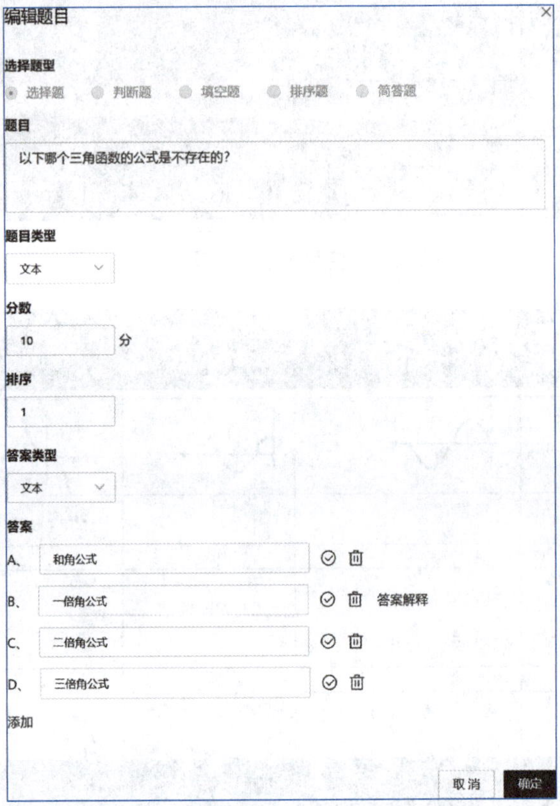


图10-8　题目编辑

③平台提供便捷的发布功能，将创建完成的题库迅速发布到学习者客户端。如图10-9所示，教育者可以设置分享标题、分享图片，并自定义分享链接，选择特定的目标受众。答题界面展示如图10-10所示，为学习者提供直观的答题体验。

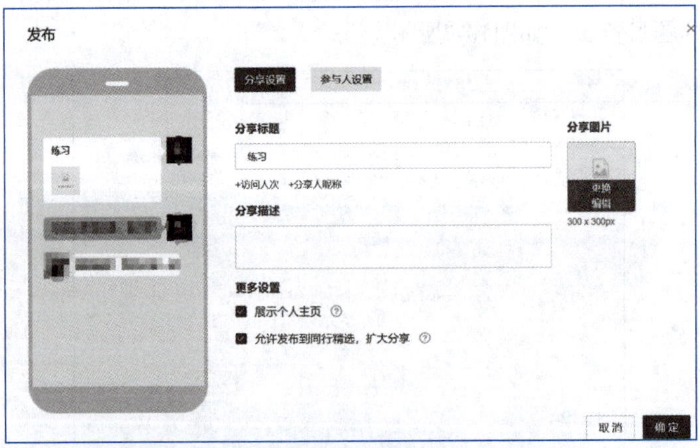


图10-9　发布练习

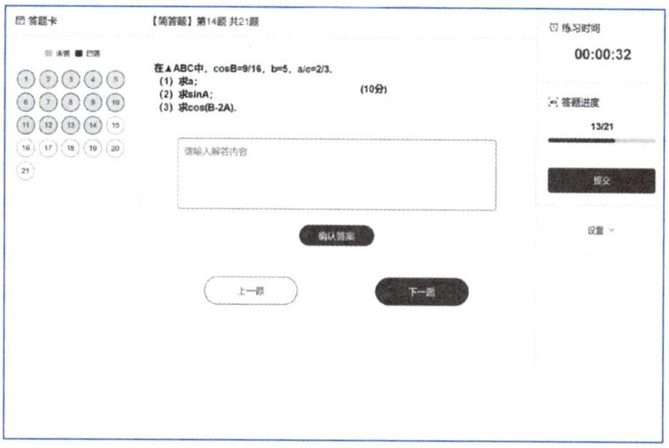


图10-10　答题界面

通过以上步骤，教育者可以快速制作线上练习，从而实时反馈学习者的学习情况。这使得教育者能够精准把握线上教学效果，在后续线下教学中可以针对学习者的薄弱环节进行强化训练，确保每位学习者都能完成课程内容的学习。

### 2. 线下教学资源整合

线下教学资源包括结合多种生成式内容的多媒体课件和协作互动式学习资源，用于支持线下协作式学习，主要包括多媒体课件整合和互动式学习设计。

#### （1）多媒体课件整合

多媒体课件可作为学习者课前预习教材的辅助材料，也可作为课堂上讨论交流的内容之一，起到答疑解惑的作用。智能化工具可以辅助多媒体课件制作，使教育者可以很容易地将各种教育资源整合为适合线下授课使用的多媒体课件。

例如，101教育PPT和希沃白板都是适用于教育者设计的智能教学辅助工具，包含丰富的教学资源和多样的互动工具，可以帮助教育者轻松备课、高效授课。本节以101教育PPT为例，介绍如何快速制作多媒体课件。

①教育者登录相关网站，下载并安装软件后，打开界面，如图10-11所示，选择“高中高一数学”学科，单击“开始备课”按钮。

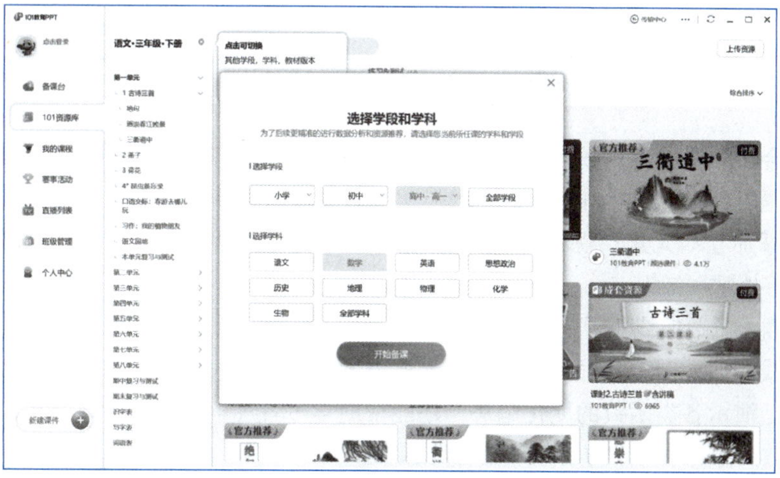


图10-11　101教育PPT选择学段和学科

②在搜索栏中输入“三角函数的概念”，从中挑选合适的多媒体课件作为基础模板，如图10-12所示。

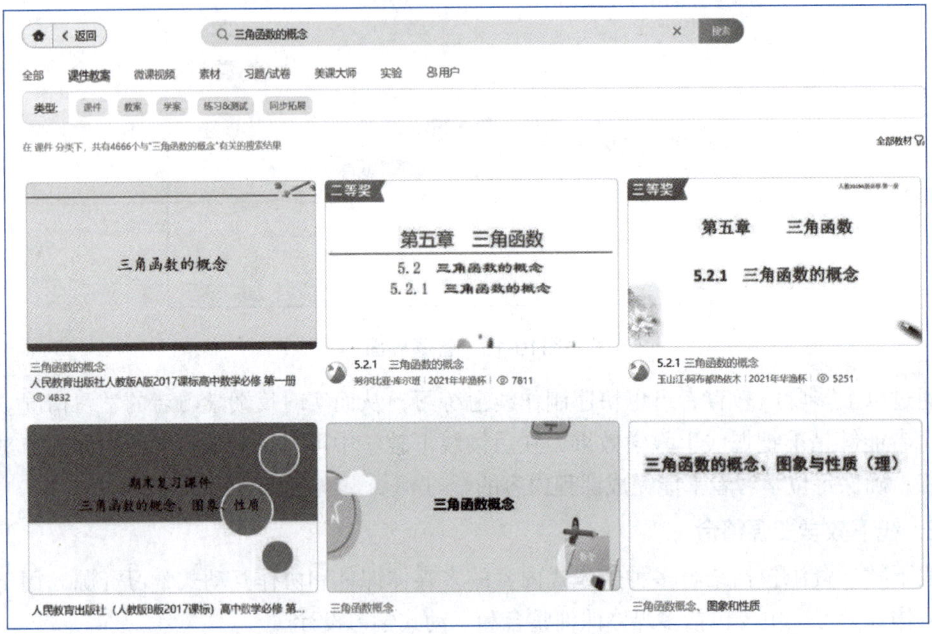

图10-12　寻找合适多媒体课件

打开模板后，界面将呈现如图10-13所示的内容。

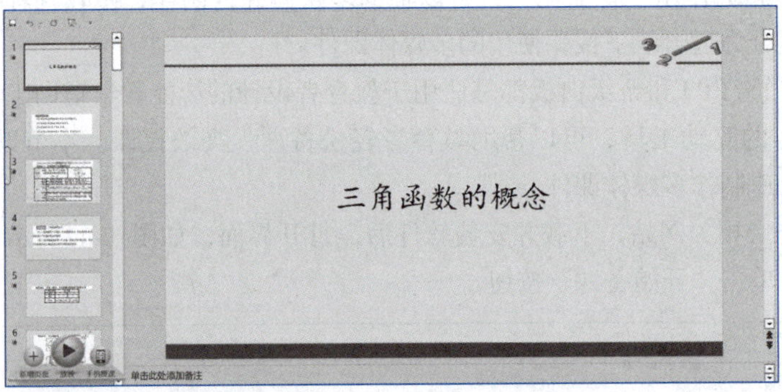

图10-13　打开目标多媒体课件

③找到合适的课件后，教育者可以根据实际教学需求对课件进行调整和优化。例如，可以插入与课程内容相关的学科工具，以增强学生的理解和参与感，如图10-14所示。此外，教育者还可以添加互动元素、视频片段或示例问题，以便为学习者者提供更全面的学习体验，帮助他们更好地掌握知识点。

④通过插入函数曲线工具，教育者可以生成不同类型的函数曲线图。如图10-15所示即为不同函数曲线的插入图。教育者能通过输入所需函数，得到对应的函数图像，这不仅有助于教育者直观地演示各类函数的变化趋势，还能帮助学习者理解函数的特性与应用，使其快速熟悉三角函数图像，培养学习者数形结合的思维。

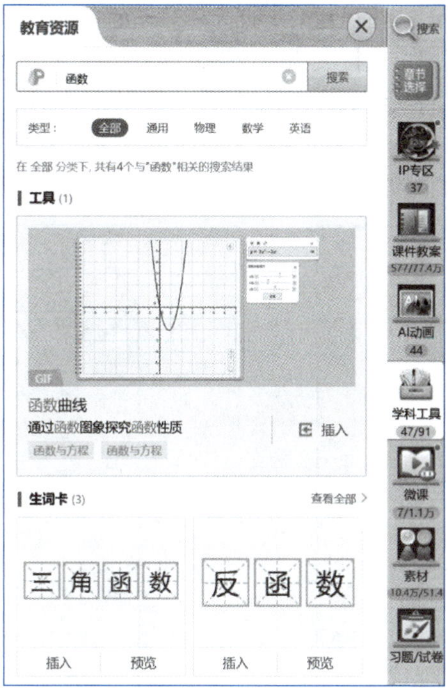


图10-14　插入学科工具

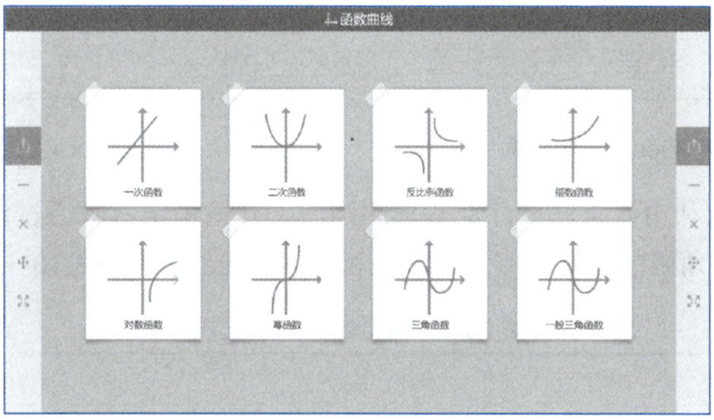


图10-15　不同函数曲线图

（2）互动式学习工具设计

互动式学习工具设计可以激发学习者主动探索和促进深度学习，是线下教学实施的重要环节。这些工具不仅能够帮助学习者多元化地感知教材要点，激发他们的学习兴趣；同时，它们也是课堂上师生互动和生生合作的重要桥梁，使学习过程更加多元化，讨论交流更加深入有效。

目前，许多数学软件如GeoGebra已经被广泛用于数学课堂辅助互动探究。教育者可以利用GeoGebra的动态几何功能，设计需要学习者自主操作的探究活动。例如，在研究三角函数图像时，教育者可以让学习者调整三角函数的系数，观察图像变化并总结规律。通过实时投影展示学习者的操作过程，进一步增强课堂的互动性。本节将以GeoGebra为例，设计互动式学习工具。

①在下载并打开软件后，界面如图10-16所示。界面中的红框区域分别显示了数字、函数、字母和特殊符号，方便用户进行灵活的数学表达和操作。

②学习者可以输入不同的三角函数，软件将自动生成相应的函数图像。

③教育者可以邀请学习者讨论不同三角函数图形之间的区别，有助于学习者直观理解三角函数的图形变换，如图10-17所示。

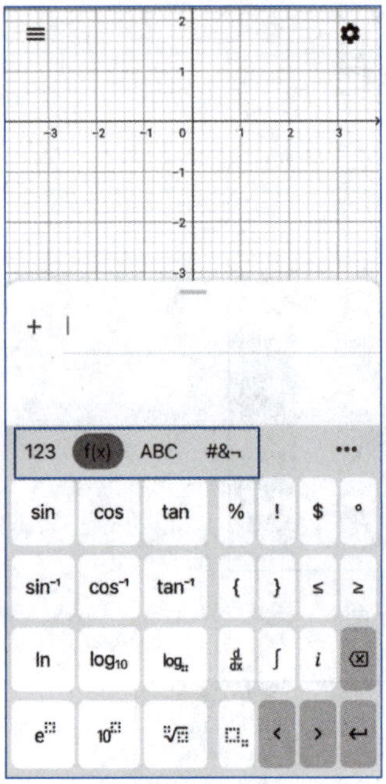


图10-16　GeoGebra界面

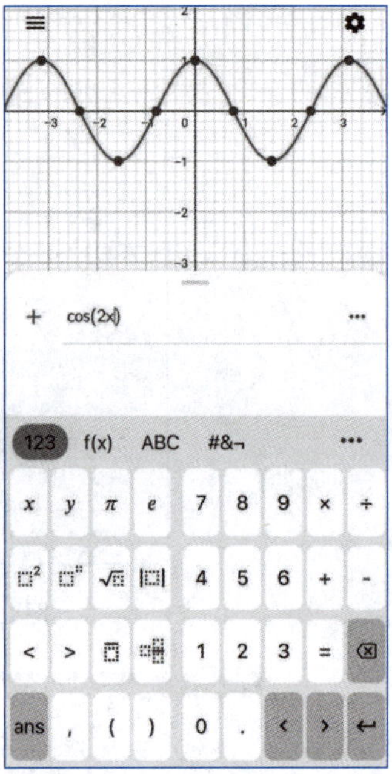


图10-17　GeoGebra生成三角函数图像

④教育者还可以利用该软件设计课堂巩固练习，并邀请学习者通过演示或小组讨论，回答设计的问题，如三角函数的最大值、最小值和零点，题目内容见表10-4。

表10-4　课堂练习内容实例

| 课堂小练： |
| --- |
| 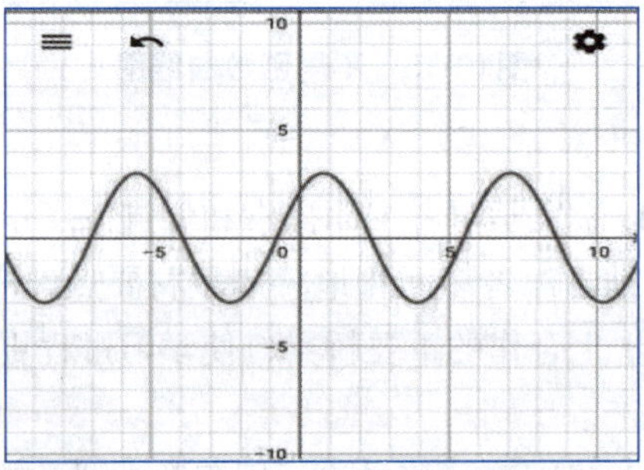 |
| 已知函数$y=3\sin\left(x+\frac{\pi}{4}\right)$如图所示，请你思考以下问题： |
| （1）函数$y=3\sin\left(x+\frac{\pi}{4}\right)$的振幅是多少？在一个周期内，该函数的最大值和最小值分别是多少？ |
| （2）与标准正弦函数$y=\sin x$相比，函数$y=3\sin\left(x+\frac{\pi}{4}\right)$的图像在$x$轴上发生了怎样的移动？移动了多少单位？ |
| （3）假设函数图像已给出，请指出图像上与$y$轴交点中，位于正半轴上的交点的$y$坐标是多少？并尝试给出该交点的$x$坐标 |

设计互动练习既能有效提高师生互动，加强学习者对三角函数概念与图形的理解，又能快速反馈大部分学习者对课堂知识的掌握程度，使教育者能根据实际情况及时调整教学进度与策略。合理利用智能化技术，教育者可以将混合式教学中涉及的结合线上线下课程的多种类教学资源制作中烦琐的事务性工作通过智能化工具进行辅助处理。这显著提高了教学设计的效率和质量，为教育者提供了广阔的发展空间，让他们能够更专注于教学内容的创新与教学方法的改进。充分发挥创造性才能，从而为提升教学质量和推动教育创新做出更大贡献。

## 练习与思考

**一、论述题**

1. 请你思考智能化辅助定义的个性化学习路径如何影响学习者的动机和参与度？个性化学习是否可能导致学习者过分依赖技术，从而忽视自我调节学习的能力？

2. 请你思考并讨论在采用智能技术支持的混合式教学设计时，教育者应如何平衡技术使用与传统线下教学的优势？

**二、实践题**

请你设计一个混合式教学活动，旨在使学习者辨析一般函数和三角函数曲线，活动应包含线上教学环节以及线下教学环节。

## 10.2　智能化混合式教学实施

视 频

智能化混合式教学实施

在混合式教学过程中，智能化技术的支持贯穿始终，为传统教学模式带来了革命性的变化。无论是线上还是线下教学阶段，智能化工具都能辅助混合式教学实施，促进学习者的深入发展。本节将结合上节的混合式教学设计，聚焦于智能技术支持的混合式教学实施，继续以高一数学课——“三角函数的概念”为例，分别从线上和线下两个部分的教学实施来详细阐述智能化技术在教学过程中的具体体现，最终构建一个融合线上与线下教学的互动式教学流程。通过实际的教学过程演练，教育者将通过不同学习场景的切换，更深入体会智能技术支持下的教学变革。

### 10.2.1　智能在线学习平台

在线上教学阶段，教育者不仅可以利用线上学习平台发布学习者自主学习所需的课程资源，还能通过平台中的智能辅助工具精准捕捉每位学习者的学习轨迹、对学习内容的掌握程度以及遇到的难点问题。学习者在自主的线上学习过程中也能了解个人对学习内容的认知水平，完成对学习内容的初步自我评估。在后续线下学习中，教育者可以基于线上学习平台提供的详尽数据报告，迅速识别出学习者的共性困惑与个性差异，从而设计出更加精准、高效的教学策略。针对学习者的薄弱之处，教育者可以有的放矢地进行讲解和辅导，而不再是传统的“一刀切”式教学。本节以智慧树和Canvas LMS为例介绍支持线上学习的智能化辅助平台。

### 1. 智慧树线上学习平台

智慧树平台在高校教学中使用频率很高，它包含了海量的高品质课程，并支持跨校授课和学分认证，让学习者可以通过智慧树跨校修读并获得学分。此外，智慧树还提供多种教学模式，包括线上线下混合式教学、直播教学等。智慧树平台首页如图10-18所示。

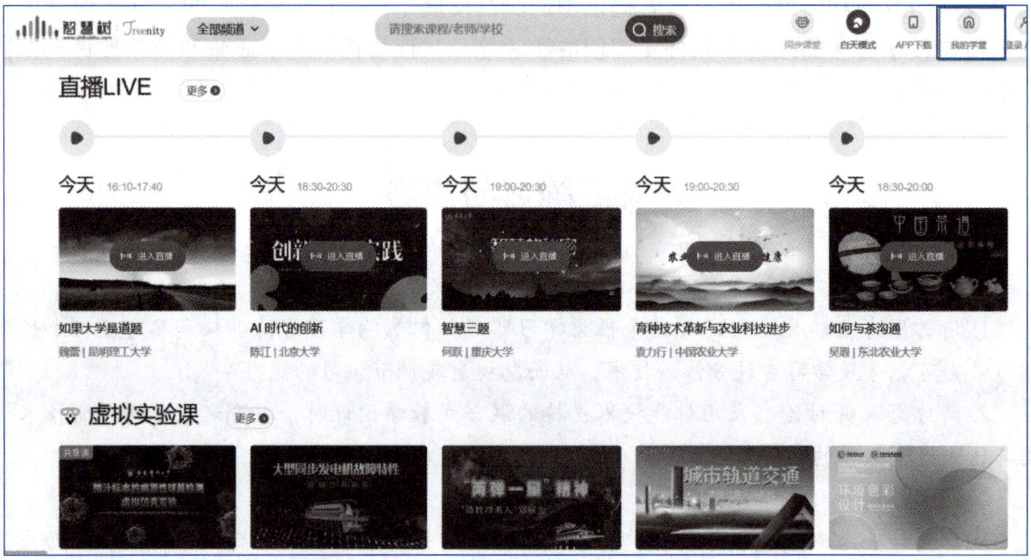


图10-18　智慧树平台首页

首先，教育者登录网络课程平台后，单击页面右上角的“我的学堂”，即可进入网络课程的管理空间。在该空间中，教育者可以选择“新建翻转课”（翻转课堂是典型的混合式教学形式），如图10-19所示。

图10-19　智慧树网络平台

进入新建翻转课后，单击“普通任务”按钮，即可上传导学任务单，如图10-20所示。

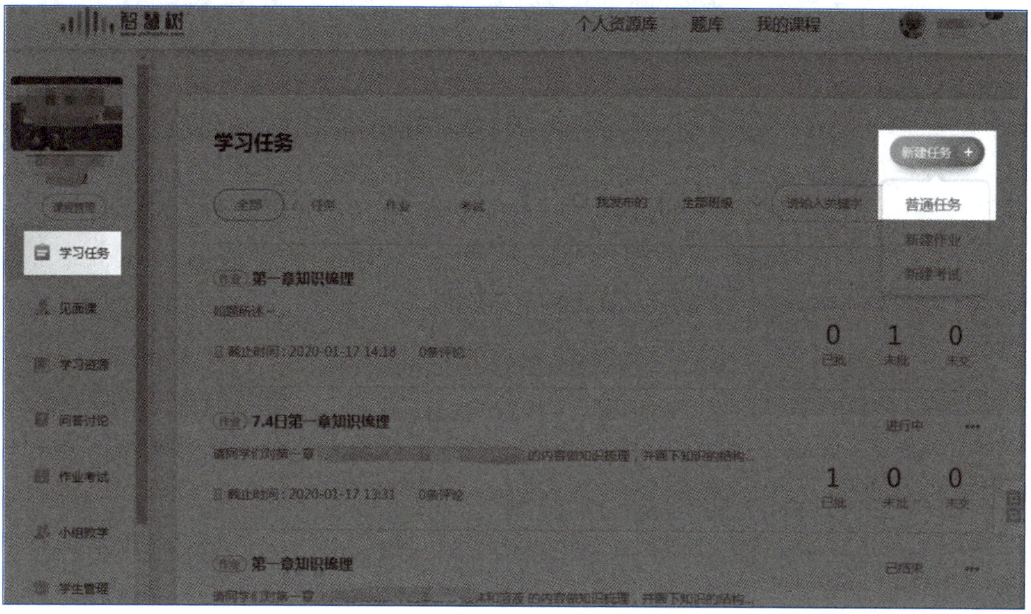


图10-20　智慧树发布导学任务

导学任务单上传完成后，教育者可以在“学情数据”栏目中单击查看学习者的学习资源使用情况和作业完成情况，以便有针对性地调整教学计划，如图10-21所示。

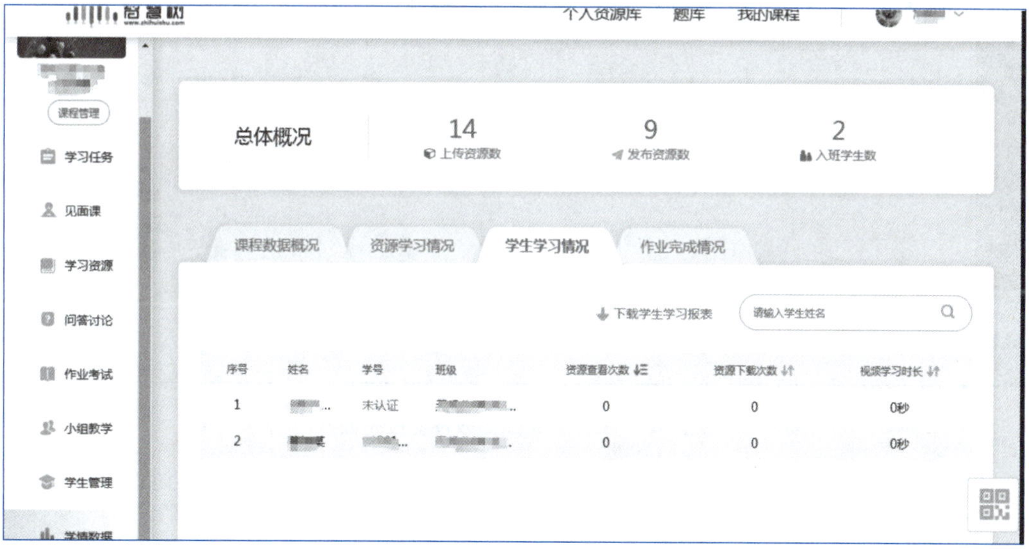


图10-21　智慧树学情情况

## 2. Canvas LMS 线上学习平台

Canvas LMS能够满足多种教学需求，包括课程创建、资源管理、交流互动、学习评测以及学习行为数据的记录与分析，支持课堂教学、混合式教学、翻转课堂和在线教学等多种教学场景。Canvas LMS的首页界面如图10-22所示。

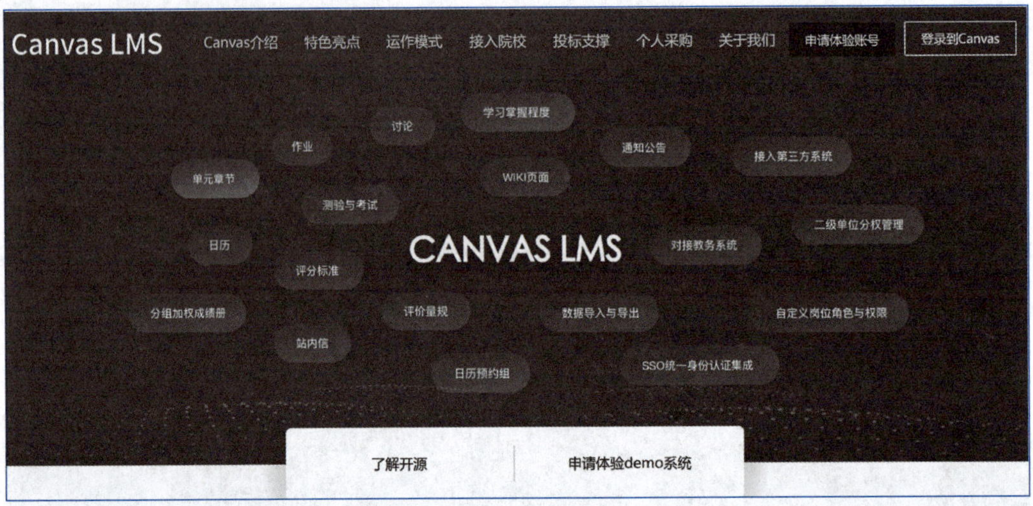


图10-22　Canvas LMS平台

在Canvas LMS平台登录教育者账号后，将看到控制面板，面板中列出了所教授的课程，如图10-23所示。

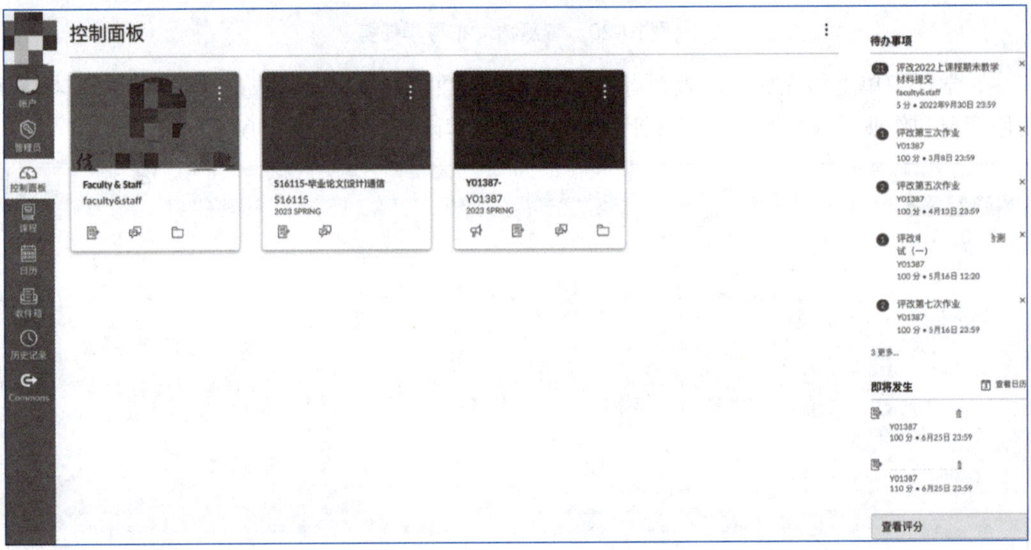


图10-23　Canvas LMS教育者控制面板

单击左侧导航栏中的“课程”，可以看到课程情况，包括公告、作业、讨论、评分等功能，如图10-24所示。

此外，Canvas LMS提供了全球共享的课程资源接入，允许教育者和学习者接触海量学习资源，实现教学资源的共享共建。单击左侧蓝色导航条中的Commons即可搜索全球优质教学资源，如图10-25所示。

智能在线学习平台在支持学习者自主学习和教育者教学管理方面发挥了关键作用。教育者不仅可以发布和管理课程资源，还能借助平台的智能工具实时跟踪和分析学习者的学习数据。这些平台帮助教育者根据学习者的个性化需求优化教学策略，从而提升教学效率。同时，借助全球优质资源共享和多样化的教学模式，这些平台又进一步促进了线上与线下教学的深度融合。

图10-24　Canvas LMS教育者课程页面

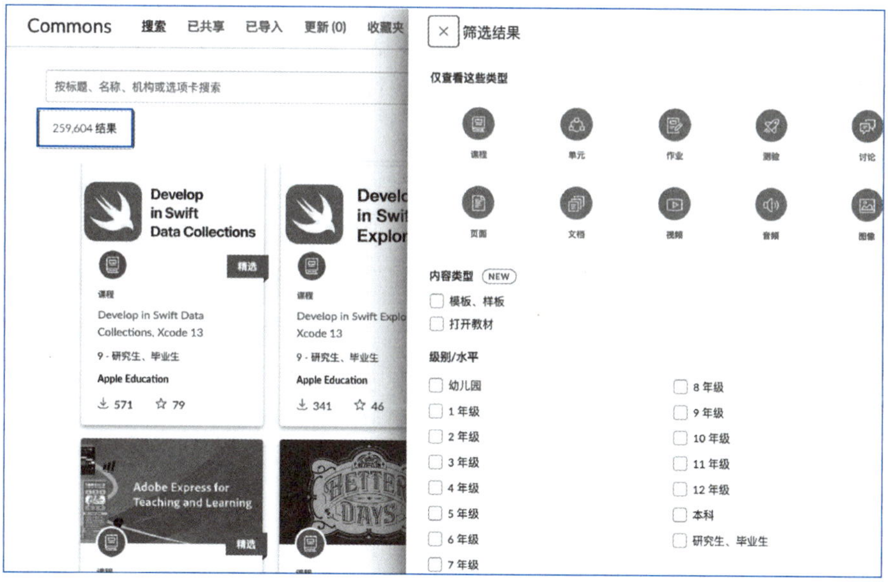


图10-25　Canvas LMS中搜索全球课程资源

### 10.2.2　智能技术赋能线下教学

在混合式教学过程的线下教学中，教育者首先根据线上学习记录反馈，快速整理学习者普遍存在的疑问和难点，并以此为导向展开教学活动，引导学习者深入探究数学概念的本质和规律。在这一环节里，教育者可以借助智学网平台对学习者的线上学习成效以及共性难题做出统计与反馈，从而快速调整线下教学策略，着重讲解学习者在线上学习中遇到的共性问题。

## 1. 教学信息获取

首先，平台能够根据教育者发布的在线学习试题，对班级共性错题进行统计。如图10-26所示，教育者可以从数据中了解班级整体的在线学习成效，以及在线下教学中需要着重讲解的知识点和题目。

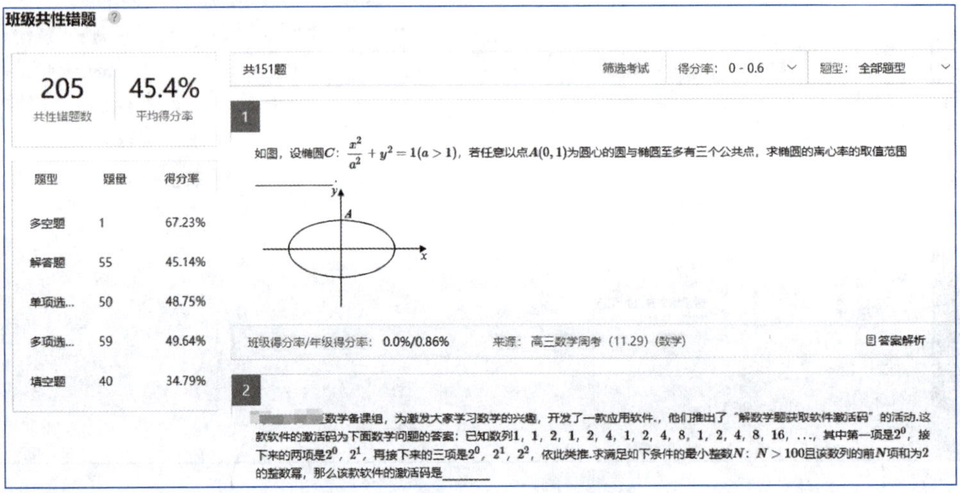


图10-26　智学网班级共性错题统计

教育者还可以通过智学网后台查看学生学情数据，获取所有学习者在线习题的答题得分率。如图10-27所示，系统直观显示了哪些学习者在特定知识点上的得分率较低，帮助教育者快速统计并识别学习者在知识点理解上的薄弱环节。

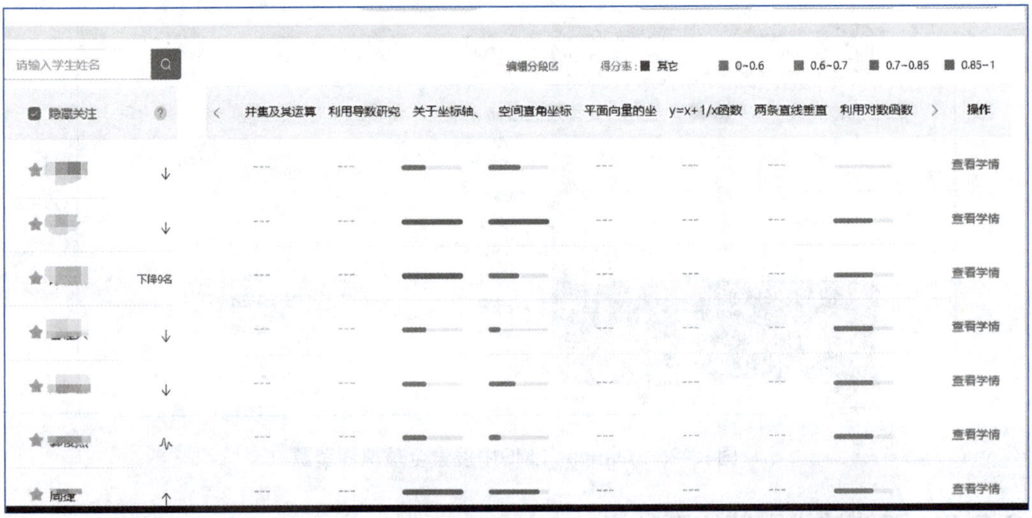


图10-27　智学网学生得分率统计

平台还提供学习者对各个知识点的掌握情况，如图10-28所示，教育者可以快速了解每位学习者在不同知识点的得分率，帮助精准掌握学习情况。同时，学习者也能通过这些数据识别自己的薄弱环节，并有针对性地加强练习。

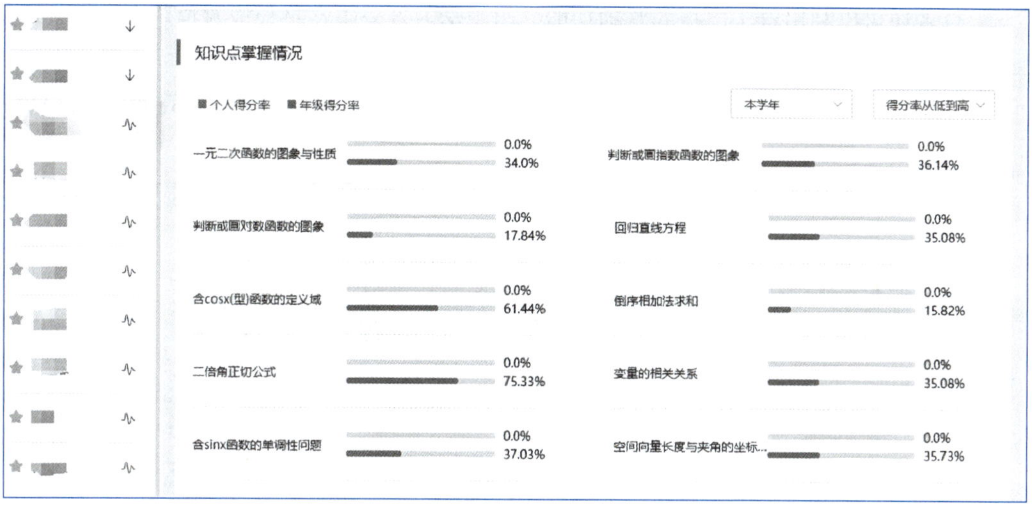


图10-28　智学网学生知识点掌握情况

通过智能统计与分析，教育者在开展线下教学前已经精准了解所有学习者知识点掌握情况以及共性难题。接下来，可以利用智能教学工具开展有针对性提高的教学活动，加强学习者薄弱知识点理解、巩固并提高互动式学习效率。

## 2. 智能教学工具

智能教学工具在智能辅助的线下交流深化阶段中，发挥了数据驱动辅助的个性化教学支持作用，如希沃白板、MathGPTPro等。这些工具不仅为教育者提供了创新教学，还能增强学习者的学习体验，促进小组讨论等互动环节的深入进行。

### (1) 希沃白板

希沃白板是一款专为教育者设计的智能教学工具，集成了丰富的课程资源、智能统计分析功能和多种互动教学工具，如多媒体展示、互动课堂和实时反馈等。在高中数学“三角函数的概念”课堂上，教育者可以通过希沃白板展示数学公式、图形以及动态演示，如图10-29所示，帮助学习者更加直观地理解和记忆三角函数公式。

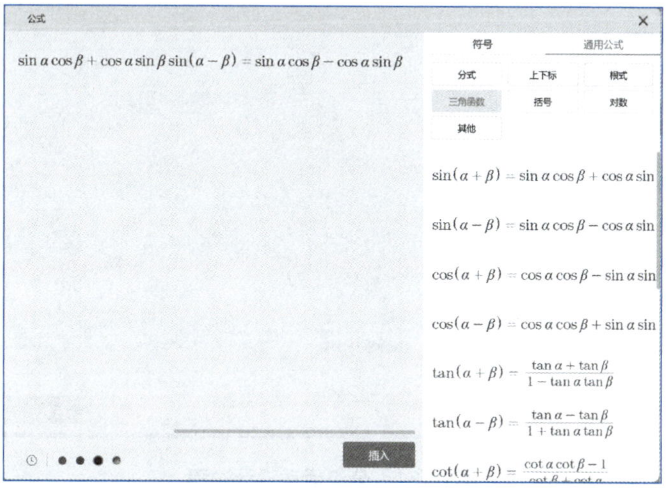


图10-29　希沃白板三角函数展示

教育者还可以利用希沃白板的互动功能，组织学习者分组在平板或触摸屏上解答数学问题并进行讨论。

首先，打开希沃白板，在新建课件后单击“活动”按钮，进入“活动”界面，如图10-30所示。

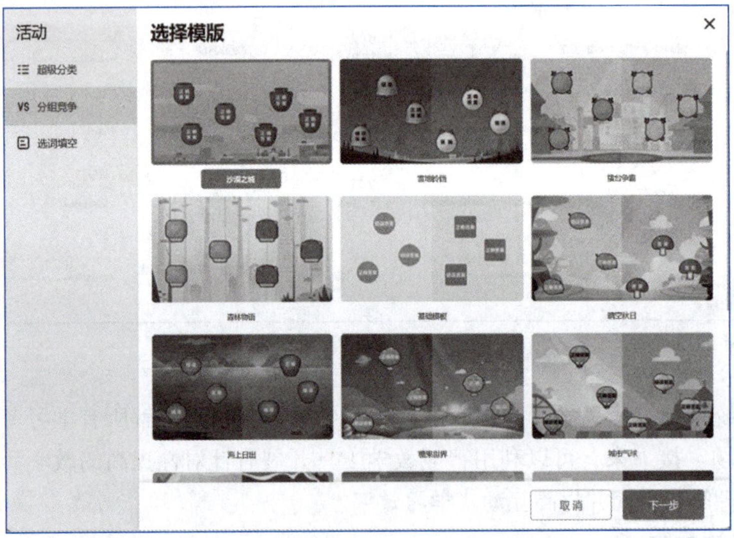


图10-30　希沃白板活动设计模板

选择“分组竞争”按钮，并挑选合适的模板，进入活动设计界面。在设置活动界面中，输入相关的题目、正确项和干扰项，并根据教学进度调整游戏难度，完成小组活动的制作。分组活动设计过程和分组活动游戏界面分别如图10-31、图10-32所示。通过分组竞赛，教育者不仅可以直观了解学习者对新知识的掌握情况，还能针对不同小组的共性问题进行有针对性的讲解。

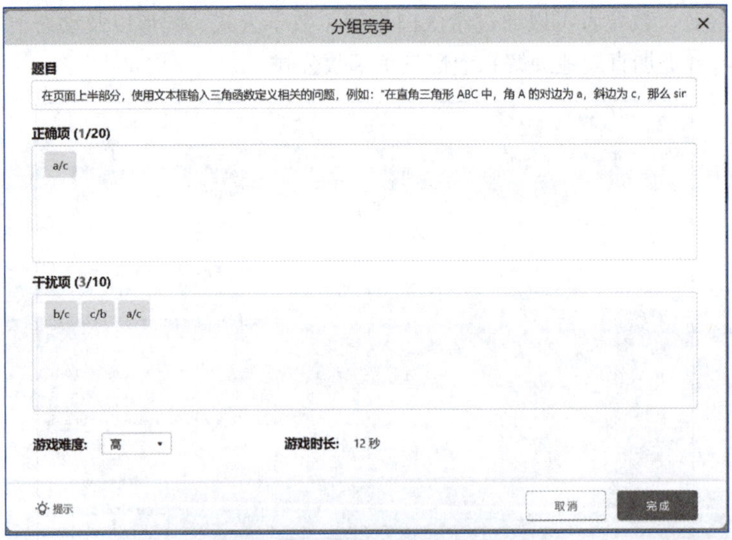


图10-31　分组活动设计过程

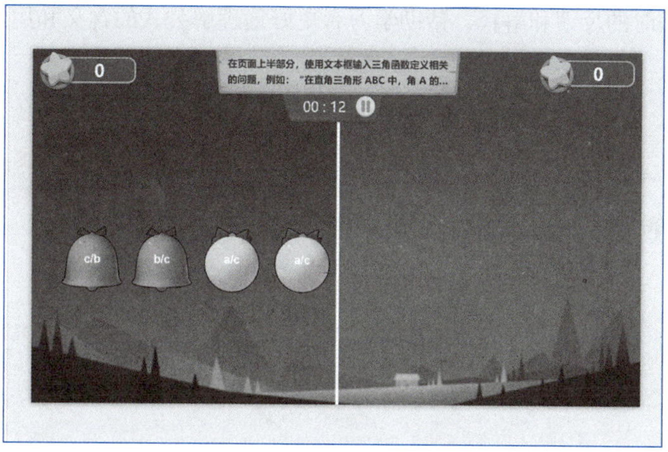


图10-32　分组活动游戏界面

（2）MathGPTPro

MathGPTPro是一款智能技术驱动的数学辅导工具，用户可以通过照片或文本上传数学问题，立即获取解题方案，其解决数学问题时的准确率超过90%，远高于普通的大模型。MathGPTPro不仅适用于学习者的自主学习，还为教育者提供高效的辅导支持，帮助快速解答学习者疑问。

以教材中三角函数概念的习题为例，用户可登录网站并输入题目，如图10-33所示。单击SEND按钮即可获取答案，如图10-34所示。此外，网站支持多种输入形式（文字、图片、视频），通过连续追问功能，帮助学习者深入理解解题思路与概念。

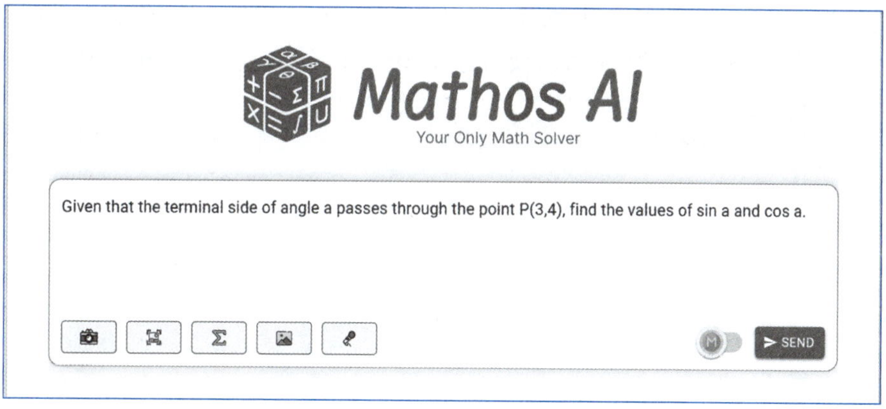


图10-33　MathGPTPro输入题目

### 3. NLP 之公式识别

在数学课程中，公式是不可或缺的核心内容，以本课程为例，三角函数的表达就离不开公式。公式识别是NLP中的研究方向之一，是一种专门用于识别数学表达式等科学符号的技术，能够将手写或印刷的数学公式转换成计算机可读的形式，例如，LaTeX代码或者MathML（数学标记语言），从而使得这些公式可以在数字文档中编辑、搜索和处理。

教育者可以利用该技术快速地将手写或印刷的公式转换为电子格式，方便在课件、作业或考试中使用；学习者也可以用支持公式识别的学习工具或应用程序来输入和解析公式。这些工具可以提供即时的反馈和解释，帮助学习者更好地理解公式的含义和用法。

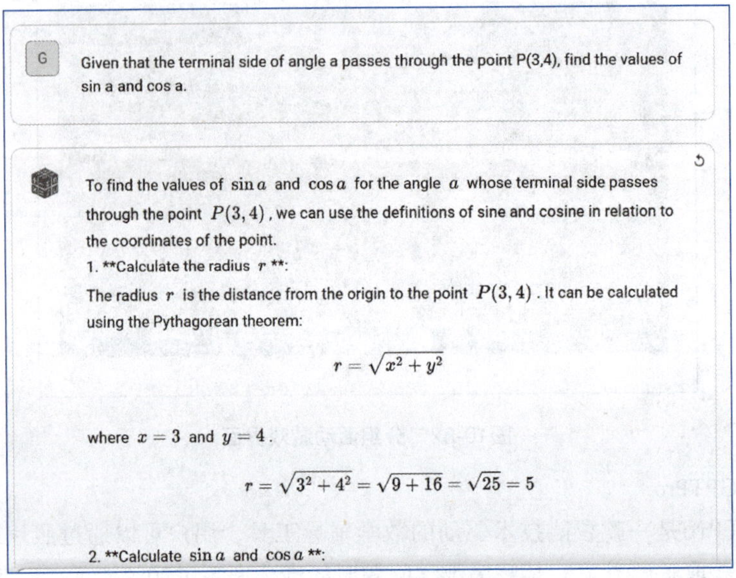


图10-34　MathGPTPro给出题目答案

（1）Simply TeX

Simply TeX是一个专注于简化LaTeX使用过程的工具，专为处理数学和科学文档而设计。它支持即时预览、便捷的公式编辑，以及多种导出格式，如PDF、HTML。教育者可以通过预置的数学符号和公式模板，快速输入复杂的数学表达式。其使用过程如下：

首先访问 Simply TeX的下载页面并安装软件，启动后上传包含公式的图片，单击识别按钮，软件将迅速识别图片中的公式并转换为可编辑的 LaTeX 代码，如图10-35所示。

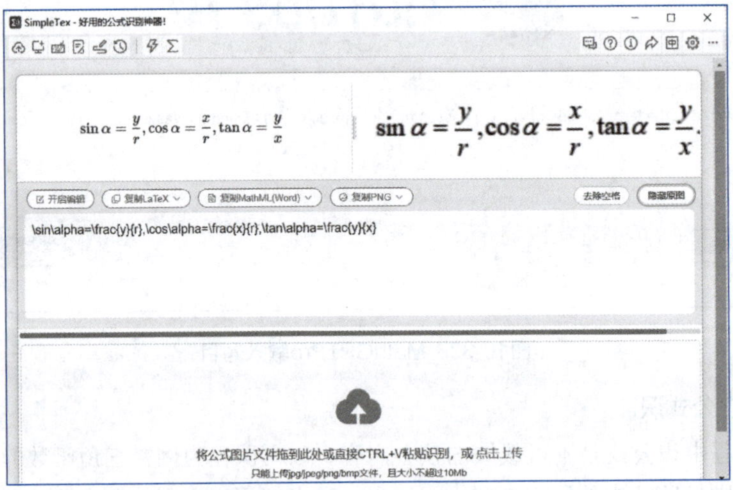


图10-35　Simply TeX公式识别

识别后的公式可进行编辑和调整。单击“复制MathML”按钮后，用户可以将识别到的公式复制并粘贴到Word文档中进行查看和修改，如图10-36所示。

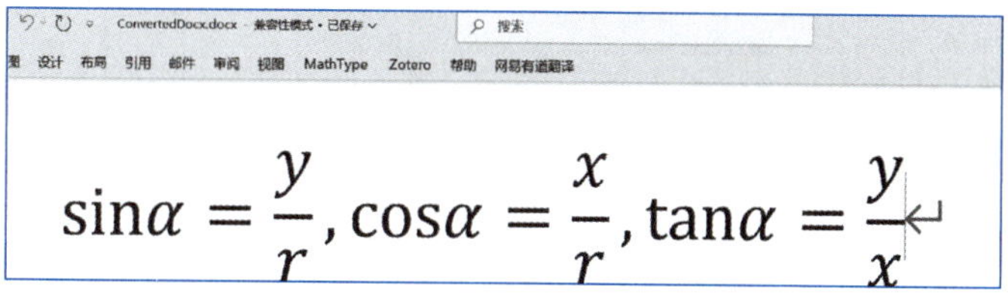


图10-36　Simply TeX识别的三角函数公式

（2）Mathpix

Mathpix也是一款强大的公式识别工具，能够将图像中的数学公式转换为LaTeX代码，方便用户编辑和使用。该工具支持多种操作系统，包括Windows、macOS，以及iOS和Android设备，具有广泛的适用性。教育者只需下载并打开Mathpix应用程序，单击截屏按钮，如图10-37所示，然后框选需要识别的公式，如图10-38所示。

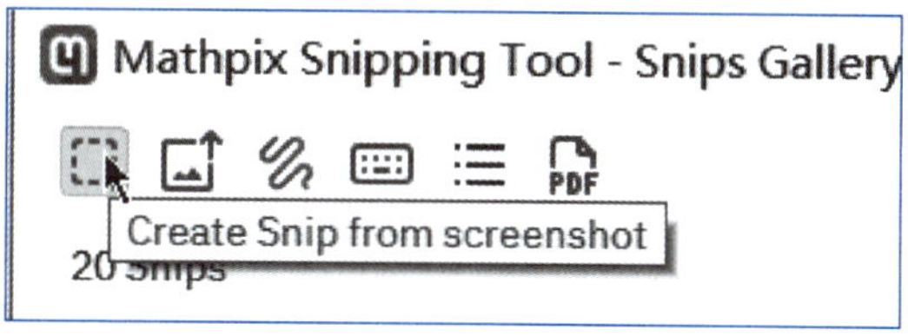


图10-37　Mathpix截图按钮

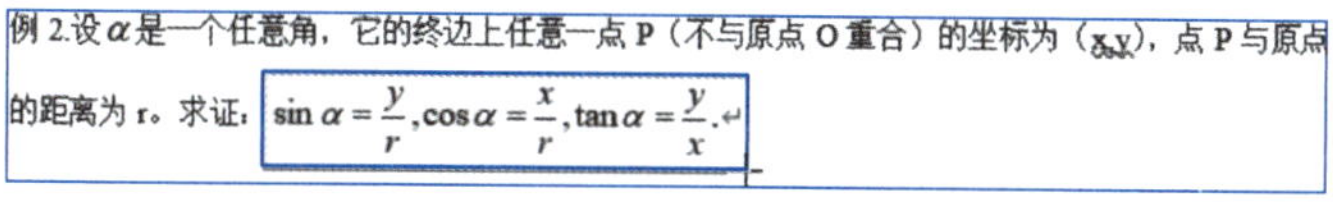


图10-38　框选的三角函数公式

截图后，Mathpix 会自动识别图像中的公式并将其显示在编辑器中，如图10-39所示。

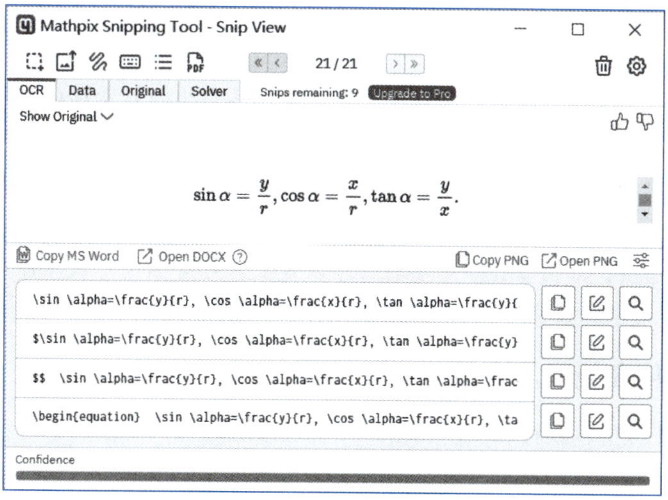


图10-39　Mathpix公式识别

教育者可以对识别结果进行编辑，以确保公式的准确性。单击Open DOCX按钮即可在Word中查看公式，如图10-40所示。

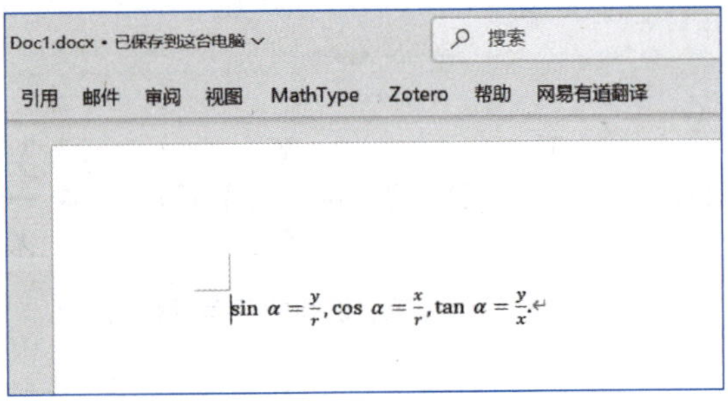


图10-40 Mathpix识别的三角函数公式

作为NLP领域的重要应用，公式识别技术能够帮助教育者将公式快速转换为电子文本，便于整合到教学材料中；学习者则可以借助支持该技术的工具，轻松输入和解析公式并获得即时反馈。公式识别技术不仅提升了教学效率，还帮助学习者深入理解公式的结构和应用，推动了教学资源的数字化和个性化发展。

## 练习与思考

### 一、论述题

请论述智能技术辅助线上教学和线下教学的差异。

### 二、实践题

1. 请尝试利用网易云课堂发布线上教学任务。
2. 请尝试利用希沃白板设计三种不同的教学活动，分别是超级分类、分组竞争和选词填空。

## 10.3 智能化混合式教学评价

视 频

智能化混合式教学评价

在新一代智能化技术的赋能下，自动化和多元化的教学评价方法陆续产生，以辅助进行更加科学、客观和准确的学习评价。混合式教学融合了线上和线下两部分教学模式，因此其教学评价也应该同时从线上和线下教学评价两个维度展开。本节基于智能化学习辅助平台介绍在线上和线下评价中，如何通过客观数据反映学习者的学习进展和学习态度；如何整合学习参与信息以建立学习者画像。教学评价可以提供更加全面、个性化的学习进展、提出合理的反馈和建议，从而实现更加科学、个性化的教学服务。

### 10.3.1 智能化在线学习评价

在线上教学评价中，教育者可以利用学习管理系统进行大规模的学习者自主评估，并提供个性化的即时反馈。这些系统支持丰富的互动式练习和模拟试卷，通过分析学习者的参与情况和数据，评估其对课程基本概念的掌握程度，预测学习进展并发现潜在的学习困难。这种评价既可以即时呈现，也可以通过累积数据来生成更全面的反馈。

#### 1. Moodle 平台

Moodle平台是一种开源学习管理系统，为教育者和学习者提供了一个互动和协作的线上学习环境，能够对学习者的学习过程和学习成效进行全面而深入的评价。平台将评价功能融入各种教学活动中，教育者可以通过在线测验等方式，实时追踪学习者的学习进度和参与度。这些活动不仅展示学习者的学习成果，还便于教育者收集学习者数据。通过这些数据，教育者能够直观地了解学习者的进展和需求，从而优化教学策略并做出有效评估。

以高中数学“三角函数概念”为例，相关功能如图10-41所示，框选“测验”功能。

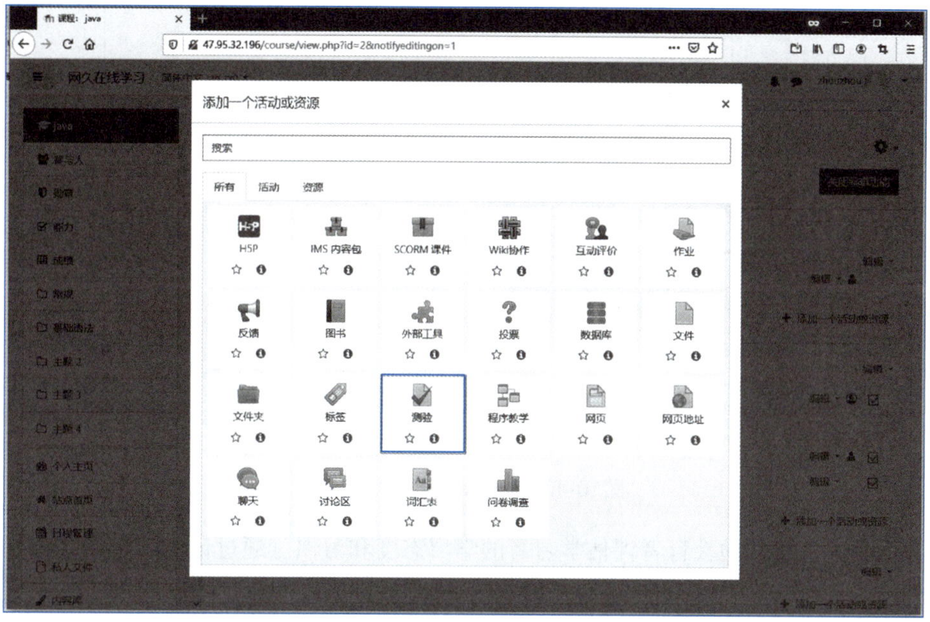


图10-41　Moodle相关功能

测验功能用于评估学习者的线上自主学习情况，记录学习进度，反映其自主学习能力。平台可以为相关课程快速添加测验题，既支持从题库中随机抽题，也可手动组卷。如图10-42所示，新建测验时可选择题库类别，并决定是否显示子类别试题和旧试题，单击“新建一道题”按钮即可创建。新建题目如图10-43所示，选择试题类型并输入具体内容后，单击“添加”按钮完成操作。

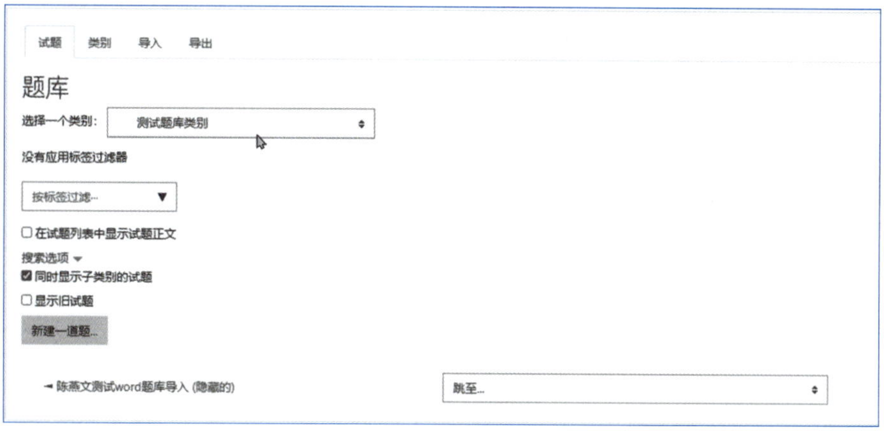


图10-42　Moodle新建测验

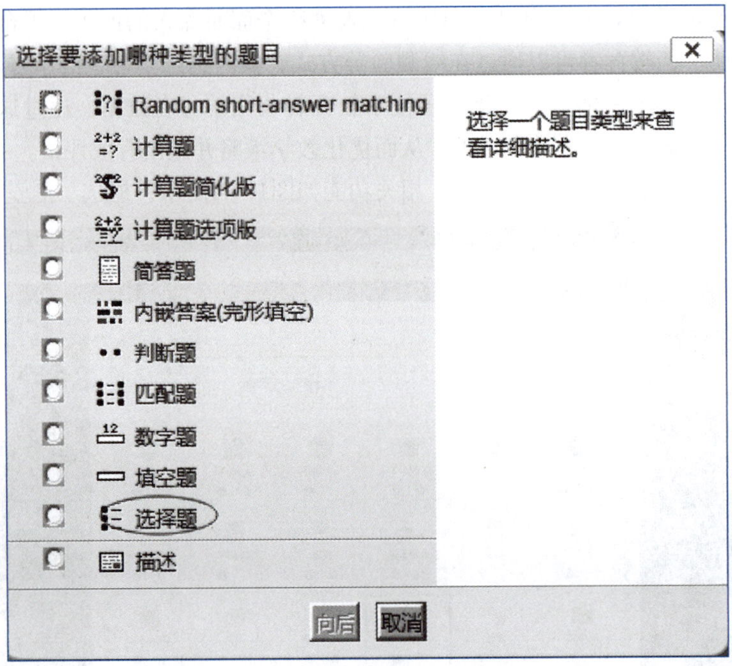


图10-43　Moodle添加试题类型

Moodle还能够帮助教育者评估学习者的学习态度和习惯。通过记录学习者的学习日志、在线讨论情况等，教育者可以判断学习者是否积极参与讨论、按时完成作业、主动寻求帮助等，这些行为能够反映出学习态度和学习习惯。如图10-44所示，Moodle平台的用户管理模块允许教育者管理学习者信息，包括用户名、电子邮件地址及上次访问等，全面跟踪学习者的学习动态。

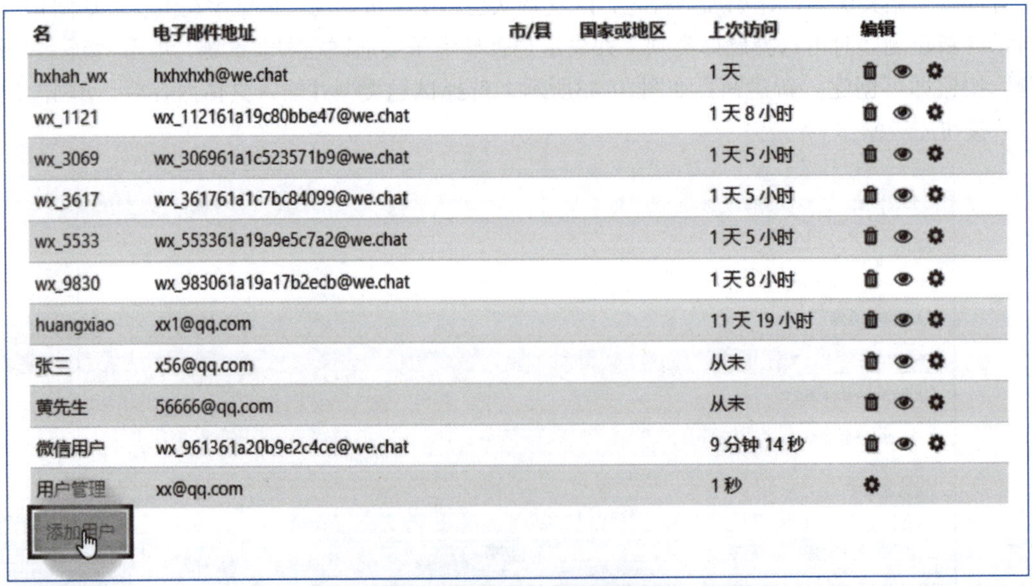

| 名 | 电子邮件地址 | 市/县 | 国家或地区 | 上次访问 | 编辑 |
|---|---|---|---|---|---|
| hxhah_wx | hxhxhxh@we.chat | | | 1天 | |
| wx_1121 | wx_112161a19c80bbe47@we.chat | | | 1天8小时 | |
| wx_3069 | wx_306961a1c523571b9@we.chat | | | 1天5小时 | |
| wx_3617 | wx_361761a1c7bc84099@we.chat | | | 1天5小时 | |
| wx_5533 | wx_553361a19a9e5c7a2@we.chat | | | 1天5小时 | |
| wx_9830 | wx_983061a19a17b2ecb@we.chat | | | 1天8小时 | |
| huangxiao | xx1@qq.com | | | 11天19小时 | |
| 张三 | x56@qq.com | | | 从未 | |
| 黄先生 | 56666@qq.com | | | 从未 | |
| 微信用户 | wx_961361a20b9e2c4ce@we.chat | | | 9分钟14秒 | |
| 用户管理 | xx@qq.com | | | 1秒 | |

添加用户

图10-44　Moodle用户管理模块

## 2. Canvas LMS

Canvas LMS平台的测验功能允许教育者对学习者的作业和测试进行全面评价。如图10-45所示，教育者可以手动评分并提供详细评语，以帮助学习者更好地理解错误。批改完成后，平台会生成统计数据，方便教育者分析学习者的学习表现和掌握情况。

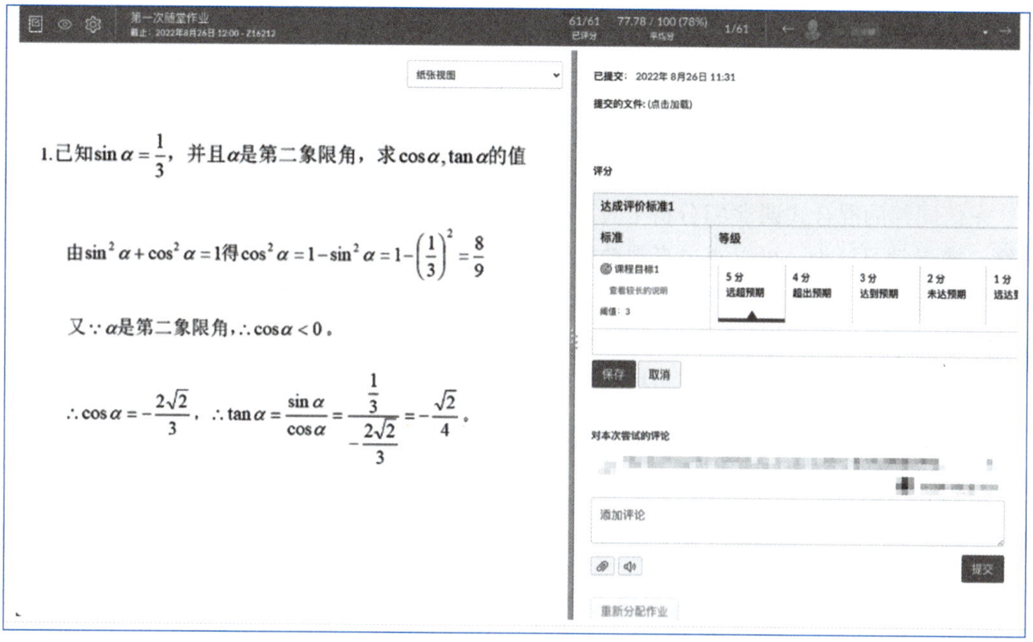


图10-45　Canvas LMS教育者评价页面

如图10-46所示，在Canvas LMS的课程栏下的“评分”页面中，界面列出了各个学习者在不同学习模块的得分，并通过颜色标识直观显示他们的掌握程度。教育者可以迅速查看每位学习者的评分情况，识别出需要重点关注的学习者，从而进行针对性的辅导和支持。

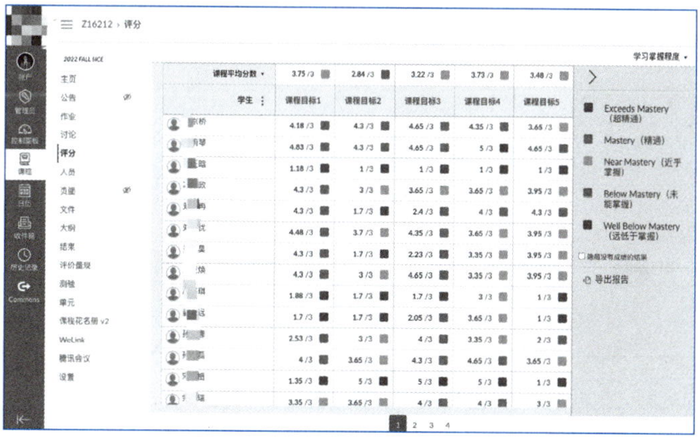


图10-46　Canvas LMS学习者得分情况

智能化在线学习评价通过学习管理系统为教育者提供了高效的工具，用于大规模学习者的自主评估和即时反馈。这些系统能够分析学习者的参与数据、测试成绩以及学习习惯，帮助教育者准确评估学习者对课程内容的掌握情况，并发现学习中的难点。通过自动化的测验功能和数据分析，教育者可以调整教学策略，提供个性化的辅导与支持，最终实现更加精准的学习效果评价和教学优化。

### 10.3.2 智能化线下学习评价

在传统教学中，教育者很难全面了解学习者的学习状态和课堂参与情况，而这些因素对教学效果至关重要。为了实现线下教学的全方位评价，课堂AI分析工具应运而生。这类工具适用于多种教育场景，如学校和培训机构，尤其在高标准要求的教学环境中尤为重要。它不仅提供有效的监测与评估，还能通过数据分析对学习者的参与度、专注度和互动质量进行定量评估，为教育者提供科学依据。

东信同邦的混合式课堂AI分析工具，通过高精度摄像头和传感器实时监控，检测学习者情绪，捕捉学习行为，可以通过直观数据评估学习者的学习专注度。系统生成的数据分析提供了学习状态和互动情况的直观反馈，帮助教育者全面、客观地了解和评价学习者的线下学习情况，还为教育者提供了科学的依据来优化教学策略和提升教学效果。

在线下教学开始时，系统会根据学习者人脸信息统计学习者出勤情况，如图10-47所示，出勤记录可以为教师对学习者的学期评定提供科学依据。

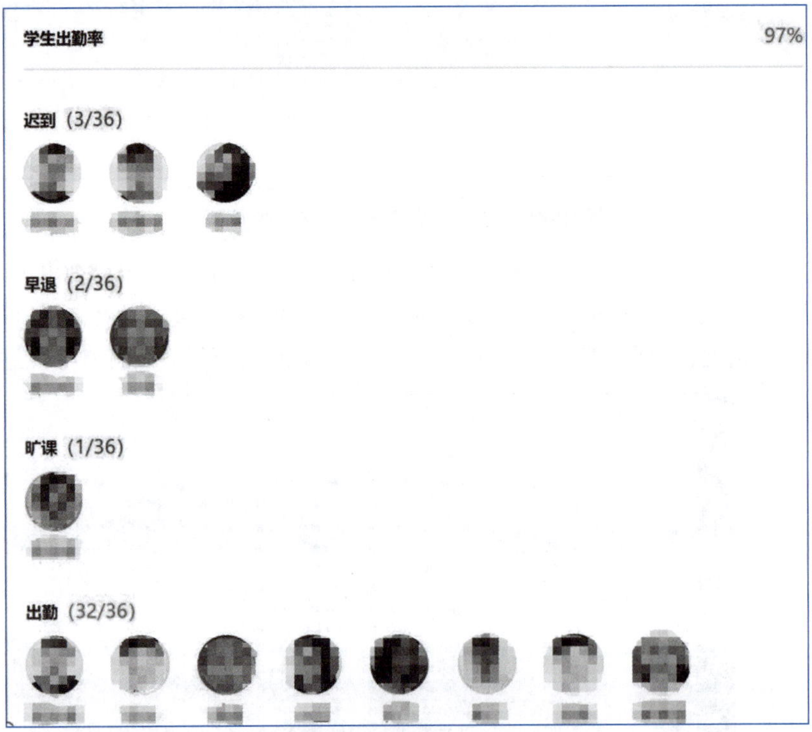


图10-47　学习者出勤情况

系统通过行为识别统计学习者行为情况，如图10-48所示，并形成学习者各时间段的行为占比柱状图，如图10-49所示。这些数据为教育者提供了直观且量化的学习行为统计，帮助教育者更深入地了解学习者的学习习惯。

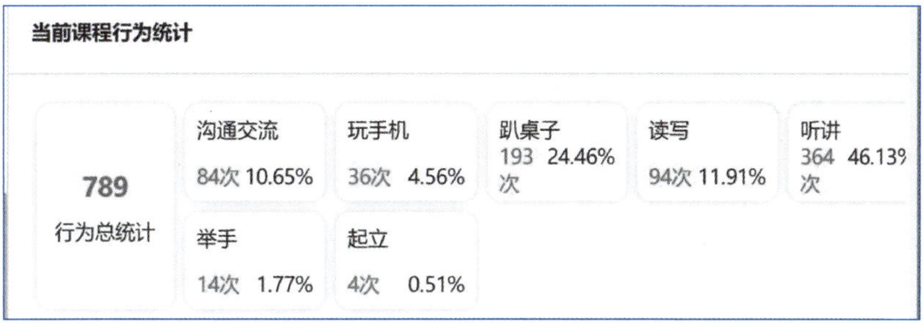


图10-48　学习者行为统计

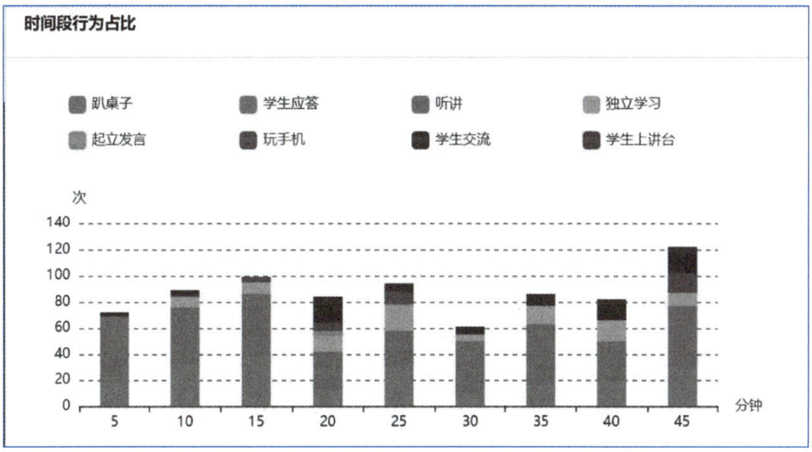


图10-49　学习者时间段行为占比

系统还能够实时捕捉学习者在课堂上的情绪反应，如图10-50所示，包括愤怒、悲伤等七种情绪。这些情绪数据不仅可以反映学习者对教学内容的兴趣和参与度，还能揭示他们在学习过程中的心理状态，从而为教育者调整教学策略提供科学依据。例如，若系统检测到多数学习者表现出愤怒或困惑，教育者可以考虑调整课程节奏或提供更多支持，确保每位学习者都能跟上教学进度。

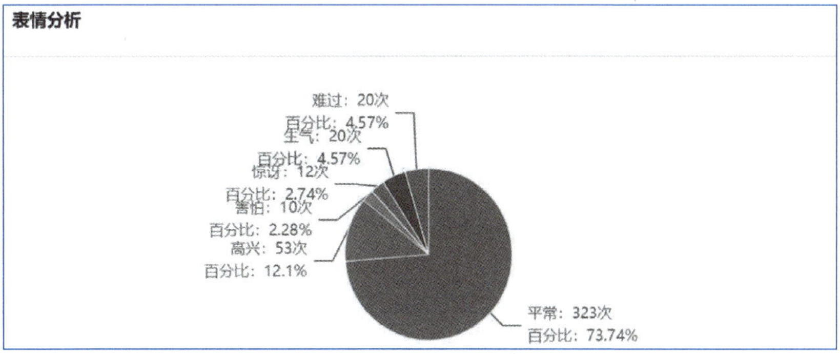


图10-50　学习者表情统计

学习者在课堂中的专注度可以通过行为和表情的统计进行测量，从而生成如图10-51所示的专注度曲线。该曲线清晰地展示了学习者在各个时间段内的专注变化，帮助教育者识别出专注度下降的时刻。教育者可以利用这一信息，在适当的时机通过增加课堂趣味性或引入互动活动来提升学习者的专注度，从而改善教学效果。

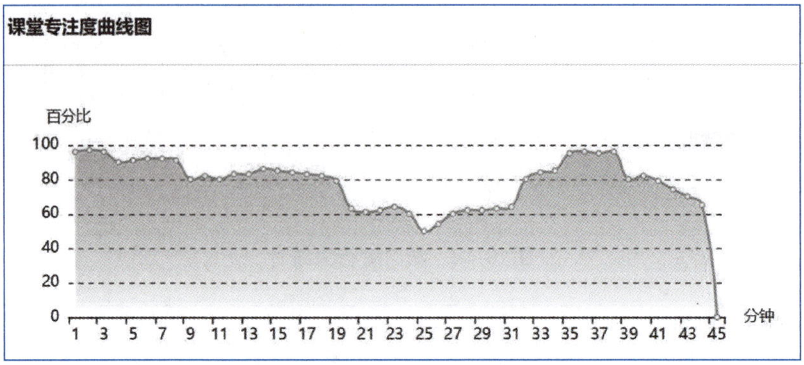


图10-51　课堂专注度曲线

在线下学习中，为了更全面地评价课堂效果，该平台还能对教育者的教学行为进行客观统计，如图10-52所示。此外，它还统计了教学工具的使用频率，如图10-53所示。这一功能不仅帮助教育者提升教学技能，实现相互学习，还支持与智慧教室等教育信息化设备的无缝对接，从而实现教学资源的共享与优化配置。

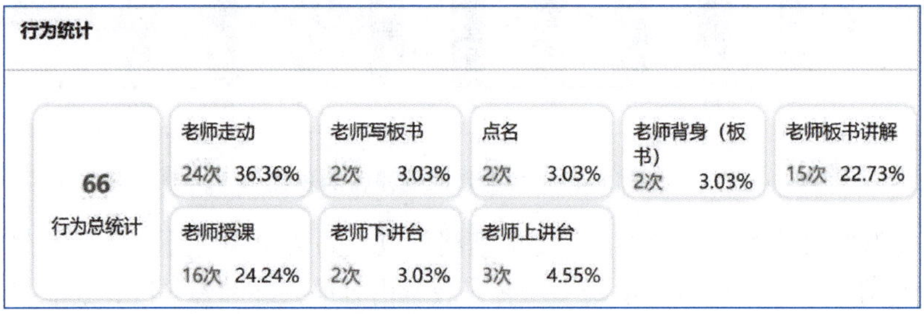


图10-52　教育者行为统计

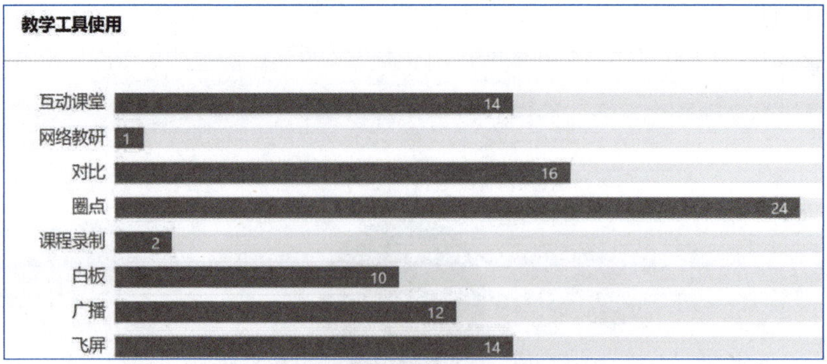


图10-53　教学工具使用

除此之外，该平台还会定期为管理者推送全校师生分析数据，并通过具体数值和直观图标展现，如图10-54所示。由此可以形成一个深度整合学校管理层、教师队伍及学生群体三方视角，采用自下而上反馈机制，确保评价全面而客观的系统。这一线下学习评价工具，既体现了对学习者个体成长和学习成效的细致关怀，又兼顾了教师教学质量与方法的持续精进，同时也促进了学校整体教育环境和教育策略的不断优化。

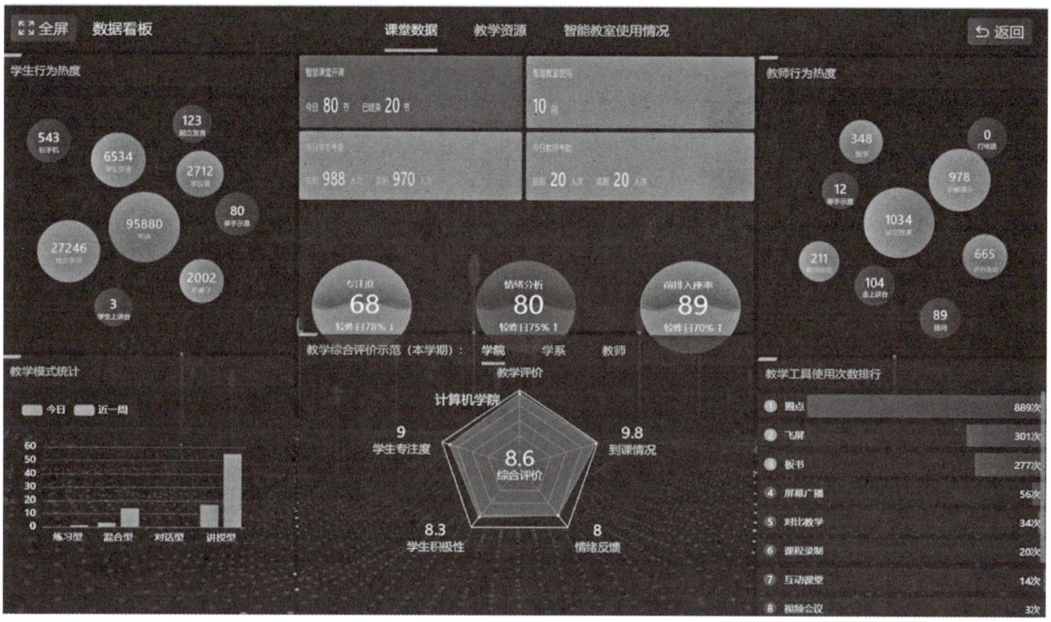


图10-54　全校师生分析数据

## 10.3.3　基于评价的智能学习者画像

学习者画像指通过对学习者的学习数据进行分析与建模，以形成对学习者学习特征的全面描述。通过收集学习者在学习过程中产生的各类数据（如答题成绩、学习行为、知识点掌握情况、学习习惯等），系统可以为学习者生成一个相对完整的“画像”，以此反映学习者的学习水平、知识掌握程度、学习方式、兴趣倾向等。这些画像通常用于个性化教学，帮助教育者了解每个学习者的优势和弱项，从而提供更有针对性的教学建议和资源。

例如，ClassIn的学情分析、作业和测验功能可以为学习者画像提供丰富的数据支持。通过实时记录作业和测验结果，教师能够了解学习者的知识点掌握情况和学习进展。学情分析功能整合学习者的学习行为和参与度，进一步丰富了画像内容。

学情分析主要记录学生在单元主题下的学习活动进度，帮助教育者全面了解学习者的学习情况。通过学情分析，教育者可以获得每位学习者在学习活动中的参与进度，学习者也可以通过学情分析查看自己在学习活动中的进展情况。教育者进入首页，选择班级进入对应的课程，单击单元主题并查看学情分析，如图10-55所示。

如图10-56所示，在学情分析页面，“选择学情分析”按钮允许根据不同条件（如能力、学科等）进行学情分析。教育者可以单击“筛选单元主题”按钮，查看不同单元主题的活动完成度、课堂出勤数、累积获得奖杯数、优秀作业数、评论数和获赞数。通过单击左侧的学生列表，可以切换到某位学生的详细页面进行查看。

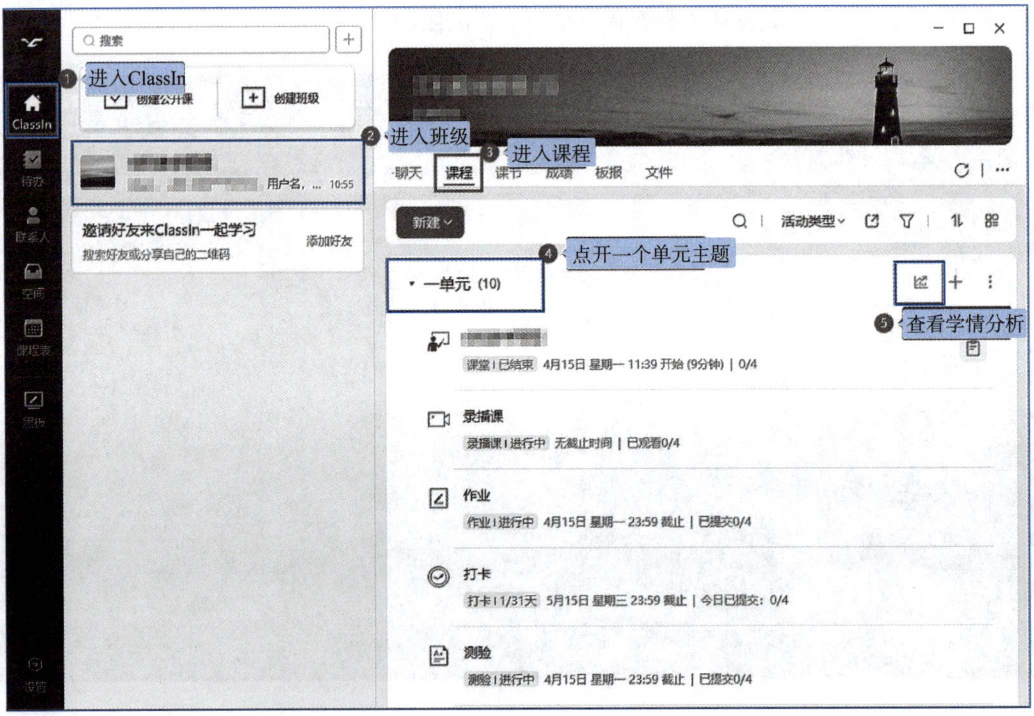


图10-55　进入ClassIn学情分析页面

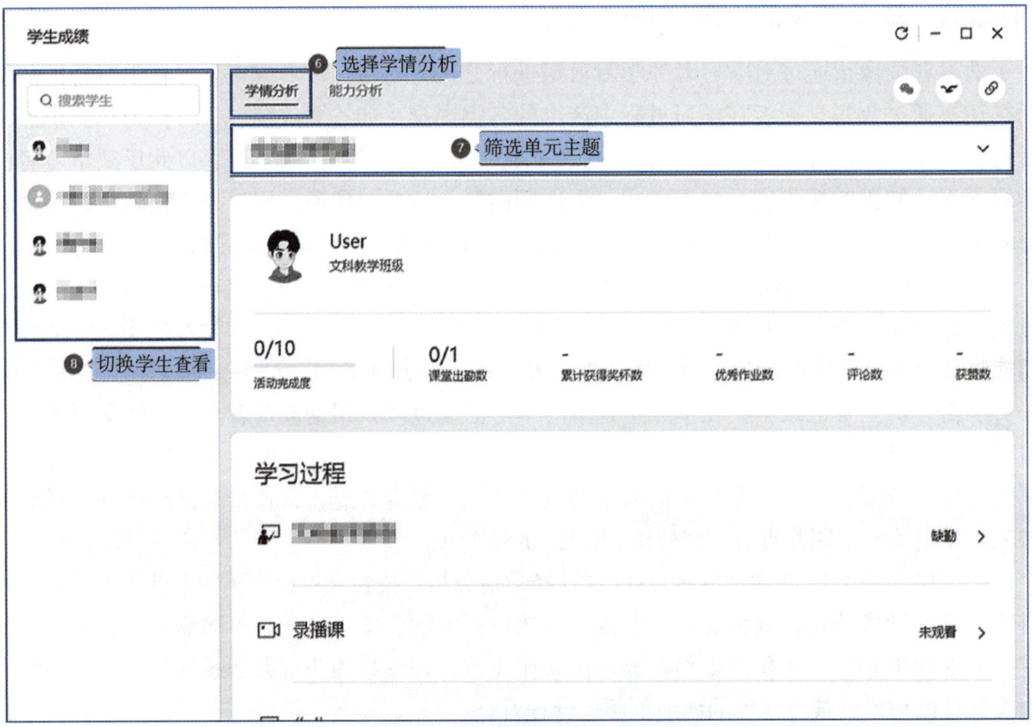


图10-56　查看当前学情分析数据

作业数据作为学习者画像的重要组成部分，能够为教育者和教育机构提供关键的分析依据。通过统计和下载作业数据，教育者可以获取学习者的作业完成情况、得分和所花时间等信息，这些数据揭示了学习者在具体学习任务中的表现。教育者进入首页，选择班级进入对应的课程，单击单元下的作业，如图10-57所示。

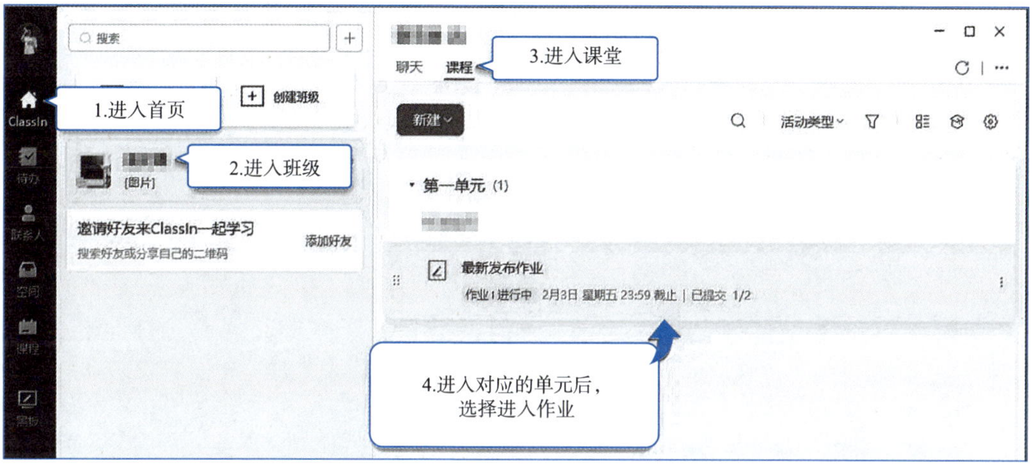


图10-57　进入ClassIn作业分析页面

进入作业分析界面后，教育者可以查看作业的详细数据，包括提交率、最高分、平均分等关键指标。通过单击右上角的“更多”按钮，教育者可以进一步查看学生的作业完成情况和得分详情，如图10-58所示。

图10-58　查看当前作业的数据分析

在作业数据页面，教育者可以单击右上角的“下载当前作业数据”按钮，以下载当前作业的详细数据，如图10-59所示。教育者还可以选择查看并下载班级中所有作业的综合数据，包括学习者的提交情况、得分、补交记录等。

通过对测验数据的统计和下载，教育者可以获取学习者的测验完成情况、得分和答题准确率等信息，这些数据反映了其在特定学习任务中的表现。教育者进入首页，选择班级并进入相应的课程，单击单元下的测验，如图10-60所示。

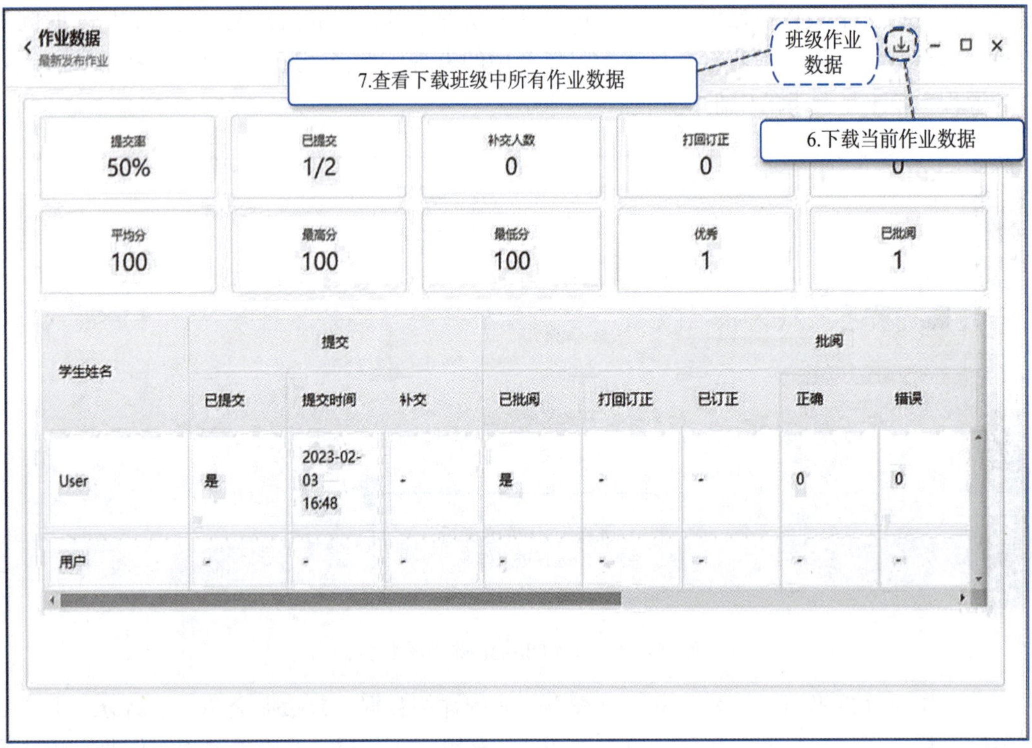


图10-59　下载班级作业数据与综合分析

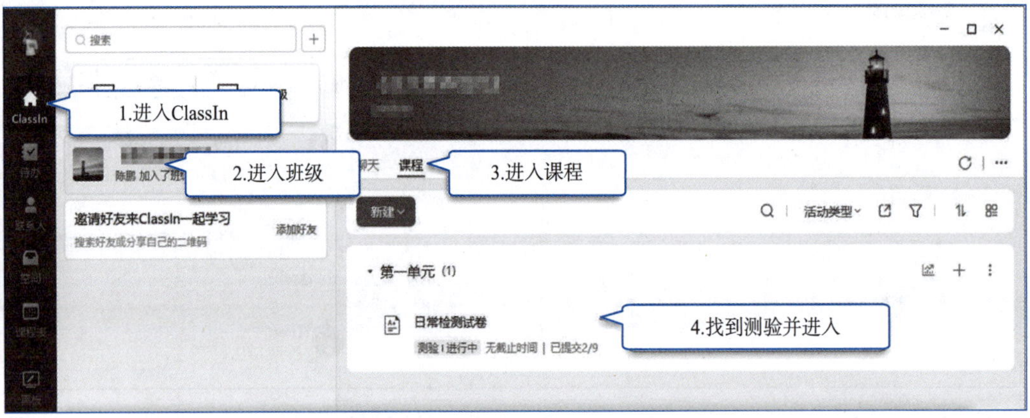


图10-60　进入ClassIn测验分析页面

教育者能够直接查看或下载测验数据。查看测验数据时，可以按照每道题目进行查看，并支持按题型进行筛选，如图10-61所示。

单击某一道题目后，教育者可以看到该题的正确答案、当前题目的正确率、整体试题的总正确率、每个选项的选择人数以及各选项的选择比例等详细信息，如图10-62所示。

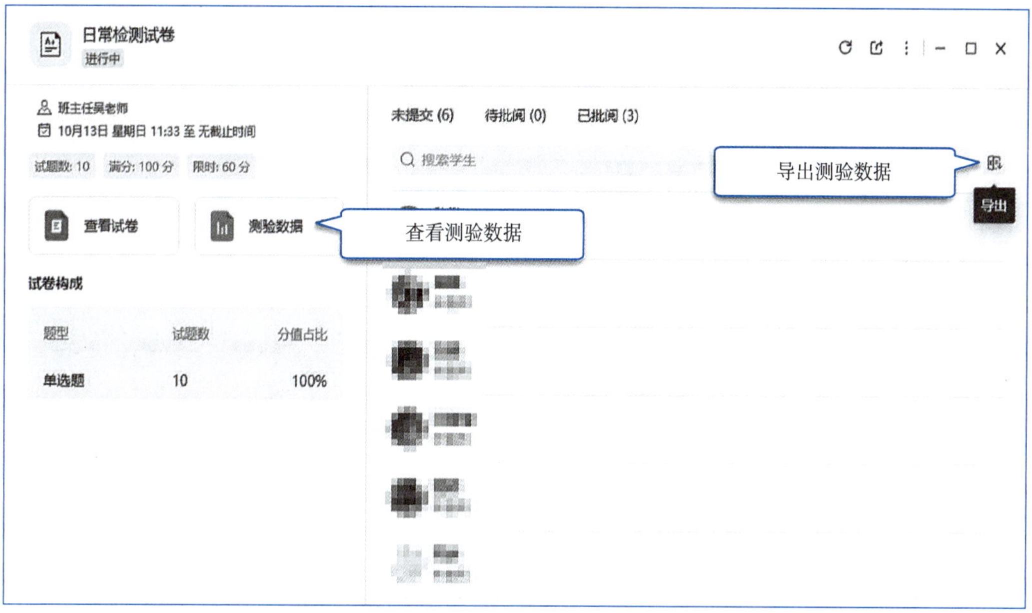


图10-61　查看当前测验的数据分析

图10-62　按试题查看测验的数据分析

如图10-63所示，下载测验数据后，数据将以Excel格式保存到本地计算机中。表格中包含的信息如下：学生是否提交测验、学生是否补交过测验、学生提交测验的时间、学生的答题时长、学生的测验是否已被批阅、学生的测验分数、学生的正确率、学生答对的题目数量、学生答错的题目数量、学生部分答对的题目数量、学生未作答的题目数量、学生每道题的得分、学生每道题的所选答案，并针对每位学生的数据进行区分。

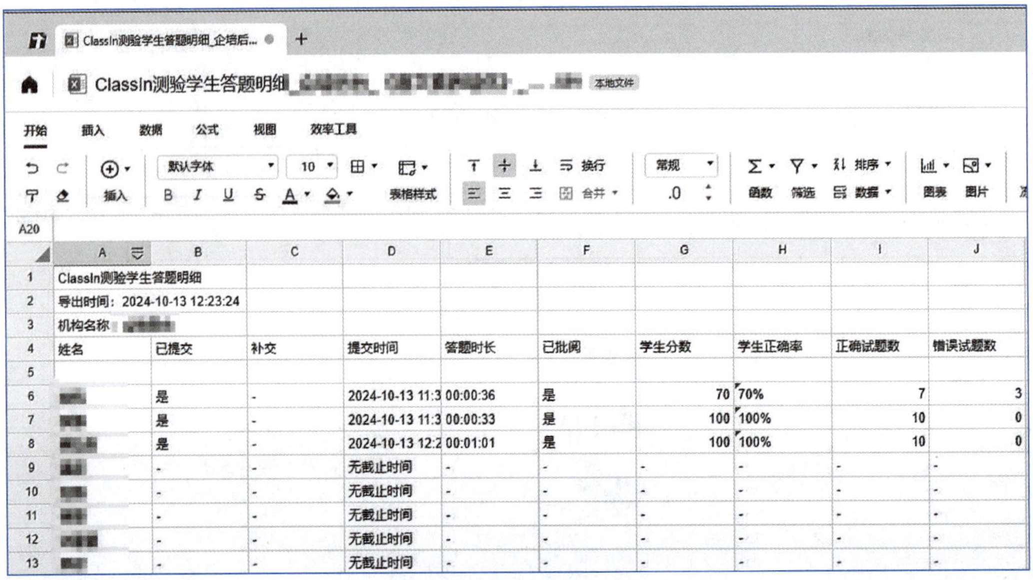


| | A | B | C | D | E | F | G | H | I | J |
|---|---|---|---|---|---|---|---|---|---|---|
| 1 | ClassIn测验学生答题明细 | | | | | | | | | |
| 2 | 导出时间：2024-10-13 12:23:24 | | | | | | | | | |
| 3 | 机构名称 [illegible] | | | | | | | | | |
| 4 | 姓名 | 已提交 | 补交 | 提交时间 | 答题时长 | 已批阅 | 学生分数 | 学生正确率 | 正确试题数 | 错误试题数 |
| 5 | | | | | | | | | | |
| 6 | [illegible] | 是 | - | 2024-10-13 11:3 | 00:00:36 | 是 | 70 | 70% | 7 | 3 |
| 7 | [illegible] | 是 | - | 2024-10-13 11:3 | 00:00:33 | 是 | 100 | 100% | 10 | 0 |
| 8 | [illegible] | 是 | - | 2024-10-13 12:2 | 00:01:01 | 是 | 100 | 100% | 10 | 0 |
| 9 | [illegible] | - | - | 无截止时间 | - | - | - | - | - | - |
| 10 | [illegible] | - | - | 无截止时间 | - | - | - | - | - | - |
| 11 | [illegible] | - | - | 无截止时间 | - | - | - | - | - | - |
| 12 | [illegible] | - | - | 无截止时间 | - | - | - | - | - | - |
| 13 | [illegible] | - | - | 无截止时间 | - | - | - | - | - | - |

图10-63　下载测验数据及其Excel格式详情

# 练习与思考

## 一、简答题

智能评价工具在评估学习者线上教学效果上可能会带来哪些优势和劣势?

## 二、实践题

请你以Moodle平台为例，设计课堂互动环节，对学习者的反馈进行有效评价。

# 参考文献


[1] 祝智庭，魏非. 教育信息化2.0：智能教育启程，智慧教育领航［J］. 电化教育研究，2018，39（9）：5-16.

[2] 张丹，王鹡，袁金平. 技术赋能教学模式变革与实践［J］. 中国电化教育，2021（4）：125-138.

[3] 顾小清，杜华，彭红超. 智慧教育的理论框架、实践路径、发展脉络及未来图景［J］. 华东师范大学学报（教育科学版），2021，39（8）：20-32.

[4] 刘宁，余胜泉. 基于最近发展区的精准教学研究［J］. 电化教育研究，2020，41（7）：77-85.

[5] 刘邦奇，袁婷婷，纪玉超. 智能技术赋能教育评价：内涵、总体框架与实践路径［J］中国电化教育，2021（8）：16-24.

[6] 吴砥，桂徐君，周驰. 教师数字素养：内涵、标准与评价［J］. 电化教育研究，2023，44（8）：108-114+128.

[7] 卢宇，余京蕾，陈鹏鹤. 生成式人工智能的教育应用与展望：以ChatGPT系统为例［J］. 中国远程教育，2023，43（4）：24-31.

[8] 吴永和，颜欢，马晓玲. 教育通用人工智能大模型标准体系框架研制［J］. 现代教育技术，2024，34（4）：28-36.

[9] 杰勒米•诺克斯，崔新，金俞. 大数据、人工智能与未来学习［J］. 中国教育信息化，2022，28（2）：5-12.

[10] 沈阳，王兆雪，潘俊君. 虚拟现实学习环境下力反馈交互促进技能习得的实验研究［J］. 电化教育研究，2021，42（9）：76-83.

[11] 李艳燕，张香玲，李新. 面向智慧教育的学科知识图谱构建与创新应用［J］. 电化教育研究，2019，40（8）：60-69.

[12] 张博，董瑞海. 自然语言处理技术赋能教育智能发展：人工智能科学家的视角［J］. 华东师范大学学报（教育科学版），2022，40（9）：19-31.

[13] 赵春，舒杭，顾小清. 基于计算机视觉技术的学生课堂学习行为投入度测量与分析［J］. 现代教育技术，2021，31（6）：96-103.

[14] 陈子健，朱晓亮. 基于表情的学习者情绪自动识别研究：适切性、现状、现存问题和提升路径［J］. 远程教育杂志，2019，37（4）：64-72.

[15] 史逢玉，王新宇，柏宏权. 从“屏上学”到“事上见”的学用差距何以缩减：基于教师数字化学习典型实践的多案例分析［J］. 中国电化教育，2024（9）：95-101.

[16] 余平，顾小清. 数字化学习资源应用成效计算方法及其应用研究［J］. 中国电化教育，2020（2）：117-125.

[17] 赵慧臣，李琳. 智能时代数字化学习资源质量评估研究：基于用户体验的视角［J］. 现代教育技术，2022，32（1）：75-84.

[ 18 ] 杨霞，范蔚. 技术与文化双向融合：智慧校园建设的价值选择与行动路向［J］. 电化教育研究，2022，43（11）：45-52.

[ 19 ] 贾积有，乐惠骁，李卓润. 人工智能助力教育均衡发展：以个性化在线教学系统对随迁子女的有效辅导为例［J］. 中国电化教育，2022（1）：42-49.

[ 20 ] 陈革英. 基于智慧校园的线上线下教学融合实践与创新：以宁夏“互联网+教育”示范区标杆校为例［J］. 中国电化教育，2021（12）：117-122.

[ 21 ] 沈欣忆，苑大勇，陈晖. 从“混合”走向“融合”：融合式教学的设计与实践［J］. 现代教育技术，2022，32（4）：40-49.

[ 22 ] 常咏梅，李馥蕙，危齐敏. 基于PBL的混合学习活动设计研究［J］. 电化教育研究，2023，44（3）：122-128.

[ 23 ] 赵宏，王小凯. 联通主义学习情境下基于问题解决的学习者角色转换分析［J］. 现代远程教育研究，2024，36（5）：103-112.

[ 24 ] 骆方，田雪涛，屠焯然. 教育评价新趋向：智能化测评研究综述［J］. 现代远程教育研究，2021，33（5）：42-52.

[ 25 ] 胡盛泽，杨华利，黄涛. 基于情境-认知-技术三重视角的智能测评诊断框架、实践和应用［J］. 远程教育杂志，2023，41（4）：45-55.